Das Buch

Als Hülya in die leere Wohnung in Ludwigsburg kommt, ist ihre schlimmste Befürchtung wahr geworden: Sowohl ihre 13-jährige Schwester Esme als auch ihr neun Jahre alter Bruder Serkan wurden von der Mutter in die Türkei verschleppt. Sie selbst hat es erst wenige Monate zuvor geschafft, vor der Zwangsehe aus der Heimat der Eltern zu fliehen. Nun setzt sie alles daran, ihre Geschwister zurück nach Deutschland zu holen. In jenes Land, in dem sie alle geboren sind. Dies gelingt ihr zwar Jahre später mit ihrem Bruder, aber Esme, ein frecher, lebensfroher Teenager, ist in einer Koranschule eingesperrt. Während Hülya alle legalen Mittel auszuschöpfen versucht, erhält sie die Nachricht, dass Esme gegen ihren Willen verlobt worden ist. Für Hülya steht fest, dass es nur eine Lösung gibt: Sie muss Esme aus der Türkei befreien. Ein abenteuerliches, nie da gewesenes Vorhaben. Im Wettlauf mit der Zeit ist Hülya ganz auf sich selbst gestellt.

»Ein aufrüttelndes Buch, das uns zu denken gibt und das Betroffenen Mut machen sollte, sich zu wehren!« *Amazon.de*

Die Autorin

Hülya Kalkan wurde 1979 in der Nähe von Stuttgart geboren. Mit fünf musste sie das erste Mal für ein paar Wochen, mit dreizehn dann für eineinhalb Jahre in die Türkei – in eine strenge Koranschule im Heimatdorf ihrer Mutter. Mit siebzehn soll sie in der Türkei verheiratet werden. Sie widersetzt sich, wird verstoßen und findet Zuflucht in einem Frauenhaus.

Hülya Kalkan

Ich wollte nur frei sein

Meine Flucht
vor der Zwangsehe

Ullstein

Besuchen Sie uns im Internet:
www.ullstein-taschenbuch.de

Umwelthinweis:
Dieses Buch wurde auf chlor- und säurefreiem Papier gedruckt.

Ungekürzte Ausgabe im Ullstein Taschenbuch
1. Auflage Oktober 2006
3. Auflage 2007
© Ullstein Buchverlage GmbH, Berlin 2005 / Ullstein Verlag
Aufgezeichnet von Peter Hilliges
Fotos: Privatarchiv Hülya Kalkan; Peter Hilliges
Umschlaggestaltung: Büro Hamburg,
unter Verwendung einer Vorlage von Eisele Grafik-Design, München
Titelabbildung: Jan Roeder, München
Gesetzt aus der Aldus
Satz: LVD GmbH, Berlin
Druck und Bindearbeiten: Ebner & Spiegel, Ulm
Printed in Germany
ISBN 978-3-548-36905-1

Man muss das Unmögliche versuchen,
um das Mögliche zu erreichen.

Hermann Hesse

Esme war ein verschüchtertes, krankes Mädchen, als ich sie endlich in einer Koranschule in der Türkei ausfindig machen konnte.

Das Gesetz einer *Abla*

Es gibt keinen Grund, nervös zu sein. Das wird wohl erst später kommen, in sechs Stunden vielleicht. Dennoch wächst meine Anspannung mit jedem Meter, mit dem ich mich in der Schlange der anderen Reisenden auf die Passkontrolle zubewege. Die meisten Leute um mich herum sprechen Türkisch, einige Deutsch, eine Mischung, wie sie für Anfang Mai normal ist; dies ist noch nicht die Hauptreisezeit. In Antalya war es zwar warm, aber das Mittelmeer ist noch zu kühl für ausgiebiges Baden.

Ich blicke mich um und denke, dass ein Flughafen ein seltsamer Ort ist: Alle fünf Minuten treffen in Frankfurt, dem größten deutschen Airport, Menschen aus der ganzen Welt ein, laufen einander achtlos vor die Füße, murmeln bestenfalls eine Entschuldigung und hasten ihrem nächsten Ziel entgegen. Niemand erfährt vom anderen, wo er herkommt oder unter welchen Schwierigkeiten es ihm überhaupt gelungen ist, hierher zu kommen. Nur an der Passkontrolle wird der anonyme Reisende zu einem Individuum, dessen ganzes Schicksal sich innerhalb von Sekunden verändern kann: Wenn entdeckt wird, dass der Ausweis nicht zu jenem Menschen passt, der ihn dem Beamten vorlegt. Über das, was dann geschehen mag, weiß ich nicht mehr als jeder andere: Polizei, Abschiebung. Leere Begriffe.

Während ich meinen deutschen Personalausweis kontrollieren lasse und meinem Gegenüber ein tapfer die Unsicherheit bekämpfendes Lächeln schenke, sagt mir mein beschleunigter Puls, was geschehen würde: Ein Traum würde sterben.

Für meine Schwester wäre es der Traum, frei zu sein. Frei über das eigene Leben bestimmen zu können.

In sechs Stunden wird meine Schwester an genau dieser Stelle stehen. Und sie wird einen Pass haben, der nicht ihr gehört.

Wir beide haben das Risiko gekannt, sowohl Esme als auch ich. Dennoch hat keine von uns auch nur einen Moment gezögert, es einzugehen. »Ich habe nichts zu verlieren,« hat Esme gesagt, »also mache ich es.«

»Und ich verliere dich, wenn wir es nicht versuchen«, habe ich geantwortet.

Bevor wir uns zu diesem verzweifelten Schritt entschlossen, war ich bei allen Stellen gewesen, die infrage kommen, sogar bei Amnesty International. Stets hieß es: »Wir können nichts tun.« Auch Frau Hölzer aus der Fachstelle für Migration in Stuttgart verstand mein Anliegen, rein menschlich gesehen: »Sie können Esme nur trösten und hoffen, dass sie keinen schlechten Mann bekommt.«

Kann man so eine Vergewaltigung verhindern? Genau das bedeutet Zwangsehe für eine Frau.

Deshalb habe ich mich entschlossen, nach dem Gesetz einer *abla* zu handeln, dem Gesetz der Liebe, dem Gebot der Menschlichkeit. Auch wenn ich dafür ins Gefängnis muss. Daraus kommt man wieder frei; eine Zwangsehe ist schlimmer.

Wenn es so weit ist, dass Esme hier vor dieser Passkontrolle steht, werde ich drüben im Ankunftsbereich auf sie warten. Von ihr getrennt durch eine Scheibe aus Panzerglas. Zur Tatenlosigkeit verdammt. Ich hasse es zu warten. Ich muss die Dinge in die Hand nehmen, auf sie Einfluss haben. So hat meine Mutter mich erzogen, wenn auch unfreiwillig. Denn sie wollte keine Tochter, sondern ein Kindermädchen, das seine drei Geschwister betreut. Als ich sieben war, hat das angefangen. Seitdem bin ich *abla,* die große Schwester, die sich verantwortlich fühlt.

Mein Herz schlägt immer noch viel zu schnell, als mir mein Ausweis schweigend zurückgegeben wird. Der Nächste ist an der Reihe, gemeinsam wartet man noch aufs Gepäck, dann verlieren sich die Wege von Menschen, die zweieinhalb Stunden lang im selben Flugzeug gesessen haben. Ob einem von ihnen an der Passkontrolle ähnlich sorgenvolle Gedanken durch den Kopf gegangen sind wie mir? Ich werde es nie erfahren.

Im Ankunftsbereich erwarten mich zwei Freundinnen, wir fallen uns in die Arme, meine Aufregung legt sich. Ich muss erzählen, was ich erlebt habe. Während ich berichte, schießt mir ein Gedanke durch den Kopf: Ich weiß noch nicht mal, ob Esme es überhaupt durch die Passkontrolle in Antalya geschafft hat! Schon dort könnte ihre Flucht zu Ende sein.

Ich schalte mein Handy ein, das während des Flugs ausgeschaltet war. Die Liste der entgangenen Anrufe zeigt glücklicherweise keine Nachricht von Esme an. Aber unsere Mutter hat schon angerufen, etwa zur Zeit meiner Landung in Frankfurt. Seit 28 Stunden ist Esme verschwunden – obwohl sie eigentlich nicht mal fünf Minuten ohne »Bewachung« aus dem Haus gedurft hätte.

»Mutter wird vor Wut kochen«, sage ich. Alles andere wäre ein Wunder.

»Was willst du ihr sagen?«, fragt meine Freundin Elif.

In diesem Augenblick läutet das Telefon. Das Display zeigt Mutters Handynummer. Ich haste nach draußen, damit sie an den Flughafen-Geräuschen nicht erkennen kann, wo ich bin, und nehme das Gespräch entgegen.

»Wohin hast du Esme gebracht?«, schreit sie völlig außer sich.

»Esme wird nicht heiraten. Ich habe sie entführt.« Ich empfinde keinen Triumph, denn ich rebelliere nicht gegen Mutter, weil es mir Spaß macht: Die beinahe lebenslange Ausein-
andersetzung zwischen ihr und mir erreicht vielmehr ihren
Höhepunkt. Endlich bin ich an dem Punkt angekommen, an
dem ich die offene Konfrontation mit ihr suche. Um ihr zu
zeigen, wie falsch ihre Vorstellungen sind. Aber auch, um irgendwann einmal eine andere Mutter zu haben. Eine, die ihre
Töchter liebt. In diesem Moment ist mir klar, dass das noch
sehr lange dauern wird. Jahre.

Wenn überhaupt ...

Mutter reagiert auf mein Geständnis so heftig wie noch nie:
»Ich hoffe, ihr verreckt!«

Elif ist mir gefolgt und hat die letzten Worte deutlich gehört. Sie nimmt mich tröstend in die Arme und sagt fassungslos: »Du bist doch ihre Tochter. Wie kann sie dich so
verfluchen?«

Es gibt keine einfache Antwort darauf.

»Achte auf deine Gedanken, denn sie werden Worte«
(aus dem Talmud)

Die grünen Hügel von Rielingshausen

In meiner Erinnerung gibt es einen Zufluchtsort, an dem vor
langer Zeit das Glück gewohnt hat. Das kleine Glück jenes
acht-jährigen Mädchens, das ich einmal gewesen bin. Es mag
im Sommer 1987 gewesen sein, im Juni vielleicht, denn es
war die Zeit der Erdbeerernte.

Das Getreide auf den Feldern rings um Rielingshausen ist

noch nicht reif, steht aber schon recht hoch, es reicht mir bis zum Kinn. Ein sanfter Wind streicht über die Halme, und wenn sich die weißen Spitzen der Ähren sanft wiegen, sieht es so aus, als ob es die Wellen des Meeres wären, in denen sich das klare Blau des Himmels spiegelt. Über dieses Meer fliege ich mit ausgebreiteten Armen. Ich fühle mich schwerelos wie ein Vogel, den niemand einfangen kann. Meine Füße scheinen den Boden des Feldes kaum mehr zu berühren.

Esmes Stimme stutzt meine Flügel: »*Abla, abla*, wart' auf mich!«

Ich bleibe stehen und drehe mich zu meiner fünfjährigen Schwester um. Unsere Kinderfüße haben eine kleine Schneise in das Feld getreten. Das wird dem Bauer gar nicht gefallen, denke ich. Immer kommen mir solche Bedenken, die das schönste Spiel verderben. Ich kann nichts dagegen tun. Obwohl ich acht bin, fühle ich mich wider Willen wie eine Erwachsene.

»Komm raus, bevor uns der Bauer entdeckt«, sage ich zu Esme und mache mich auf den Rückweg. Unser Flug durchs Kornfeld hat nicht lange gedauert, denn am Feldrand liegt Serkan schlafend in seinem Kinderwagen. Mein kleiner Bruder ist erst ein paar Monate alt.

»Lass uns ein paar Erdbeeren holen«, schlage ich vor. Ich schiebe den Wagen den Berg hinauf. Die endlosen Reihen der Erdbeerfelder scheinen wie mit dem Lineal über die weiten Hügel gezogen zu sein. In regelmäßigen Abständen sieht man in der Ferne die gebückten Gestalten der Pflückerinnen. Eine von ihnen ist unsere Mutter. Flink gleiten ihre geschickten Hände unter die Büsche und häufen die Früchte in die noch leeren Schalen, die am nächsten Morgen irgendwo verkauft werden. Aber so weit denke ich jetzt nicht. Für Mutter und mich zählt nur die kleine grüne Marke, die sie bekommt, wenn sie eine gefüllte Steige abliefert. Für jedes Märkchen gibt der Bauer ihr fünf Mark. Schnelligkeit ist Bargeld, und für uns bedeutet das Essen.

Mutter ist sehr schnell, für uns Kinder hat sie keinen Blick. Es ist heiß, durch meine langen schwarzen Haare fährt der sanfte Wind. Mutter trägt wie immer ein knöchellanges Kleid und das Kopftuch. Es ist auf dem Land nicht ungewöhnlich, dass Frauen Kopftücher tragen. Fast alle alten Frauen machen das so, jedenfalls die Bäuerinnen. Meine Mutter ist keine alte Frau, sondern 27 Jahre alt. Trotzdem verhüllt sie sich jedes Mal, wenn sie aus dem Haus geht.

Ich habe Vater schon öfters schimpfen hören: »Lass das, Emine, ich will nicht, dass du wie eine alte Frau aussiehst.«

»Du bist ein Ungläubiger«, gibt Mutter dann zurück, bindet die Enden des Tuchs fester und geht arbeiten.

Ich höre diese Gespräche oft, aber ich schweige. Ich bin ein Kind und stelle nichts infrage. Wenn Mutter in der prallen Sonne bis zum Scheitel in Stoffe gehüllt ist, so ist das ebenso normal wie die jungen Frauen, die ein paar Schritte weiter im luftigen Top die gleiche Arbeit verrichten.

Esme und ich warten eigentlich nur darauf, dass der Bauer seine Pflückerinnen und mit ihnen unsere Mutter zum Bus ruft, um mit ihnen zum Hof zu fahren, wo sie ihren Lohn erhalten werden. Danach gehört das Feld uns. Ich stelle Serkans Kinderwagen in den Schatten eines Busches, lege mich mit meiner Schwester auf das Stroh zwischen den Reihen, damit man uns nicht sieht, falls jemand vorbeikommen sollte. Ich greife mal nach rechts, mal nach links, pflücke die saftigen roten Früchte und stecke sie mir in den Mund. Als ich satt bin, drehe ich mich auf den Rücken und blicke in den mit kleinen weißen Wolken gesprenkelten Himmel. Genau so muss das Schlaraffenland sein, denke ich. Ewig könnte ich so daliegen und träumen.

Aus dem Kinderwagen höre ich die Stimme meines Brüderchens. Serkan hat Hunger, wir müssen zurück. Ich renne zum Kinderwagen. »Wir schieben ihn ganz schnell den Berg runter. Das gefällt Serkan«, sage ich zu Esme und wir laufen los. Das Baby jauchzt und vergisst seinen Hunger.

»Ich habe Durst!«, ruft Esme.

»Los, zur Quelle!«, antworte ich.

Kurz bevor die schmale Straße zwischen den Apfelbäumen linkerhand und den Tomatenfeldern zur Rechten eine Biegung zum Dorf hin macht, führen fünf Stufen hinab zu unserer geheimen Quelle. Kristallklares Wasser sprudelt aus einer Röhre in ein Becken und versickert dann im Boden. Dort, einen guten Meter unterhalb der Erde, ist es nicht nur schön kühl. Das Wasser schmeckt auch sehr lecker, ich kenne kein besseres. Wir halten die Hände unter das Rohr und schlürfen, spritzen uns dann die erhitzten Gesichter ab. Hier müsste man noch ein bisschen bleiben können, aber Serkan erinnert lautstark an seinen Hunger.

»Zurück nach Hause«, rufe ich Esme zu. Sie meckert nie, wenn ich das Tempo vorgebe. Schließlich bin ich ihre große Schwester. Wir folgen der Straße neben dem Bachlauf und erreichen schon bald das Dorf. Spitzgieblige Fachwerkhäuser rahmen die Gassen, gleich links wohnt Bauer Jenner, bei dem ich immer Eier und frische Milch hole, aus der Mutter für uns *ayran* macht, den türkischen Joghurt. Milch zu holen gleicht einer Mutprobe, denn sobald sich jemand nähert, bellt Bauer Jenners Schäferhund. Ein Glück, dass der Hund stets angekettet ist!

Eine Biegung weiter duckt sich ein Häuschen an der Straßenecke. Hier gehen Esme und ich besonders schnell. Die Alte, die dort wohnt, ist eine Hexe, ein gebücktes Weiblein mit Kopftuch. Endlich erreichen wir die Lindenstraße. Etwas zurückgesetzt, in einem Garten, liegt unser kleines Haus. Dass der Fachwerkbau vor über 200 Jahren als Gesindehaus für die

Knechte und Mägde des heute noch dahinter liegenden Bauernhauses errichtet wurde, weiß ich nicht. Es ist einfach nur unser Zuhause. Gleich nebenan steht das 150 Jahre alte Backhäusle. Wenn die Bäuerinnen dort ihr Brot backen, weht der köstliche Duft zu uns herüber.

Auf dem Rathausplatz vor der evangelischen Kirche, auf deren gedrungenem Turm aus Feldstein ein spitzes Dach sitzt, spielt unser Bruder Hakan am Brunnen. Er klettert auf dem modernen, rechteckigen Becken herum und winkt Esme zu sich.

»Ich geh noch mit Hakan in den Dschungel«, sagt Esme wie selbstverständlich. Sie meint die dicken Forsythienbüsche vor der Kirche und die Tanne, auf die sie so gern klettert. Mein Bruder Hakan ist nur 16 Monate jünger als ich, manche Leute im Dorf halten uns für Zwillinge. Wie gerne würde ich mit ihm und Esme spielen, aber ich höre Mutter schon meinen Namen rufen. Auf mich wartet Hausarbeit, während Hakan spielen darf, wann er will. Das ist normal; er ist eben ein Junge und ich bin ein Mädchen. »Meine Söhne werden Männer«, sagt Mutter oft und es klingt, als ob sie es ihnen verspräche. Was Esme und ich mal werden sollen, das sagt sie nicht.

»Ich komme, *anne*«, rufe ich gehorsam. *Anne*, so nennen wir auf Türkisch unsere Mutter. Sie hat Teig auf dem Küchentisch ausgerollt und drückt mir das *oklava*, ein türkisches Nudelholz, das einem kurzen Besenstil gleicht, in die Hand. Es wird heute *börek* geben, kleine mit Hackfleisch, Spinat oder Käse gefüllte Teigtaschen. Ich bin froh, dass Mutter sich jetzt um das Baby kümmert und mir nicht zusieht, wie ungeschickt ich mich dabei anstelle, den Teig auszurollen. Immer wieder reißt der Teig und wenn Mutter das sieht, schlägt sie mir mit dem *oklava* auf die Finger, was die Sache nicht gerade leichter macht. Ich bin es gewohnt, von ihr geschlagen zu werden.

»Wer seine Kinder nicht schlägt, schlägt sich selbst«, ist eine Redewendung, die Mutter gern gebraucht. Sie meint damit wohl, dass sie sonst später Kinder hat, die ihrem Ansehen schaden.

Von draußen höre ich meine beiden Geschwister. Sie lachen und spielen in ihrem Dschungel. Sie sind draußen in Deutschland, in Schwaben, in Rielingshausen. Ich bin hier drin eingesperrt, in der Türkei, die meine Mutter in unserem Häuschen eingerichtet hat.

Wann man ein guter Mensch ist

Der Herbst in Rielingshausen ist besonders schön. Die Bäume in den Obstplantagen hängen voller goldener Äpfel und Birnen. Für die Ernte braucht der Bauer jede Hand. Auch Mutters. Es ist früh am Morgen und sie hat sich gerade bereit gemacht, um zum Bauernhof zu gehen. Ich bin neun Jahre alt und habe zu Hause zu bleiben, obwohl ich eigentlich in der Schule sein müsste. Gerade heute wäre ich so gerne hingegangen. Die Klasse macht eine Wanderung zur Kaiserberghütte. Es ist kein weiter Weg; mit meinen Geschwistern war ich schon ein-, zweimal dort zum Spielen. Wir haben Zauberer gesucht, weil es dort so schön wie im Märchen ist.

Frau Gilles, meine Lehrerin, weiß ohnehin schon, dass ich nicht mitgehen werde. »Warum nicht, Hülya?«, hat sie mich gefragt.

»Meine Mutter hat es verboten«, habe ich geantwortet.

Frau Gilles, eine kleine blonde Frau, hat mich noch einen Moment lang angesehen und ich habe den Kopf gesenkt. Sie hat dann nichts weiter gesagt.

In der Grundschule Rielingshausen falle ich auf. Nicht, weil ich die einzige Türkin wäre. Fünf türkische Familien wohnen im Ort. Aber ich bin das einzige Mädchen meines Alters, das seit dem Sommer ein Kopftuch trägt. Sobald ich in die dritte Klasse kam, hat Mutter es von mir verlangt. Ich habe natürlich nicht widersprochen oder gar gefragt, warum ich das tun muss. Ich weiß, dass es bei Mutter keine Begründungen gibt, sondern nur Verbote.

»Es ist *haram*, dass ein Mädchen in deinem Alter ohne Kopftuch auf der Straße herumläuft«, sagt sie. *Haram*, immer dieses Wort, das nur »verboten« heißt und nichts erklärt. Allenfalls sagt Mutter noch: »Das ist eine Sünde vor Gott.« Mir ist unbegreiflich, warum ich sündige, wenn ich mein schönes schwarzes Haar offen trage. Aber ich akzeptiere es schweigend und binde das Tuch um, sobald ich die Wohnung verlasse.

Jetzt sitze ich im ersten Stock unseres Häuschens im Wohnzimmer und passe auf den drei Jahre alten Serkan auf. Ich werde mich zu beschäftigen wissen. Ich schreibe kleine Märchen, die ich meinen Geschwistern vorlese, dazu male ich Bilder, die meine Erzählung illustrieren. Heute schreibe ich von einer Prinzessin, deren Prinz in eine Taube verwandelt worden ist. Trotzdem wäre ich jetzt lieber in der Schule, denn ich lerne gerne. Ich will nicht später einmal wie meine Mutter harte Arbeit auf den Feldern verrichten müssen. Aber ich füge mich und bleibe daheim, weil ich gar keine andere Wahl habe.

Ich dachte schon, Mutter wäre gegangen. Plötzlich höre ich ihren schweren Schritt auf der Holztreppe. »Hülya, komm her!«, ruft sie wie üblich auf Türkisch. Sie klingt sehr aufgeregt. »Vor der Haustür ist eine Frau mit ganz vielen Kindern.«

Mit wenigen Schritten bin ich am Fenster. Ich glaube kaum,

was ich sehe: Frau Gilles ist mitsamt meiner ganzen Klasse gekommen!

»Was wollen die?«, fragt Mutter. Sie selbst mochte meine Lehrerin nicht fragen. Mutter lebt zwar seit zwölf Jahren hier, aber sie spricht nur ein paar Brocken Deutsch. Noch nicht ein einziges Mal war sie auf einem Elternabend.

Ich traue mich kaum, Mutter anzusehen. Mit niedergeschlagenem Blick antworte ich ihr: »Ich weiß nicht, warum die da sind.« Ich kann es mir allerdings denken und mein Herz schlägt voll heimlicher Freude und Aufregung.

»Geh raus und sag, dass du krank bist«, verlangt Mutter. Das ist die übliche Entschuldigung, die ich immer vortragen muss, wenn Mutter mich als Babysitterin gebraucht oder einfach nur, weil sie findet, ich müsse mehr im Haushalt helfen.

»Ich bin aber doch gar nicht krank«, wage ich leise zu erwidern.

»Ein Mädchen muss nicht in die Schule gehen«, sagt Mutter. Keine Begründung. Die ist auch nicht notwendig; ich kenne ihren Standpunkt ohnehin. Mädchen werden heiraten, Kinder kriegen. Wozu Bildung? Mutter selbst ist in ihrem Heimatdorf in den anatolischen Bergen nur fünf Jahre lang in die Schule gegangen. Zu wenig, um richtig Schreiben und Lesen zu lernen. Als ich vier Jahre alt war, hat sie mich zwei Jahre lang nach Anatolien zu ihrem Vater geschickt. Dort gab es nicht einmal elektrisches Licht. Auch wir in Rielingshausen sind arm, aber wir haben immerhin einen Fernseher. Für die Menschen in Mutters Heimatdorf ein unvorstellbarer Luxus.

»Jetzt mach schon, Hülya, sag, dass du krank bist!«, fordert Mutter zum zweiten Mal und ich gehe die schmale Treppe nach unten.

Mir ist die Situation furchtbar peinlich; die ganze Klasse ist versammelt und starrt mich an. Und ich stehe vor ihnen mit

meinem hastig umgebundenen Kopftuch, dem langen, ge-
blümten Kleid und der bunten, langärmligen Bluse. Während
die draußen alle flotte Freizeitkleidung tragen. Ich bringe den
von Mutter mir aufgetragenen Spruch vor, spreche leise und
langsam.

So einfach lässt Frau Gilles sich nicht fortschicken. »Ich
möchte mit deiner Mutter sprechen«, sagt sie. Sie ist eine tap-
fere, standhafte Frau.

Ich hatte gerade angefangen, das Kopftuch zu tragen, als sie
mich fragte, warum ich das täte. »Man ist ein guter Mensch,
wenn man ein Kopftuch trägt«, sagte ich, weil ich das so oft
von meiner Mutter gehört hatte.

»Du musst nicht unbedingt ein Moslem sein, um ein guter
Mensch zu sein«, antwortete meine Lehrerin. Sie bewies
durch ihr eigenes Handeln, wie sie das verstand: Weihnachten schenkte sie mir und meinen Geschwistern Schokolade,
weil der Islam dieses Fest nicht kennt. »Der Weihnachtsmann
hat das bei mir für euch abgeliefert«, erklärte sie. Ostern
brachte der Hase seine Schokoladeneier auch stets zu Frau
Gilles, die dieses Geschenk an uns weiterleitete.

Doch jetzt hat Frau Gilles mich in eine verzwickte Situation
gebracht. Ich bin zwar erst neuneinhalb Jahre alt, aber eines
spüre ich ganz deutlich: Ich kann Mutter unmöglich auffor-
dern, sich Frau Gilles vor meiner versammelten Klasse zu
stellen. Sie würde sich furchtbar blamieren.

»Ich bin wirklich krank«, sage ich und blicke Frau Gilles um
Einlenken flehend an.

»Kinder kommt, Hülya ist krank«, wiederholt die Lehrerin
und wünscht mir gute Besserung.

Mit hängenden Schultern gehe ich die Treppe nach oben,
wo Mutter mich erwartet. Sie schimpft mich aus: »Deinetwe-
gen komme ich zu spät zur Arbeit!«

Als sie gegangen ist, setze ich mich wieder auf unser grünes Sofa und schreibe weiter an meiner Geschichte über die Prinzessin mit der Taube. Die Prinzessin lässt ihre Taube frei, aber sie kommt immer wieder zu ihr zurück.

Meine Gedanken sind jedoch in der Schule. Für das kommende Frühjahr steht eine Klassenfahrt ins Schullandheim an. Alle Schüler haben schon die Bestätigung ihrer Eltern abgegeben, dass sie mitfahren dürfen. Auch das andere Mädchen aus meiner Klasse, dessen Familie aus der Türkei kommt. Ich bin die Letzte, die den Schrieb abliefern muss. Ich weiß, dass es keinen Sinn hat, Mutter darum zu bitten.

Sie hat alles verboten, was ihrer Meinung nach *haram* ist: Wir Kinder dürfen nicht Memory spielen, weil Kartenspiele grundsätzlich *haram* sind. Im Fernsehen dürfen wir nur die »Sesamstraße«, »Peter Löwenzahn« und die »Sendung mit der Maus« gucken. Gelegentlich holt Vater aus der Videothek die in allen türkischen Familien heiß geliebten indischen Spielfilme, weil die unter Garantie keine Kussszenen enthalten. Das sind alles Einschränkungen, die nicht wirklich wehtun. Ich fühle mich jedoch entsetzlich, wenn ich mich im Bus nicht einfach auf den letzten freien Platz setzen darf, nur weil daneben ein Junge sitzt. In der Schule gilt das erst recht! Wenn die anderen Schwimmunterricht haben, warte ich die ganze Zeit über auf der Zuschauerbank und fühle mich ausgeschlossen von der fröhlich planschenden Gemeinschaft meiner Mitschüler. Der einzige Grund dafür ist Mutters Urteil: »In einem öffentlichen Schwimmbad schwimmen zu gehen, ist Sünde.« Ich darf auch nicht Fahrrad fahren; als Einzige meiner Schule habe ich die Radprüfung nicht bestanden. Ein Glück, dass ich beim Sport mitmachen kann. Der findet nach Jungs und Mädchen getrennt statt. Dies ist die einzige Gelegenheit, bei der es mir außer Haus erlaubt ist, das Kopftuch abzunehmen.

Aber Schullandheim? Das kann ich vergessen.

Es ist Wochenende und mein Vater muss »net schaffe«, wie er sagt. 1973 kam er als 16-Jähriger nach Schwaben und lebte vier Jahre lang bei einer deutschen Familie. Zunächst machte er im nahen Bietigheim in einer Fabrik eine Ausbildung. Seit meiner Geburt ist er in einem Ludwigsburger Unternehmen beschäftigt, das Müllcontainer herstellt. Wenn er freihat, dann unternimmt er oft etwas mit uns. Wir gehen sehr viel spazieren, machen ein Picknick, wenn es warm genug ist. Außerdem bastelt Papa gern, am liebsten Drachen für seine Söhne. Für mich bringt er Briefmarken aus seiner Firma mit, die wir gemeinsam in Alben einsortieren. Wir Kinder genießen diese seltenen Stunden sehr mit einem Vater, der seine Kinder spüren lässt, dass er sie liebt.

Wenn Mutter schimpft, dann schweigt unser Papa jedoch und steht uns nicht bei. Vor allem über den Glauben geraten die Eltern immer wieder in Streit. Während Mutter vor und nach dem Essen von uns Kindern ein Gebet verlangt, schließt Papa sich davon aus. Mutter betet wirklich sehr viel! Vor dem Schlafengehen spricht sie ein Traumgebet. Wenn sie das Haus verlässt, erbittet sie Gottes Segen. In der Fastenzeit zwingt sie uns, strikt die Regel einzuhalten, erst nach Sonnenuntergang etwas zu essen. Während der Schulzeit halte ich mich allerdings schon lange nicht mehr daran und besorge mir heimlich in den Pausen etwas.

Soweit ich mich erinnern kann, habe ich Vater nur ein einziges Mal beten sehen – weil Mutter ihn wieder mal als »Ungläubigen« beschimpft hatte. Da hat er tatsächlich ein Gebet gemurmelt, was man eigentlich mit geschlossenen Augen macht. Um sich zu vergewissern, ob Mutter seine Anstrengungen überhaupt wahrnimmt, hat Vater immer wieder zu Mutter herübergeschielt. Ich glaube, Mutter hat das durchschaut und Vater hat das Beten seitdem ganz sein gelassen.

Oft reden die Eltern tagelang kein Wort miteinander. Glücklicherweise ist heute nicht so ein Tag, es ist regnerisch, ich helfe Mutter wie üblich bei der Hausarbeit, meine Geschwister spielen, Vater liegt auf dem Sofa und liest. Als es an der Haustür läutet, öffne ich. Es ist Frau Gilles.

»Ich möchte mit deinen Eltern über die Klassenfahrt ins Schullandheim sprechen«, sagt meine Lehrerin.

Einen besseren Zeitpunkt hätte sie nicht erwischen können, denke ich ganz zuversichtlich. Vater steht der Sache gewiss aufgeschlossener gegenüber; vielleicht stimmt er Mutter um.

Meine Eltern sitzen auf dem giftgrünen Sofa, die Lehrerin nimmt auf einem Stuhl Platz. »Hülya, frag die Lehrerin, was sie trinken möchte«, sagt meine Mutter zu mir auf Türkisch.

Ich übersetze. Frau Gilles lehnt höflich ab: »Vielen Dank. Ich brauche nichts.« Dann bringt sie ihr Anliegen vor: »Hülya ist das einzige Kind, das nicht mitfahren darf«, sagt sie. »So eine Klassenfahrt ist doch sehr gut für sie. Das festigt auch ihre Position in der Klasse.«

Vater versteht jedes Wort; sein Deutsch ist perfekt. Doch als er sich Mutter zuwendet, spricht er die Sprache der Familie, der Frau Gilles nicht folgen kann: »Emine, Hülya schafft so viel zu Hause. Sie hat es sich verdient, mitzufahren. Sie hilft im Haushalt und passt auf die Kinder auf.«

Ich schöpfe einen Augenblick lang Hoffnung, die von Mutters Antwort sofort zunichte gemacht wird. Auf Türkisch erwidert sie schroff: »Nein, um Gotteswillen. Das gehört sich nicht! Das schickt sich auf keinen Fall!« Dann wendet sie sich der Lehrerin zu, um etwas zu sagen. Sie lächelt, aber sie traut sich nicht zu sprechen. Sie dreht sich mir zu: »Hülya, das geht doch nicht, dass die Lehrerin nichts trinkt. Du musst ihr etwas anbieten. Frag sie, ob sie einen Kaffee möchte. Die Deutschen trinken doch alle Kaffee.«

Frau Gilles erwartet natürlich eine ganz andere Auskunft, als die, die ich an sie weitergebe. Sie sieht mich nachsichtig an und will nicht mal Kaffee. Die Lehrerin macht noch einen weiteren Anlauf, den ich übersetze.

Mutter spricht Türkisch: »Schullandheim? Und dann auch noch mit Übernachten? Nein, das ist absolut verboten.«

Mein Vater sagt gar nichts mehr. Und ich wage nicht, ihn um Beistand zu bitten. Er ist eine Respektsperson, zwar anwesend, aber gleichzeitig weit entfernt von der Sorgenwelt eines Kindes.

Mutter wird immer unruhiger. »Möchte die Frau wirklich nichts trinken?«, fragt sie mich. Sie will eine gute Gastgeberin sein, eine Gastgeberin, wie sie es aus ihrem Bergdorf gewohnt ist, wo die Leute mit Öllampen abends Licht machen. Und wo es wichtig ist, dass man sich Gott gegenüber nicht versündigt. Wenn ich mit fremden Jungen in einem Haus schlafen würde, wäre es in ihren Augen genau das. Diese Sünde, das hat sie mir schon oft gesagt, laden die Eltern auf sich. Erst an dem Tag, an dem sie ihre Tochter verheiraten, sind sie von dieser Last befreit. Der Ehemann trägt sie dann.

Ich bin neun und es geht nur ums Schullandheim. Aber Mutters Deutsch ist zu schlecht, um sich darüber mit der aufgeschlossenen Lehrerin zu unterhalten. Als Frau Gilles gegangen ist, bin ich traurig. Noch bin ich viel zu jung, um mir selbst gegenüber eingestehen zu können, weshalb: Ich wünsche mir eine Mutter, die mir ein Vorbild sein kann, eine selbstbewusste Frau, die auf eigenen Beinen steht und eine eigene Meinung hat, die sie auch begründen kann.

Ein paar Wochen später gibt Frau Gilles mir einen Brief an meine Eltern mit, den ich unterschrieben zurückbringen soll. Es ist die Nachricht, dass ich während des Aufenthalts im Schullandheim eine andere Klasse besuchen muss. Mutter kann die Mitteilung nicht lesen, aber ich übersetze.

»Unterschreib für mich«, sagt sie. Das ist nichts Ungewöhnliches. Inzwischen unterschreibe ich oft für sie, wenn es um Behördenangelegenheiten geht. Ich male ihren Namen in kindlicher Schrift auf das Papier und gebe es ab. Wieder einmal bin ich von der Klassengemeinschaft ausgeschlossen.

Das Fleisch ist dein, der Knochen mein

Wir machen nie Ferien. Dazu fehlt uns das Geld. Doch in diesem Sommer des Jahres 1990, in dem ich elf Jahre alt bin, sagt Mutter zu der achtjährigen Esme, unserem drei Jahre alten Brüderchen Serkan und mir: »Wir fliegen in die Türkei.« Vater und Hakan bleiben daheim in Rielingshausen. »Wir vier besuchen Tante Sultan und Tante Hacer«, erklärt Mutter. Die beiden sind ihre jüngeren Schwestern, sie leben in Mersin, einer Hafenstadt am östlichen Mittelmeer. Mutter ist das älteste von fünf Geschwistern, aber sie ist die Einzige, die zu diesem Zeitpunkt in Deutschland lebt. Ihre Mutter starb, als sie 15 Jahre alt war, der Vater heiratete wieder und die unfreundliche Stiefmutter ließ Emine ihre eigene Mutter schmerzlich vermissen. In unserer Familie wird nicht viel gesprochen über Pläne; wir Kinder werden ohnehin nicht nach unserer Meinung gefragt und als Mädchen habe ich sowieso keine zu haben. So besteige ich das Flugzeug in die Türkei ohne wirkliche Erwartungen.

In Adana, einer Millionenstadt, der viertgrößten des ganzen Landes, holen uns Tante Sultan und ihr Mann Ahmet am Flughafen ab. Tante Sultan ist eine kräftige Frau, Onkel Ahmet hat einen kurz geschnittenen Schnurrbart. Er ist Verkäufer in einem Bekleidungsgeschäft. Sie wohnen mit ihrer Tochter, die in Esmes Alter ist, in einem Neubaugebiet von

Mersin, ihre Wohnung hat mehrere Zimmer. Die beiden sind sehr streng zu mir.

Einen Tag nach unserer Ankunft sagt Mutter zu uns drei Kindern: »Ich fliege in ein paar Tagen zurück nach Deutschland und ihr werdet hier bleiben.« Zunächst denke ich, sie meint nur die Zeit der Sommerferien. Aber Mutter wird deutlicher: »Esme und Serkan, ihr bleibt bei Onkel Mustafa.« Auch ihr Bruder wohnt in Mersin, während Kadir, der Jüngste, noch beim Vater lebt. Er hütet Schafe in den mehrere hundert Kilometer entfernten Bergen Anatoliens.

Dann wendet Mutter sich mir zu: »Hülya, du wirst in die Koranschule gehen.«

Ich glaube, nicht richtig zu hören. Ich habe an der Tobias-Mayer-Hauptschule in Marbach gerade die fünfte Klasse abgeschlossen. Obwohl ich immer wieder fehlen muss, weil Mutter nach wie vor findet, dass Hausarbeit wichtiger als Lernen ist, ist mein Notendurchschnitt nicht schlecht. Dass ich die deutsche Schule nicht so rasch wiedersehen werde, erscheint mir im ersten Schreck völlig unvorstellbar. »Wie lange?«, frage ich verblüfft.

»So lange, bis du die Koranschule verlassen darfst. Du sollst eine *hodscha* werden.«

Es dauert Jahre, bis ich eine *hodscha* bin! Als Koran-Lehrer muss man die heilige Schrift des Islam lesen können. Auf Arabisch! Bislang vermag ich keines der komplizierten Schriftzeichen zu enträtseln. Und dann die vielen Bücher, in denen die Glaubens-Vorschriften erklärt werden. All das soll in meinen Kopf, der sich gerade mit Naturwissenschaft und Englisch angefreundet hat? Was soll überhaupt aus meiner Schule werden, wenn ich nicht in sechs Wochen zurück bin? Daran darf ich gar nicht denken …

Aber wieder sage ich nichts. Kein Wort des Protests kommt über meine Lippen. Ich bin jetzt ein türkisches Mädchen in der Türkei und ich kenne meine Rechte: Ich habe praktisch keine.

»Wir gehen jetzt zum Friseur«, beschließt Mutter. »Deine Haare sind zu lang, das ist *haram*.«

Meine wundervollen, glänzenden Haare, die mir bis zur Hüfte fallen, verberge ich seit Jahren unter dem Kopftuch. Sie sind mein ganzer Stolz. »Nein«, sage ich endlich, »nicht meine Haare! Bitte, schneid sie mir nicht ab«, flehe ich unter Tränen.

Mutter packt mich dennoch und schleift mich zum Friseur. Auch dort bettle ich um Erbarmen und wehre mich so verzweifelt, dass mir die Friseuse in die Hand schneidet. Als sie fertig ist, blickt mich ein verheultes Mädchen mit gerade noch kinnlangen Haaren aus dem Spiegel an.

»In der Koranschule wirst du lernen, eine gute Muslimin zu werden«, sagt Mutter. Noch kenne ich ihre Zukunftspläne für mich nicht: Eine *hodscha* gibt eine gute, folgsame Ehefrau ab, die ihre Kinder nach dem Wort des Propheten erzieht.

Ich trotte niedergeschlagen neben Mutter her durch die staubgrauen Straßen von Mersin und kann nur noch eines denken: Warum hasst meine Mutter ihre Kinder so? Warum schiebt sie uns drei einfach zu Verwandten ab? Ich habe doch immer alles für sie getan, was sie wollte.

In der folgenden Nacht tue ich kaum ein Auge zu und denke an Hakan. Er ist erst wenige Wochen zuvor aus der Türkei zurückgekommen, nachdem er anderthalb Jahre zuvor von einem Tag auf den anderen verschwunden war. Wieder einmal hatte uns Geschwistern niemand irgendwas erklärt. Bei seiner Rückkehr war Hakan völlig verändert. Niemandem hat er sich anvertraut, außer mir, seiner *abla*.

»Ich sollte ein *hodscha* werden«, erzählte mir Hakan. »Das war Mutters Wille, weil ich doch der älteste Sohn bin.« Aber mein Bruder machte in der Koranschule nicht die Fortschritte, die von ihm erwartet wurden. Seine Lehrer beschwerten sich bei Mutters Bruder Mustafa und der verprügelte Hakan jedes Wochenende, wenn er ihn besuchte.

Mir gestand Hakan seine erlittenen Qualen: »Onkel Mustafa hat mich an einen Baum gebunden und verdroschen.« Schließlich hielt mein Bruder es nicht mehr aus. Der zehn Jahre alte Junge stahl einem Mitschüler etwas Geld und schlug sich tagelang durch die Wälder zu einer Schwester meines Vaters. Glücklicherweise sind dessen Angehörige mitfühlender als die von Mutters Seite. Vaters Schwester Ayten rief meine Eltern an: »Holt euren Sohn bei mir ab und passt in Zukunft besser auf ihn auf!«

Aber diese Ermahnung kam zu spät. Hakan, von seinen Erlebnissen geprägt, stotterte so stark, dass er nicht mehr in die Hauptschule gehen konnte; er wurde in eine Schule für Sprachbehinderte geschickt. »Hakan ist aggressiv und prügelt sich mit seinen Mitschülern«, stand in den Briefen, die ich Mutter vorlesen musste.

Mein Bruder, ein hübscher Junge, war gebrochen worden. Für die ehrgeizigen Ziele einer Mutter, deren Herz in Kleinasien schlägt, während ihre Kinder als Mitteleuropäer aufwachsen.

Während ich über Hakan nachdenke, begreife ich langsam, warum Mutter mich in die Koranschule schicken will. »Jemand aus der Familie muss ein *hodscha* werden«, hat sie schon früher gesagt. »Das schulden wir Gott.«

Nachdem es bei Hakan nicht geklappt hat, trifft dies Schicksal nun also mich. Ich will allerdings ebenso wenig Religionslehrer werden wie Hakan. Auf keinen Fall. Meine Ablehnung gegen den Glauben meiner Mutter ist inzwischen so groß wie der Hass, den ich für sie empfinde. Wie kann sie das nur ihren Kindern antun? Wenn ich jemals selbst Kinder habe, werde ich sie so nicht behandeln. Sie sollen sich frei entscheiden können. Dies ist mein Beschluss, bevor ich in die Koranschule gehe, die aus mir eine vorbildliche Muslimin machen soll. Ich fühle mich alt genug, um zu wissen: Von dieser Meinung werde ich niemals einen Millimeter abweichen. Komme, was wolle.

Am nächsten Tag stehe ich zwischen Mutter und Tante Sultan vor einer Mauer aus grauen, unverputzten Betonsteinen, die so hoch ist wie ich groß, etwa 150 Zentimeter. In der Mauer befindet sich ein Stahltor. Es sieht aus wie ein Gefängnis, denke ich, obwohl ich noch nie ein Gefängnis gesehen habe. Wie soll ich hinter diesen feindlich wirkenden Mauern zu Allah finden?

Mutter verabschiedet sich nicht von mir, sondern sie wendet sich ihrer Schwester Sultan zu. Sie wird richtig feierlich: »Ich übergebe dir meine Tochter als *emanet*«, das bedeutet so viel wie Mündel; die Tante ist also mein Vormund. Dann fügt sie einen Satz hinzu, den ich zwar überhaupt nicht begreife, der in meinen Kinderohren jedoch furchtbar abstoßend und brutal klingt: »Das Fleisch ist dein, der Knochen mein.«

Was mag das bedeuten? Kann Tante Sultan mit mir machen, was sie will? Nur meine Knochen will Mutter wiederhaben, um sie im Zweifelsfall irgendwo zu verscharren? Oder meint sie, die Schwester soll das Äußere ihrer Nichte nach eigenem Gutdünken formen?

An dem Eisentor befindet sich keine Klingel, man muss klopfen. Ein Auge blickt durch ein Guckloch zu uns Wartenden. Als sich die Tür zur Koranschule öffnet, habe ich nur Angst.

Was wird mich erwarten?

Alles Unglück der Welt

Pling, pling macht der kleine Holzstock jeden Morgen, wenn er auf das Metallrohr des Bettgestells geschlagen wird. Ein hoher, durchdringend schwingender Ton. »*Kardesim*, aufstehen!«, tönt eine Stimme in die Stille des Schlafsaals. 25 Stockbetten, 50 Mädchen, 25-mal pling, pling.

Die Nacht ist wieder sehr kurz gewesen; das letzte der täglichen fünf Pflichtgebete haben wir in der Nacht gegen 23 Uhr gebetet. Auch jetzt ist es draußen noch dunkel. Eine Uhr habe ich nicht; aber in dieser ersten Woche in der Koranschule habe ich sehr rasch verstanden, dass mein Tagesablauf von den Gebeten bestimmt wird. Ein guter Muslim muss sich gegen fünf Uhr in der Früh für das erste Gebet des Tages fertig machen.

Auf meiner Strohmatratze liegt ein Schaffell, darauf schlafe ich bekleidet mit einem langen Rock. Und mit Kopftuch. In dieser Aufmachung tappe ich gemeinsam mit den anderen vom ersten Stock hinunter in den Baderaum im Erdgeschoss. Denn vor jedem Gebet muss man rein sein. Wie meine *kardesim*, meine »Geschwister« für die Zeit der Koranschule, gehe ich noch halb im Schlaf zum Plumpsklo. Mit kaltem Wasser aus einem Metallbecher, der in Griffweite steht, reinige ich meinen Unterleib, gehe danach zum Waschbecken. Ich will mir das Gesicht nur kurz abspritzen.

»Dreimal das Gesicht, dreimal die Nase, dreimal den Mund, dreimal die Arme, dreimal die Füße. Und reib dich richtig ab! Nein, nicht ausziehen! Nur die Unterarme!«

Unsere *hodscha* ist ein etwa 14 Jahre altes Mädchen. Sie ist eine der Lehrerinnen, die uns den ganzen Tag über beaufsichtigen wird. Ich funktioniere wie ein Automat, folge den anderen in den Gebetsraum. Wir verneigen uns alle in Richtung

Mekka und absolvieren das erste *rekat*, die fünf Mal am Tag geleistete Gebetseinheit aus Stehen und Koran-Rezitation, Verbeugung, Niederwerfung und Sitzen.

Meine Klassenkameraden in Deutschland drehen sich jetzt in ihren weichen Betten noch mal auf die andere Seite. Sie haben Ferien. Und ich leiere Suren, die ich nicht verstehe, noch nie verstanden habe. Bin ich hier, um sie zu verstehen? Nein, ich frage mich das nicht. Sondern gehe in die Küche, die gleichzeitig der Speisesaal ist. Es sind Tische für je sechs Mädchen aufgestellt. Trockenes Brot, ein Teller Oliven für alle, schwarzer Tee mit Zucker.

»Manchmal gibt es Schafskäse«, sagt das Mädchen neben mir. Vielleicht will Serap mich trösten.

»Beim Essen wird nicht gesprochen«, mahnt die 14-jährige *hodscha*.

Wir schweigen. Serap ist in meinem Alter. Sie hat fröhliche Augen, die ein wenig vorwitzig blicken. Ich hoffe, wir können Freundinnen werden. Ich fühle mich so entsetzlich allein. Allein gelassen, verraten, abgeschoben.

Ich traue mich kaum, den Blick schweifen zu lassen über die stille Versammlung von über 50 Kopftüchern. Außer den acht Tischen für uns Koran-Schülerinnen gibt es einen, an dem vier *hodschas* sitzen. Junge Mädchen wie jenes, das uns beaufsichtigt. Sie sind bildschön, sehr schlank, groß gewachsen, bewegen sich langsam und anmutig. Perfekte Vorbilder für uns unfertige Unwissende. Muslime sind davon überzeugt, dass ein wahrhaft Gläubiger zu einer Erleuchtung gelangen kann. Diese Erleuchtung kann man angeblich im Gesicht ablesen; es strahlt von innen heraus. Doch die jungen Lehrerinnen sind zwischen 14 und 19 Jahre alt, wenngleich sie mir mit meinen elf Jahren viel älter und unendlich weise erscheinen.

Nach dem kargen Frühstück gehen wir zur Treppe, die in den ersten Stock führt. Im Vorbeigehen sehe ich meinen Koffer in einem Raum, der mit Gepäckstücken voll gestellt ist. Ich nehme mir vor, künftig immer wieder nachzusehen, ob er noch da steht. Damit ich weiß, dass ich wieder von diesem Ort fort kann. Wann auch immer.

Oben, neben dem Schlafraum, befindet sich der *mescit* genannte Lernraum, in dem auch gebetet wird. Ein kahles Zimmer, kein Bild an der Wand, ein Teppich am Boden, ein Regal als einziges Möbelstück. Darin stehen zwei Sorten von Büchern: Eines zählt auf Türkisch auf, was der Koran erlaubt und was verboten ist. Das andere ist der Koran selbst. Jedes Mädchen hat eine eigene Ausgabe, ein dickes Buch, etwa so groß wie ein DIN-A-4-Blatt, das so ähnlich aussieht wie die Bibel. Es ist auf Arabisch geschrieben.

Das erste Mal, als ich das schwere Buch zu einem Platz trug, an dem ich mich niederlassen wollte, ermahnte mich die Lehrerin: »Halt den Koran nie unterhalb des Bauchnabels. Das ist *haram*.«

Wir sitzen alle am Boden, kniend oder im Schneidersitz. Unser tägliches Lernpensum ist genau vorgeschrieben: Zwei Seiten aus dem türkischen Buch sind auswendig zu lernen, damit man die Vorschriften genau kennt.

Da steht zum Beispiel: »Eine Frau zieht nicht die Aufmerksamkeit eines Mannes auf ihren verhüllten Schmuck, indem sie Parfüm benutzt oder indem sie mit Ketten klimpert oder spielt. Allah sagt: Sie sollen ihre Füße nicht so auf den Boden aufstampfen, dass bekannt wird, was sie von ihrem Schmuck verbergen.«

Ich lese es durch, lerne es auswendig – und verstehe kein Wort. Was haben Parfüm, Ketten und Aufstampfen miteinander zu tun? Niemand erklärt etwas, stellt die Bedingungen dar, unter denen diese Worte 1400 Jahre vor meiner Zeit geschrieben wurden.

Die *hodscha* liest aus dem Koran aus der Sure 14 den Vers

52 vor: »Dies ist eine Verkündigung an die Menschen, auf dass sie sich dadurch warnen lassen und auf dass sie wissen mögen, dass nur Er der Einzige Gott ist, auf dass diejenigen, die Verstand haben, sich mahnen lassen.«

Sie liest Arabisch, wir sprechen nach. Niemand von uns weiß, was wir nachsprechen. Die Worte werden so oft wiederholt, bis wir sie auswendig können.

Bevor wir mittags zum Beten gehen, müssen wir uns wieder waschen, obwohl wir nur die heiligen Bücher berührt haben. Dann wird wieder gelernt, gewaschen, gebetet, gegessen und anschließend das den Tag über Erlernte abgefragt. Wir versammeln uns im Kreis und müssen die zwei auswendig gepaukten Seiten aus dem türkischen Buch aufsagen. Bei Fehlern wird geschimpft, verbessert und man muss nachlernen. Gröbere Verstöße, wie das Auslassen eines der Pflichtgebete, werden stärker bestraft. Aber nicht mit Schlägen, wie ich es von Mutter gewohnt bin.

»Wenn du hörst, dass dich der Imam zum Gebet ruft, musst du sofort dein Gebet sprechen«, mahnen die *hodschas*. Die drei dann notwenigen Sätze habe ich am ersten Tag in der Koranschule lernen müssen. »Sonst«, sagen die Lehrerinnen, »lastet das ganze Unglück der Welt auf dir.«

Muslim zu sein, so lehrt es mich diese Schule, bedeutet ein Leben in ständiger Furcht. »Wenn nur eine aus einer Gruppe nicht tut, was vorgeschrieben ist, lastet auf euch allen ein Unglück, das 40 Tage dauert«, versprechen die *hodschas*.

Ich bin zu jung, um einen Zusammenhang zwischen solchen Einschüchterungen, mit denen man Elfjährige gefügig macht, und der Angst meiner Mutter zu erkennen, eines Tages in die Hölle zu kommen. Für mich zählt nur, dass ich den Tag überstehe. Dass ich mir nicht ständig die Frage stelle: Warum muss ich das erleben?

Und dann kommt die Nacht, in der ich einen Ausweg finde:

Ich bleibe nicht in dem grauen Haus in Mersin, hinter der hohen Mauer. Während meine *kardesim*, meine Schwestern aus der Koranschule, tief schlafen, reise ich nach Deutschland. Dort gehe ich in die Schule, schreibe gute Arbeiten, werde für meine Erfolge gelobt, komme nach Hause, spiele mit meinen Geschwistern. Es ist die Zeit, in der ich wieder ich selbst bin.

Bis morgens wieder jemand mit einem Stöckchen pling, pling gegen die Metallbetten macht. »*Kardesim*, aufstehen!«

Um Gottes Gnade kämpfen

Ich bin gerade beim Angeln. Serkan und ich fischen an den sieben Seen mitten im Wald, eine Stunde Fußmarsch entfernt von unserem Zuhause in Rielingshausen. Wir sind bester Laune und Serkan zieht einen Fisch aus dem Wasser und zeigt ihn mir voller Stolz. Wir sind so glücklich und unbeschwert.

»Alles Gute zum Geburtstag, Hülya!«

Ich schlage die Augen auf. Ich bin nicht bei den sieben Seen im schwäbischen Wald. Es ist Nacht, stockdunkel. Einen Moment brauche ich, um zu verstehen, dass dies der Schlafsaal ist. Aber etwas ist anders als in den letzten neun Monaten.

»Du hast Geburtstag«, flüstert Serap. Wir beide sind seit einiger Zeit Blutsfreundinnen. Zwei Nadelstiche in zwei Mädchenfinger haben unsere Verbundenheit besiegelt. Natürlich ist auch das *haram*, die *hodschas* achten peinlich genau darauf, dass sich die Koranschülerinnen nicht untereinander anfreunden. Serap und ich, wir scheren uns darum wenig. Unser Tag besteht längst aus lauter kleinen Fluchten. Mal schwänzen wir das Gebet, mal schleichen wir aufs Dach und versuchen, die Vögel zu fangen, die sich auf der ebenen Fläche dort oben versammeln. Wir wollen sie nur streicheln, wenigstens etwas zum Liebhaben. Aber sie fliegen immer weg.

Was Serap sich diesmal ausgedacht hat, ist so *haram*, dass wir in der nächsten Stunde wohl gegen die Hälfte aller Verbote verstoßen werden, die Allah dem Menschen auferlegt hat. Oder die *hodschas* uns Mädchen, den Unterschied dazwischen kenne ich noch nicht.

Dies ist der Morgen meines zwölften Geburtstags. Doch ein Muslim feiert keinen Geburtstag. *Haram*. So hat Mutter es festgelegt. *Bayram*, das Schlachtfest, das den Ramadan beendet, ist der einzige Feiertag, den wir daheim begangen haben. Gewiss, es gibt einen Geburtstag, jenen des Propheten Muhammad im April, doch dessen wird beim Gebet in der Moschee gedacht. Aber dieses ist meiner und Serap macht mich mit ihrer Überraschung so glücklich, dass ich sofort hellwach bin.

»Komm, wir feiern«, flüstert meine Freundin und ich schlüpfe aus dem Bett. Wir schleichen uns die Treppe hinunter in einen Raum neben dem Speisesaal, in dem wir gelegentlich Nähunterricht haben. Serap hat – woher auch immer – einen Kassettenrekorder besorgt, kleine Törtchen und etwas *börek* aus der Küche. Sie legt eine Kassette mit türkischer Musik ein und dann feiern wir heimlich und ganz leise. Es ist so schön, dass ich glatt vergesse, wo ich bin.

Die Koranschule, so sachlich und nüchtern sie auch von außen wirken mag, ist in mehrfacher Hinsicht ein Ort großer Geheimnisse. Denn wo es so viele Verbote gibt, wird umso intensiver nach Möglichkeiten gesucht, diese zu umgehen. In einer Koranschule sorgt Allah dann für die Strafe. Denn es ist Satan, der uns verführt, gegen Allahs Vorschriften zu verstoßen. Satan ist allgegenwärtig, selbst an so einem heiligen Ort.

Es ist noch gar nicht lange her, da wollte ich ohne Kopftuch zur Toilette gehen. Ich hatte einfach keine Lust, es anzulegen. Und prompt saß da im Treppenhaus eine Eidechse, die mich mit Satans rot glühenden Augen angesehen hat. Sofort machte ich kehrt, rannte wieder nach oben und band mir das Kopftuch um. Man ist als Mensch auch nie allein, haben uns die *hodschas* beigebracht. Stets sind da diese beiden *dschinn*, die einen begleiten. Der eine ist der gute *dschinn*, der einen auf den rechten Weg geleitet. Der andere ist der böse, jener von Satan gesandte. Man muss gut aufpassen, dass man nicht auf den falschen *dschinn* hört.

Ich hatte noch mal Glück gehabt. Aber einem anderen Mädchen hat Satan übel mitgespielt: Während des Gebets im *mescit* hat Ayse in die Hose gemacht und der Urin lief auf den Teppich. Plötzlich zitterte sie, verdrehte die Augen, verzog den Mund und stürzte hin. Wir liefen alle zusammen und sahen auf Ayse herunter, die mit Schaum vor dem Mund am Boden lag.

»Satan ist in sie gefahren!«, riefen die jungen hübschen *hodschas* aufgeregt. »Wir müssen den Imam rufen, damit er ihr den Teufel austreibt.«

Wir sind sonst nur Mädchen. Wenn aber ein männlicher Koran-Gelehrter kommt, das ist etwas ganz Besonderes. Wenig später traf der Mann ein und befreite Ayse vom Teufel.

»Was hast du getan, dass Satan in dich gefahren ist?«, fragte ich Ayse später.

Sie schlug die Augen nieder. »Ich bin ohne Kopftuch in den Waschraum gegangen.«

Niemand von uns wusste, was ein epileptischer Anfall ist. Umso besser kannten wir nun das Werk des Teufels. Damit er keine Macht über uns gewinnt, müssen wir ständig auf der Hut sein. Am Wochenende wird regelmäßig der lange Teppich gereinigt. Fünf Mädchen knien nebeneinander und schrubben mit Zahnbürsten daran herum.

»Hebt den Teppich hoch«, sagt die Aufsicht führende *hodscha*. »Da liegt ein Brotkrümel«, stellt sie fest.

Sofort steckt eine Mitschülerin den alten Krümel in den Mund. »In Gottes Gnade«, sagt sie dabei und schluckt das Stückchen hinunter, das gewiss mehr nach Staub als nach Brot schmeckt.

»Ihr müsst kämpfen, um Gottes Gnade zu bekommen!« Ständig hören wir diese Ermahnung.

Die Koranschule selbst kämpft dabei mit dem türkischen Staat. Davon bekomme ich nur dann etwas mit, wenn gelegentlich unangemeldete Besucher erscheinen. Dann bricht Hektik aus! Schnellstens müssen alle auf Arabisch geschriebenen Lehrbücher versteckt werden. Nur der Koran selbst darf noch herumliegen, in seiner türkischen Fassung. Dass die Türkei Koranschulen schon 1924 verboten hat, als der neu gegründete Staat das Erziehungswesen staatlichen Lehrern übertrug, weiß ich mit meinen nunmehr zwölf Jahren noch nicht.

Offiziell sind wir eine Nähschule. Zum Beweis haben wir 50 Mädchen nur eine einzige altmodische Nähmaschine mit Fußpedal – jene, neben der wir gerade nachts meinen Geburtstag feiern –, aber auf der werden reihum Kleider genäht. Gerade, wenn einmal fremde Männer und Frauen zu unangemeldeten Kontrollbesuchen erscheinen, ist es sehr hilfreich, dass unsere Lehrerinnen kaum älter sind als wir. Dann fällt es nicht so auf, dass wir keineswegs nur nähen, sondern um Gottes Gnade kämpfen.

Auf diese Weise entstehen unter anderem bunte Kleidchen für kleine Mädchen. Hin und wieder werden sie ausgestellt und bei dieser Gelegenheit werden wir »Nähschülerinnen« belobigt und erhalten eine Urkunde. Für den offiziellen Charakter unserer Einrichtung gewiss ein wichtiger Anlass, der sich mir aber noch nicht erschließt. Viel wichtiger als die Kleidchen sind all die Dinge, die ein Mädchen später gebrauchen kann: Kopftücher werden mit Spitzenstickerei und winzig kleinen Perlen verziert, jede keinen Millimeter groß und mit einem Loch in der Mitte, das die Nadel jedes Mal treffen muss. Das hat viele blutige Fingerspitzen zur Folge. Die Hände müssen ordentlich sauber sein, bevor ich beten gehe, denn es ist eine große Sünde, Allahs vom Propheten niedergeschriebene Worte mit unreinen Körperflüssigkeiten zu beschmutzen.

Meterlange Bänder werden gehäkelt und mit Blümchenmuster bestickt. Vor ein paar Tagen habe ich damit begonnen, ein Schlafzimmerset mit Stickerei zu verzieren, das aus Kopfkissen- und Bettbezügen besteht. Danach werde ich ein Küchenset verschönern, das unter anderem eine dekorative Decke für den Kühlschrank sowie Handtücher enthält. Doch das wird noch ein paar Monate dauern.

»Das ist alles für deine *çeyiz*«, sagen meine Lehrerinnen. Die *çeyiz* ist meine Aussteuer. Wenn ich die Koranschule in ein paar Jahren verlassen werde, dann muss ich eine große, mit Schnitzerei verzierte Kiste damit füllen können. Die *çeyiz sandigi* ist das Wichtigste, was eine Braut in die Ehe einbringt. So wird es zumindest hier gelehrt. Das Beispiel meiner eigenen Mutter hat mir allerdings bewiesen, dass eine gut gefüllte *çeyiz sandigi* in Deutschland nicht weiterhilft. Ich habe jedoch keine andere Wahl als weiterzumachen.

Das konzentrierte Nähen hilft dabei, nicht an mein bisheriges Leben zu denken. Oder gar an mein künftiges. Über mein gegenwärtiges will ich nicht gerade an diesem Tag nachdenken. Noch nicht ein einziges Mal ist eine meiner Tanten gekommen, obwohl man am Wochenende besucht werden darf. Ich weiß nicht, wie es Esme und Serkan bei Onkel Mustafa ergeht, der Hakan regelmäßig verprügelt hat. Niemals durfte ich die Schule verlassen und es ist sogar verboten, aus dem einzigen Fenster zu blicken, von dem aus die Straße zu sehen ist. Wobei man auf das Tor inmitten der unverputzten Mauer blicken würde.

»Ich glaube, wir sollten wieder nach oben ins Bett gehen«, sage ich zu Serap und wir packen die Utensilien für meine heimliche Geburtstagsfeier wieder ein. Noch ein paar Stunden Schlaf und ein neuer Tag beginnt.

Das Haus ist wieder sauber geputzt, denn ausgerechnet heute kommt ein wichtiger Imam, um einen Vortrag zu halten. Wir setzen uns alle um den alten Mann auf den Boden im Lernraum. Eine der Vorbeterinnen reicht ihm ein Glas Wasser. Einige meiner Mitschülerinnen drängen sich danach, daraus trinken zu dürfen. Denn der Imam ist ein Erleuchteter. Er hält uns einen Vortrag über jenen Mann, nach dessen Ansichten wir unterrichtet werden.

»Süleyman Efendi«, so erzählt der *hodscha*, »las in der Koranschule als junger Mann gerade im Koran, als ein Feuer ausbrach. Viele Menschen starben, doch Süleyman überlebte. Als er 36 Jahre alt war, wurde er Prediger und 1951 schließlich eröffnete er eine private Schule für religiöse Grundausbildung, denn er war der Meinung, dass der türkische Staat zu wenig tut, um die Jugend mit dem Worte Allahs und seines Propheten Muhammad vertraut zu machen.«

Die jungen Koran-Lehrerinnen äußern wortreich ihre Dankbarkeit für die Weitsicht Süleymans, die dazu geführt hat, dass wir nun hier sein dürfen. Ein Bild wird herumgereicht, das einen Mann mit weißer Mütze zeigt, die ein wenig an die Kopfbedeckung von deutschen Köchen erinnert. Er hat schmale, listige Augen, eine kräftige Nase und einen grauen Vollbart. Süleyman selbst starb 1959, aber er hatte treue Anhänger, die seinem Beispiel bis heute folgen.

»Dies sind die Säulen des Glaubens«, erklärt der alte Imam. Aber auch diese Männer, unter ihnen die Söhne Süleymans, sind inzwischen sehr alt. »Wenn der Letzte von ihnen gestorben ist, dann geht die Welt unter«, fährt er fort. Mir ist nicht ganz klar, was er damit meint. Wie kann die Welt untergehen?

Als der Gelehrte seinen Vortrag beendet hat und aufsteht, entdecke ich einen weißen Fleck an der Stelle auf dem Boden, an der er gesessen hatte.

»Er ist ein Erleuchteter«, sagen die Lehrerinnen. »Da hast du den Beweis.« Auch mir kommt keine andere Erklärung in den Sinn.

War es ein *Dschinn*?

Letzten Sommer, als die Koranschule wegen der Ferien geschlossen war, habe ich Esme und Serkan das einzige Mal getroffen, seitdem Mutter uns in die Türkei abgeschoben hat. Etwa ein Jahr ist das jetzt her. Bald werden wieder Sommerferien sein. Da ich aber keinen Kalender habe, kann ich nur hoffen, es möge bald sein.

Esme, Serkan und ich, wir haben uns damals beim Bruder meiner Mutter getroffen. Was haben wir uns gefreut, wieder vereint zu sein. Aber die Stimmung in der Wohnung von Onkel Mustafa war sehr gedrückt. Der Onkel ist ein armer Mann, der auf den Straßen von Mersin geröstete Erdnüsse mit einem kleinen Handkarren verkauft. Für ein Päckchen bekommt er nur ein paar Lira, das sind Pfennige. Nur wenn er etwas verkauft hat, kann Onkel Mustafa abends Brot und Gemüse für die Familie erstehen.

»Ich muss ihn immer begleiten«, erzählte der vier Jahre alte Serkan. »Er will nicht, dass ich seiner Frau auf die Nerven gehe.«

»Und ich passe auf die beiden kleinen Kinder von Onkel und Tante auf«, sagte Esme. »Die Tante ist ganz nett. Und der Onkel, der tut mir eigentlich Leid, weil er so krank ist.« Esme hat ein gutes Herz.

Ich, die *abla*, sehe den Onkel kritischer; ich halte ihn weniger für krank als für geistesgestört. Von Mutter weiß ich, dass sie ihrem Bruder Geld aus Deutschland schickt, damit er meine Geschwister versorgt. Richtig aufregen kann ich mich aber darüber, dass der Onkel meinen kleinen Bruder schlägt. Natürlich streitet er das ab.

»Serkan ist gegen eine Tür gelaufen.« So begründet er das blaue Auge meines Brüderchens. Und dann verlangt er von dem kleinen Jungen, das auch noch so zu erzählen. Was das Kind natürlich tut.

»Mir hat Serkan die Wahrheit gesagt: Der hat ihn geschlagen.« Esme vertraut sich mir völlig an. Bei mir bleiben die Familiengeheimnisse dann. Ich kann zusehen, wie ich das verarbeite. Trotzdem ist es gut, dass sie mir alles sagen.

Wir sind ohne Eltern. Wenn ich es recht bedenke, war es immer so, auch schon in Rielingshausen. Mutter und Vater waren nie für uns da. Die Familie, das sind eigentlich wir Kinder. Wir verstehen uns wortlos. Ich brauche nur in Esmes oder Serkans Augen zu blicken und weiß, was sie denken. Ich habe solche Sehnsucht nach ihnen! Wenn doch wenigstens Vater käme, um mich aus dieser Koranschule zu befreien. Inzwischen habe ich Unmengen von Sachen bestickt und verziert, Baby-Sachen genäht, eine schöne Bluse für eine Frau und ein Puppenkleid. Und natürlich die Aussteuer.

Serap, meine einzige Freundin, und ich, wir haben einen schweren Stand in der Schule. Wir beide wollen uns einfach nicht anpassen und schwänzen die Gebete. Ich lass mich von Serap aber auch immer wieder zu Sachen verführen, die *haram* sind. Neulich erst saß ich im *mescit* auf dem

Boden und lernte die Erlaubten und Verbotenen Dinge im Koran.

»Hülya, komm mit, ich muss dir ein Geheimnis zeigen«, flüsterte Serap mir zu.

Vom Dach aus sah ich auf drei Jungen in unserem Alter herab, Kinder wie wir, von uns durch die hohe Mauer getrennt. Serap sprach mit denen und lachte immer so komisch dabei. Ich war wie immer viel zu schüchtern, um auch nur einen Ton rauszubringen.

Wir waren nicht lange dort oben, aber das hatte schon gereicht, um von unseren Lehrerinnen ordentlich ausgeschimpft zu werden. Kurz darauf erschien der alte Imam und beschimpfte mich: »Ich werde dich nehmen und von einer Wand zur anderen schlagen, wenn so etwas noch einmal vorkommt!« Er beließ es bislang bei der Drohung.

Heute ist der Imam wieder eingetroffen. Diesmal wird es großen Ärger geben. Gestern hat nämlich jemand im Koran einen Zettel gefunden. »Du Schwein«, stand auf Türkisch darauf. Ein Muslim kennt kaum eine größere Beleidigung, denn Schweine gelten als die schmutzigsten Tiere überhaupt.

Wir 50 Mädchen sind alle im *mescit* versammelt, der Imam sitzt vor uns am Boden. »Wer war das?«, fragt der Imam, ein kräftiger Mann mit Schnurrbart. Niemand antwortet. Ich selbst habe zwar einen Verdacht, kann mir allerdings nicht vorstellen, wie die mögliche Strafe für diese Sünde aussieht.

»Wir werden die Wahrheit herausfinden«, sagt der Gelehrte. Er lässt sich ein rohes Ei geben und sucht aus dem Koran einen Surenvers heraus. Den schreibt er mit Tinte auf das Ei. Wir sehen gebannt zu. Nun liest er den arabischen Text laut vor und pustet in unsere Richtung auf das Ei.

»Diejenige, die diese Sünde begangen hat, wird heute Nacht einen dicken Bauch bekommen«, droht uns der Imam.

Das Morgengebet ist vorüber, die jungen *hodschas* besichtigen unsere Bäuche. Die sind allerdings so dünn wie immer. Kein *dschinn* sitzt darin. Eine bedenkliche Situation! Dass jemand von uns den Schwein-Zettel geschrieben hat, auch wenn Satan die Hand des betreffenden Mädchens geführt hat, ist unzweifelhaft. Doch leider hat die Methode des alten Koran-Gelehrten nicht funktioniert. Wer also ist die Schuldige?

Es gibt nur zwei Mädchen, die infrage kommen, weil sie die Außenseiterinnen sind. Zwei Mädchen, die von den Lehrerinnen schon lange mit Argwohn beobachtet werden. Zwei, die immer zusammenhalten, die sogar schon erwischt wurden, wie sie nachts in einem Bett lagen und sich Geheimnisse erzählten. Zwei, die sich vor dem Gebet nicht immer waschen oder es gar schwänzen. Zwei, die vom Dach aus mit Jungs sprechen. Zwei Sünderinnen.

»Serap und Hülya, wer von euch war es?«

Ich weiß nur, dass ich es nicht war. Was Serap weiß, das hat sie mir nicht erzählt.

Und jetzt geschieht etwas ganz und gar Unglaubliches. Etwas, das diesen Tag doch noch zu einem guten Tag werden lässt. Ja, vielleicht zu einem der schönsten meines ganzen Lebens, meines bisherigen auf jeden Fall! Genau in diesem Augenblick tritt meine Mutter ein. Nach zwei Jahren, in denen ich sie nicht gesehen und keinen Brief erhalten habe. Nicht mal über die Verwandten hat sie mir eine Nachricht zukommen lassen.

Einerseits ist es zwar ein sehr glücklicher Zeitpunkt, weil ich ganz leise hoffe, sie könnte sagen, ich würde niemals solch eine Sünde begehen. Andererseits ist es aber auch ein sehr ungünstiger Moment, denn falls sie nicht von meiner Unschuld überzeugt ist, dann bin ich eine große Schande für sie. Das Scheitern meines Bruders Hakan in der Koranschule ist keineswegs vergessen.

Der dumme Zettel, von dem sie natürlich sogleich erfährt, führt zumindest dazu, dass meine Mutter mich nach zwei Jahren der Trennung zur Begrüßung anfährt: »Was hast du schon wieder angestellt, Hülya?« Keine Umarmung, kein: Wie geht es dir?

»Ich habe das nicht getan«, erwidere ich kleinlaut.

Ohne dass ich es mitbekommen hätte, hat inzwischen jemand Seraps Mutter gerufen, die nicht weit entfernt wohnt. »Ihre Tochter hat einen schlechten Einfluss auf meine Tochter!«, behauptet die Frau gegenüber meiner Mutter.

»Nein, Ihre Tochter hat meine verführt!«, entgegnet meine Mutter. Sie spürt wohl, dass ich viel zu naiv bin, um solche Sünden zu begehen. Ich bin etwas erleichtert. Doch durch den Streit der Mütter, der immer lauter und unangenehmer wird, kommt man der Lösung des Problems nicht näher.

Inzwischen ist der alte Imam gerufen worden. Nach einigem Nachdenken kommt er zu dem Schluss: »Beide Mädchen müssen die Koranschule verlassen.«

Ich vergesse fast zu atmen.

Jetzt blickt er mich prüfend an: »Ich könnte dir eine zweite Chance geben, wenn du versprichst, dich zu bessern.« Offensichtlich hält er mich im Gegensatz zu Serap für unschuldig. »Möchtest du das, Hülya?«, fragt der Gelehrte.

Wenn Serap gehen und ich bleiben muss, beginnen trostlose Zeiten. Sie ist der einzige Mensch in diesem Haus, der mir etwas Wärme gibt.

Die *hodschas*, denen ich schon lange ein Dorn im Auge bin, rufen aus dem Hintergrund: »Sag nein, Hülya!«

Ich schüttle den Kopf. Ich würde es vielleicht nicht tun, wenn Mutter nicht da wäre. Obwohl ich weiß, dass ich sie schwer enttäusche, ist ihre Anwesenheit jetzt der Schlüssel zu meiner Freiheit.

Serap geht an der Hand ihrer Mutter auf das Stahltor in der Mauer zu, meine Mutter hält meine Hand. Jedes von uns Mädchen hat seinen Koffer dabei. Ich trage einen knielangen Mantel, das Kopftuch. Obwohl es brütend heiß ist. Das Tor öffnet sich. Serap und ich sehen uns noch einmal an. Keine von uns beiden sagt ein Wort. Dann wendet sie sich nach links, Mutter und ich gehen nach rechts. Nach ein paar Schritten drehe ich mich um und blicke Serap nach. Meine Freundin geht die staubtrockene Straße entlang, ohne sich noch einmal nach mir umzudrehen.

»Komm, Hülya«, sagt Mutter streng. Während sie mich ausschimpft, wie sehr ich ihre Hoffnungen zerstört habe, höre ich gar nicht zu.

Mein Hals ist ausgetrocknet, ich habe einen Stein im Bauch und meine Augen brennen. Ich weiß nicht, wie ich die zwei Jahre ohne Serap durchgestanden hätte. Nun haben wir uns nicht mal richtig verabschiedet. Und das alles wegen eines dummen Zettels. Ob Serap ihn wirklich geschrieben hat?

Oder war es ein *dschinn*? Einer, der wusste, wie man auf dem schnellsten Weg aus der Koranschule fliegt?

Gemeinsam mit Mutter besteige ich ein *dolmus*. Das Sammeltaxi bringt uns zu Tante Sultan. Sie empfängt mich nicht besonders freundlich. Doch es gibt eine gute Nachricht: Esme und Serkan werden gemeinsam mit Mutter und mir nach Deutschland zurückfliegen. Den Grund erfahren wir wie üblich nicht. Wir sind einfach nur glücklich, dass unsere Zeit in der Türkei vorüber ist. Zumindest für dieses Mal. Wenn Mutter künftig davon spricht, dass ich oder eines meiner Geschwister in die Türkei reisen soll, werde ich wachsamer sein. Vorausgesetzt, ich erfahre rechtzeitig davon …

Meine in zwei Jahre währender Fleißarbeit gefertigte *çeyiz* lasse ich bei Tante Sultan. Denn einen türkischen Mann werde ich gewiss nicht heiraten. Das steht für mich heute schon fest und darum gehe ich davon aus, meine traditionelle Aussteuer nie mehr zu gebrauchen. Ich kann nicht ahnen, wie falsch ich damit liege.

Ein befreiendes Verbot

Ich bin es los! Jetzt endlich, mit 15, habe ich es geschafft! Es ist weg, nachdem ich es acht Jahre lang getragen habe. Von heute an werde ich es nicht mehr anlegen. Doch es ist eine verzwickte Geschichte, wie es dazu kam, dass ich mein Kopftuch endlich abnehmen durfte. Und sie fing überhaupt nicht viel versprechend an.

Nachdem ich aus der Türkei zurück war, ging ich zu meiner alten Hauptschule in Marbach. Der Rektor sah mich ratlos an: »Du willst in die achte Klasse? Hast du denn in der Türkei die sechste und siebte besucht?«

Ich musste verneinen.

In seinem Blick lag Mitleid, als er nach langem Nachdenken und Betrachten meines letzten Zeugnisses aus der Fünften schließlich beschloss: »Na gut, wir stecken dich in die Achte. Probieren wir's mal.«

Ich stellte rasch fest, dass ich nicht mithalten konnte: Ich verstand kaum noch etwas vom deutschen Unterricht. Nach wenigen Wochen wurde ich in die Siebte zurückgestuft. Und so sehr ich mir auch Mühe gab, ich schaffte die Versetzung in die achte Klasse nicht. In allen praktischen Fächern war ich zwar die Beste. Mathe, Englisch und vor allem Deutsch wurden jedoch zur Quälerei. Vielleicht hätte ich es dennoch gepackt, wenn ich wenigstens zu Hause hätte nacharbeiten können. Doch Mutter verdonnerte mich wie früher zur Hausarbeit und sagte ihren tausend Mal gehörten Spruch: »Mädchen müssen nichts lernen.«

In der Tobias-Maier-Schule war ich immer noch die Einzige, die Kopftuch trug. Hin und wieder gab es deshalb gehässige Bemerkungen. Modische Kleidung war mir nach wie vor verboten, während meinem Bruder Hakan Jeans gekauft wurden und es völlig normal war, dass er eine Freundin hatte. Ich aber lief herum wie die alten Frauen, die nebenan im Backhäusle ihr Brot backten.

Einmal trafen mein Vater und ich einen seiner Arbeitskollegen, einen Deutschen. »Ist das deine Frau?«, fragte der Mann arglos.

Das muss Vater regelrecht geschockt haben. »Mach das weg!«, sagte er zu mir.

Kaum waren wir wieder daheim, führte Mutter wieder das Kommando und ich blieb unter dem Kopftuch. Selbst die anderen türkischen Familien in Rielingshausen verstanden Mutters Haltung nicht. »Deine Mutter ist wohl sehr traditionell eingestellt«, sagte die Mutter einer Mitschülerin, mit der ich mich angefreundet hatte. Durch solche Andeutungen erwachte in mir allmählich das Bewusstsein, dass es auch anders sein könnte.

Die alles entscheidende Änderung bahnte sich jedoch durch etwas ganz anderes an: Wie üblich musste ich meinen Geschwistern Essen machen, diesmal frittierte Kartoffeln. Ich goss etwa drei Zentimeter Öl in die Pfanne. Da der Elektroherd alt war, erwärmte sich die Platte nur sehr langsam. Ich nutzte die Zeit, um zu Esme und Serkan ins Nebenzimmer zu gehen. Die beiden packten Umzugskisten, denn meine Eltern planten schon lange, aus der Lindenstraße auszuziehen, was bislang an zu hohen Mieten gescheitert war. Ich half meinen Geschwistern so intensiv, dass ich das heiß werdende Öl völlig vergaß.

»*Abla*, warum riecht das so komisch?«, fragte Esme plötzlich.

»Da ist Qualm!«, rief Serkan aufgeregt.

Dann ging alles ganz schnell. Flammen schlugen hoch. Mein hilfloser Versuch, aus dem Badezimmer einen Eimer voll Wasser zu holen, scheiterte glücklicherweise am Rauch. Mir blieb allein der Rückzug ins Wohnzimmer, da der Fluchtweg über die Treppe an den Flammen vorbeiführte. Meine Sorge galt nur noch meinen Geschwistern.

Panisch riss ich das Fenster auf. »Feuer, Feuer!«, schrie ich.

Glücklicherweise reparierte unten auf der Straße ein Nachbar sein Moped und alarmierte die Feuerwehr. Auf die konnten wir nicht mehr warten, sondern türmten über einen nur 30 Zentimeter von der Hausmauer entfernten Lichtmast aus dem ersten Stock. Nachdem die Feuerwehr gelöscht hatte, kehrten unsere Eltern von der Arbeit heim und starrten mit offenem Mund auf das rußgeschwärzte, nunmehr abbruchreife Haus. Sie waren viel zu überrascht, um mich auszuschimpfen. Zwei Tage lang übernachteten wir noch in dem verrußten Wohnzimmer, bis wir mit Hilfe von Nachbarn eine neue Wohnung in Beilstein fanden, gut 30 Kilometer nördlich von Rielingshausen.

Vielleicht wäre ich mein Kopftuch nicht so einfach losgeworden, wenn mein Vater mich heute nicht zur Anmeldung in der Beilsteiner Schule begleitet hätte. Das war mein Glück, denn Papa verstand, was die Sekretärin des Rektors sagte, nachdem sie mich kurz gemustert hatte.

»Kopftuch ist an dieser Schule verboten.«

Einen kurzen Moment herrschte Sprachlosigkeit. »Mach es ab, Hülya«, sagte mein Vater dann.

So einfach war das. Und ich traue mich kaum, darüber nachzudenken, ob ich nicht schon vor Jahren von dem Ding befreit worden wäre, wenn einfach nur jemand mal gesagt hätte: Es ist verboten. Habe ich nicht in der Türkei auch zwei Jahre lang eingetrichtert bekommen, was alles *haram* ist? Ich bin der Sekretärin sehr dankbar. Auch dafür, dass sie mir gezeigt hat, wie befreiend manchmal ein Verbot sein kann.

Meine Mutter ist natürlich entsetzt, dass ich von nun an ohne Kopftuch herumlaufen werde. »Du machst das Kopftuch an!«, schreit sie.

»Hülya muss es nicht tragen«, sagt Vater. »Ich habe selbst gehört, wie die Sekretärin es verboten hat.«

Doch Mutter befürchtet, dass sie in die Hölle kommt, weil ich nun in Sünde lebe. Ihrer Meinung nach ist sie schließlich Gott gegenüber für mich verantwortlich. Esme und ich kichern darüber. Meine kleine Schwester wird im Oktober zwölf und sie trägt das Kopftuch lediglich, wenn wir in die Moschee gehen. Sie darf zwar nicht zum Schwimmen, tut es aber heimlich trotzdem. Wenigstens im Volleyball-Verein lässt Mutter sie mitmachen. Mir gegenüber kennt sie keine Kompromisse. Vielleicht, weil ich die Älteste bin. Ich weiß es nicht. Da ich meine Schwester liebe, bin ich glücklich, dass wenigstens sie es leichter hat. Sie ist ein hübsches Mädchen und ich glaube, ich bin es auch. Doch darum geht es nicht. Ich will keinen Freund haben, sondern einfach nur ich selbst sein dürfen. Ich finde, das ist sehr viel.

Für mich ist es am wichtigsten, dass ich dieses Mal die siebte Klasse schaffe. Hakan und ich, wir besuchen die gleiche Klasse. Aber mit Hakan verstehen wir Geschwister uns zurzeit nicht besonders. Er ist sehr aggressiv, manchmal schlägt er Esme. Das macht mich sehr traurig, denn ich weiß, dass er immer noch unter den verlorenen Jahren leidet, die er in der Koranschule verbringen musste. Sein Stottern ist auch noch nicht besser geworden. Das ist wirklich schlimm, denn er ist ein sehr hübscher Junge, dem die Mädchen nachgucken.

Die größten Sorgen mache ich mir allerdings um meine Eltern. Wahrscheinlich hat mein Vater in der Kopftuch-Frage auch deshalb zu mir gehalten, weil er und Mutter ohnehin dauernd streiten. Der Auslöser ist stets Mutters sture Haltung zu allen Glaubensfragen.

Trinkt Vater auch nur ein einziges Bier, schreit sie sofort los: »Du bist ein Alkoholiker!« Findet sie bei ihm Karten, dann nennt sie ihn einen Spieler.

In der neuen Wohnung schlafen sie schon gar nicht mehr in einem Zimmer. Meine jüngeren Geschwister haben Angst, dass meine Eltern sich trennen werden. Dieser Glaube! Wenn das so weitergeht, dann bringt er noch meine Eltern auseinander. Und was soll dann werden?

> *»Achte auf deine Worte, denn sie werden Handlungen«*
> *(aus dem Talmud)*

Kein weißes Pferd

Wenn Esme und ich abends gemeinsam im Bett liegen, dann kuscheln wir uns aneinander. Wir erzählen uns unsere kleinen, ganz bescheidenen Wünsche. Einen modischen Rock anziehen zu dürfen wäre schön. Mal in eine Disco gehen. Nicht so eine laute mit zuckenden Blitzen, sondern eine, in der türkische Musik gespielt wird, auf die wir stehen. Unser Lieblingsstar ist Tarkan, wir hören ständig auf Kassette Stücke aus seiner ersten CD »*Yine Sensiz* – Wieder ohne dich«. Für viele junge Türken ist Tarkan ein Idol, weil er wie wir in Deutschland geboren wurde. 1972, er ist nur sieben Jahre älter als ich. Ich würde auch gern mal in ein Café gehen mit meiner neuen Freundin hier in Beilstein, mit Nuran, einer Albanerin. Oder mit Esme ein Eis essen.

An all das ist nicht zu denken. Mutter schreit und schimpft, wenn wir solche Wünsche äußern. Dabei sind die doch ganz harmlos. Aber Mutter weiß das nicht. Sie war noch nie in einem Café oder einer Eisdiele. »Da wird Alkohol getrunken«, sagt Mutter ständig.

»Diese dumme Frau«, stöhnen Esme und ich, wenn wir allein sind. »Warum kann sie nicht mal hingehen und sich selbst überzeugen, wie ungefährlich das ist?« Sicherlich wissen Esme und ich inzwischen mehr über Deutschland als Mutter.

Wenn wir Vater nicht hätten, würden wir wohl in ständiger Unselbstständigkeit gehalten. Kurz nach meinem 14. Geburtstag sagte er zu mir: »Du bist kein Kind mehr. Ich behandle dich wie eine Erwachsene. Du bist meine Älteste und ich respektiere dich.«

Er beließ es nicht bei diesen Worten, die mir gut taten. Kurz nachdem wir nach Beilstein umgezogen waren, sagte ich zu Vater, dass ich gern jobben würde. Und er ermutigte mich sogar dazu: »Du musst dich immer persönlich bei den Geschäften vorstellen, das kommt besser an.«

Auf diese Weise kam ich tatsächlich kurz nach dem Umzug nach Beilstein zu meinem ersten Job. Es war ein Restaurant, in dem ich aushelfen durfte. Mit den deutschen Tischsitten hatte ich jedoch Schwierigkeiten und schaffte es nicht, richtig einzudecken. Löffel hier und Gabel dort. In der Hydro-Gärtnerei, in der ich seitdem nachmittags gelegentlich aushelfe, ist es besser. Die Besitzer sind ein junges Paar, das glücklich ist, wenn ich zwischendurch auf ihr dreijähriges Kind aufpasse. Sie sind sehr nett und vertrauen mir. Ich lerne viel über Pflanzen und gelegentlich überlassen sie mir sogar das Geschäft, um Besorgungen machen zu können. Dafür bekomme ich etwas Geld, um mir Schulbücher zu kaufen. Wenn ich nebenbei noch etwas sparen kann, möchte ich mir etwas zum Anziehen kaufen. Eine neue Jeans vielleicht, das wäre mein größter Wunsch. Mutter kauft mir nur lange Röcke und langärmelige Blusen, aber ich bin schon froh, dass sie seit kurzem nichts mehr gegen Jeans hat.

Während Esme und ich uns flüsternd unterhalten, hören wir aus dem Nebenzimmer den Streit der Eltern. Heute geht es wieder mal ums Geld. Die neue Wohnung ist teurer als jene in Rielingshausen, wo wir nur 100 Mark gezahlt haben. »Du bringst kein Geld nach Hause. Wir sind mit der Miete im Rückstand, weil du alles versäufst und verspielst«, zetert Mutter. »Wovon sollen wir denn leben!«

Ich ärgere mich total über sie, wenn sie so etwas behauptet. »Was redet sie nur für einen Unsinn«, sage ich zu Esme. »Papa spielt und trinkt doch gar nicht. Sie hat nur Vorurteile im Kopf.«

»Sie hat gesagt, sie will sich scheiden lassen«, meint Esme leise. »Geht denn das?«

»Nach dem Koran wird das wohl erlaubt sein,« vermute ich, »sonst würde Mutter es bestimmt nicht wagen.«

»Ich will aber nicht, dass sie sich trennen.« Esme klingt ganz kläglich. Ich nehme sie tröstend in den Arm.

Ich sage ihr lieber nicht, was ich denke: Vielleicht wäre es besser, wenn sie sich wirklich scheiden ließen. Jetzt leiden wir Kinder nur unter den fortgesetzten Streitereien. Hakan wird dadurch noch aggressiver und Serkan heult immer nachts im Bett, weil er so unglücklich ist.

»Obwohl Mutter selbst darüber nachdenkt, sich scheiden zu lassen, hat sie vor kurzem etwas Seltsames zu mir gesagt«, erzähle ich Esme. »Wenn ich 18 bin, muss ich verheiratet werden. Sonst wäre ich eine Daheimgebliebene, die kein Mann mehr ansieht.« Das wäre in etwas mehr als zwei Jahren. Aber der Gedanke scheint mir so absurd zu sein, dass ich das nicht ernst nehme. »Und dann hat sie gemeint, ich könne mich doch wieder scheiden lassen. Wichtig wäre nur, dass ich erst mal überhaupt verheiratet gewesen bin.«

»So ein Scheiß!« Meine kleine Schwester wird wütend. »Was soll denn das? Man muss einen Mann doch lieben!«

»Mit so etwas brauchen wir bei Mutter gar nicht erst anzufangen«, sage ich, die *abla*, bedächtig. Liebe kommt in ihrer Welt wohl nicht vor. Nicht uns Kindern gegenüber und ihrem Mann, unserem Vater, erst recht nicht.

Sie hatte uns mal erzählt, wie das mit ihr und Papa angefangen hat. Inzwischen bin ich alt genug, um zu erahnen, dass bereits das Zustandekommen ihrer Ehe erklärt, was jetzt zwischen den beiden schief läuft.

Vater hatte fast fünf Jahre in Deutschland gelebt, als er im Juli 1978 seine Familie in der Türkei besuchte. Die stammte aus dem gleichen Dorf wie jene unserer Mutter Emine. Nur etwa 80 Einwohner leben in diesem einsamen Ort mitten in den anatolischen Bergen. Mutters Vater und Vaters Vater waren Geschwister. Die beiden Brüder kamen also anlässlich des Besuchs des aus Deutschland heimgekehrten Kemal Kalkan auf die Idee, ihre Kinder miteinander zu verheiraten. Denn Mutters Vater hatte nach dem Tod seiner ersten Frau erneut geheiratet. Emine, das älteste seiner fünf Kinder, war im heiratsfähigen Alter. Ein 18-jähriges, sehr zartes, hübsches Mädchen mit großen dunklen Augen. Vielleicht war sie heimlich in einen anderen Jungen aus dem Ort verliebt – aber das kann ich nur vermuten. Über so was spricht sie ja nicht.

Ein paar Tage vor der Hochzeit erfuhren Cousin und Cousine überhaupt erst davon, dass sie künftig ein Ehepaar sein sollten. Weil alles gar so kurzfristig war, hatten sie kaum Gelegenheit, sich über ihr gemeinsames Leben zu unterhalten. Wie es eigentlich der Brauch ist, wenn die Familie eine Ehe »arrangiert«, wie man das nennt: Zumindest fragt man die gegenseitigen Lebenseinstellungen ab.

Als die knapp 16-Jährige, die sich über die möglichen Gründe für das drohende Scheitern der Ehe ihrer Eltern Gedanken macht, kenne ich den Begriff Zwangsehe noch nicht. Zu diesem Zeitpunkt denke ich nur, dass eine Ehe nicht auf diese Weise zustande kommen sollte. Immerhin handelt es sich um die Verbindung zweier Menschen, der ich ebenso mein Leben verdanke wie meine Geschwister.

Kurz nach der nicht besonders feierlichen Trauung flog der frisch gebackene Bräutigam nach Deutschland zurück und stellte einen Antrag auf Familienzusammenführung, damit seine Braut einreisen durfte. Drei Monate später, im Oktober 1978, kam Emine Kalkan dann in Stuttgart an. Ein 18-jähriges Mädchen, das noch nie zuvor außerhalb seines anatolischen Bergdorfs gewesen war. Eine importierte Braut, wie man das nennt, die nicht ein deutsches Wort verstand. Die geschockt war von der Freizügigkeit der deutschen Kultur.

Vater war 21, ein wirklich gut aussehender Mann, aber er hatte in den fünf vorangegangenen Jahren in einer deutschen Familie wie deren Sohn gelebt: Einige wenige türkische Jugendliche wie er waren Mitte der 1970er Jahre zur Ausbildung nach Deutschland geholt worden. Kemal wollte keine scheue Kopftuchfrau an seiner Seite, die ihren »Schmuck« unter bunten Tüchern versteckte. Er wusste, wie hübsch sie war und wollte sie voller Stolz zeigen.

Aus dieser Zeit gibt es in meinem Fotoalbum eine Polaroidaufnahme von den beiden: Sie stehen unter einem bunten Regenschirm und blicken in die Kamera. Ein schönes Paar, aber sehr ernst. Es ist die einzige Aufnahme, die Mutters dichte, schulterlange Locken zeigt. Sie findet, dies Foto ist eine Schande für sie. *Haram.*

Wegen all der vielen *harams* gab es vom ersten Tag in Deutschland an Streit. In erster Linie wegen des Kopftuchs, auf das sie bestehen musste, wenn sie nicht von ihrem Glauben abfallen wollte. Aber auch, weil Vater sich weigerte, fünf Mal am Tag zu beten. In seiner damaligen Fabrik existierte natürlich kein Gebetsraum. Sollte er stets einen Gebetsteppich, einen Koran und einen Kompass mit sich führen, um den Südosten zu ermitteln, damit er sich in Richtung Mekka verneigen konnte? Er arbeitete Akkord, das Läuten der Fabrikuhr bestimmte seinen Tag. Er passte sich an die deutschen Verhältnisse an und lernte sehr schnell die Sprache.

»Ungläubiger!«, beschimpfte die junge Braut ihren so deutsch lebenden Mann.

Kinder hatte sie von diesem Ehemann eigentlich nie gewollt. Das weiß ich bereits zu diesem frühen Zeitpunkt meines Lebens; Mutter hatte es mir einige Male gesagt. Aber mein Vater wünschte sich einen Sohn. Als stattdessen ich ziemlich genau neun Monate nach der Hochzeit geboren wurde, war Vater enttäuscht. Eineinhalb Jahre später kam Hakan zur Welt, weitere zwei Jahre später Esme und schließlich fünf Jahre nach ihr unser kleiner Serkan.

Der Streit, dem ich vom Nebenzimmer aus verfolge, bestärkt mich in meiner Überzeugung, dass wir Kinder diese Ehe nicht würde retten können. Unsere Anwesenheit hat bislang nur verhindert, dass Mutter und Vater sich viel früher getrennt haben. Einer von beiden hätte auf den anderen zugehen müssen, aber Mutters Ansichten sind so starr wie der feste Einband des Korans.

Esme gähnt müde. »Ich habe wieder von dem weißen Pferd geträumt«, sagt sie. »Wir beide ritten einfach davon und haben unsere streitenden Eltern hier gelassen.«

Wir haben dieses weiße Pferd schon vor vielen Monaten zum ersten Mal bestiegen. In meinen Träumen kommt es nicht vor. Ich denke an den kleinen Serkan, der meinen Schutz braucht und auf diesem Pferd keinen Platz hätte.

Meine Schwester ist viel entschlossener als ich. Es ist noch gar nicht lange her, da versuchte sie den Traum vom Pferd wahr zu machen. Wenngleich auch ohne weißes Pferd.

»Ich haue ab. Ich halte das hier nicht mehr aus«, sagte sie. »Fatma und ich, wir verschwinden.« Fatma geht in die gleiche Schule in Beilstein wie wir. »Morgen nach der Schule fahre ich nach Hause, packe meine Sachen und dann bin ich weg.«

»Wie, weg?«, fragte ich.

»Fatma will auch nicht mehr zu Hause sein, ihre Eltern streiten genauso wie unsere.«

»Und wo wollt ihr hin?«

»Irgendwohin.«

Ich glaubte ihr nicht, aber am nächsten Tag stand Esme mit der gepackten Tasche im Flur. »Serkan hat in seiner Spardose etwas Geld gesammelt. Er wollte nämlich auch abhauen. Das hat er mir gegeben.«

Ich wusste überhaupt nicht, was ich machen sollte. Wir umarmten uns und sie ging, um sich mit Fatma zu treffen. Ich hatte ein komisches Gefühl, weil ich nicht wusste, ob ich Esme wiedersehe. Das war wirklich zu viel für mich: So ein kleines Mädchen von zwölf Jahren verlässt einfach seine Familie!

Am Abend war sie zurück. »Fatmas blöder Bruder hat alles rausgekriegt«, erzählte sie verärgert. »Er war am Bus, mit dem wir wegfahren wollten. Wie kannst du meine Schwester dazu verleiten, von zu Hause abzuhauen, hat er gebrüllt. Dabei ist Fatma doch älter als ich. Dann hat er Fatma weggezerrt.«

Ich war so froh, als Esme wieder da war! Unsere Eltern haben von ihrer versuchten Flucht nichts mitbekommen. Mutter arbeitet in einer Salatfabrik. Sie muss den ganzen Tag lang Salat rupfen, waschen und in Plastiktüten verpacken. Sie klagt oft, es wäre eine schmutzige Arbeit. Was Vater macht, wissen wir Kinder nicht. Seine Rückenprobleme erlauben seit einiger Zeit nicht mehr, dass er in der Müllcontainerfabrik arbeitet. Auf jeden Fall ist er den ganzen Tag fort.

Der Traum vom weißen Pferd ist zwar schön; ich weiß jedoch, dass die Wirklichkeit komplizierter ist. Um der Verantwortung für meine Geschwister gerecht zu werden, muss ich einen anderen Weg finden. Vor einer Woche war ich in Heilbronn, um für Mutter etwas zu erledigen. In einer Telefonzelle suchte ich mir die Telefonnummer des Jugendamts heraus und fragte nach einer Mitarbeiterin. Frau Heilmann hörte sich ganz nett an und verabredete sich für den Nachmittag mit mir in einem Café.

»Wie kommst du darauf, dich ans Jugendamt zu wenden?«, fragte sie.

Ich erzählte ihr von einer italienischen Familie aus Rielingshausen. Da gab es ständig viel Streit. Schließlich hat das Jugendamt die Kinder dieser Familie zeitweise in einem Heim untergebracht.

»Möchtest du auch in ein Heim?«, wollte Frau Heilmann wissen.

»Nur gemeinsam mit meiner Schwester«, antwortete ich sofort.

Sie fragte, was denn bei uns los sei. Ich erzählte ihr, dass unser Bruder Hakan so aggressiv wäre und in der Schule Probleme hätte, weil er sich mit anderen prügelt.

»So einfach ist das nicht«, meinte Frau Heilmann. »Ich müsste erst mal mit deinen Eltern sprechen.« Ich hatte das Gefühl, sie würde mir nicht glauben.

Erst jetzt, während ich alles meiner Schwester erzähle, fällt mir ein, dass ich gegenüber der Mitarbeiterin des Jugendamts gar nicht erwähnt habe, dass meine Eltern sich die ganze Zeit streiten. Vielleicht hätte ich das tun sollen. Aber ich weiß einfach nicht, wie man sich in der Welt der Erwachsenen so ausdrückt, dass sie einem auch wirklich beistehen.

»Diese Frau Heilmann wird uns nicht helfen«, stellt Esme nüchtern fest.

Wahrscheinlich hat sie Recht. Es gibt kein weißes Pferd, außer in unseren Träumen.

Der Auszug

Esme, Serkan und ich sitzen auf dem Bett. Wir halten uns gegenseitig fest, Serkan weint ein bisschen, Esme starrt vor sich hin, sie wirkt wie betäubt. Ich spitze die Ohren und versuche, jedes Wort aufzuschnappen, das nebenan gesprochen wird. Vor einer knappen Stunde ist Vater zu Besuch gekommen und mir ist klar, dass unsere Eltern für immer getrennt sein werden, wenn dieses Versöhnungsgespräch scheitert. Mutters jüngster Bruder Kadir hat die Rolle des Vermittlers übernommen. Onkel Kadir ist der einzige von Mutters Geschwistern, dem ich traue. Er hat die anatolische Heimat erst vor wenigen Monaten verlassen, um in Deutschland zu leben.

»Ihr müsst euch vertragen. Ihr seid doch eine Familie«, sagt Onkel Kadir.

»Ich liebe meine Kinder.« Das ist Vaters Stimme. Er spricht ungewohnt gedämpft. Fast so, als würde er weinen. »Ich kann nicht ohne meine Kinder leben, ich vermisse sie so.«

»Ich habe dir so viele Chancen gegeben. Ich will dich nicht mehr!« Mutters Stimme klingt unversöhnlich. »Geh! Verschwinde aus meiner Wohnung!«

»Bitte, Emine, versuchen wir's doch noch mal miteinander. Ich möchte bei euch wohnen«, sagt Vater ganz sanft.

»Nein!«, hält Mutter unnachgiebig dagegen.

Zwar bin ich nach wie vor davon überzeugt, dass meine

Eltern nicht zusammenpassen. Aber vor allem der acht Jahre alte Serkan hängt mit großer Liebe an seinem Vater. Ihm zuliebe sage ich: »Ich gehe jetzt nach nebenan. Ich will nicht, dass Mutter einen Fehler macht.«

Esme sieht mich aus ihren großen, braunen Augen ernsthaft an und sagt mit ihrer dunklen Stimme: »Du wirst nicht mitreden dürfen.«

»Aber irgendwas müssen wir doch tun«, entgegne ich verzweifelt. In Gedanken lasse ich noch einmal die Ereignisse der letzten Wochen Revue passieren.

Vor ein paar Wochen kam ich abends aus der Hydro-Gärtnerei vom Jobben. Da fand ich Mutter in unserer Beilsteiner Wohnung beim Packen. »Was machst du, *anne*?«, fragte ich.

»Wir ziehen aus.« Der Schrank stand offen, nur Papas Kleidung hing darin. Alles, was Mutter gehörte, war bereits eingepackt.

Ganz allmählich begann ich zu begreifen, was hier vor sich ging. »Heißt das, wir verlassen Papa?«, fragte ich.

»Euer Vater ist ein schlechter Mann. Er trinkt und spielt und gibt uns nicht genug Geld«, erwiderte sie und kramte weiter.

Ich stand wie gelähmt daneben: Wieder hatte Mutter eine entscheidende Wendung in unserem Leben herbeigeführt, ohne uns vorher mit einem einzigen Wort zu informieren! »Wo werden wir denn wohnen?«, fragte ich kleinlaut.

»In Ludwigsburg.« Ich war wie vor den Kopf geschlagen: Wir wohnten erst seit eineinhalb Jahren in Beilstein! Ludwigsburg ist etwa 20 Kilometer entfernt – das bedeutete für Esme, Serkan und mich: Schulwechsel und neue Freunde finden müssen. Nur Hakan blieb von diesem Umzug verschont. Er war damals schon seit einigen Monaten in einem Heim. Das war Frau Heilmann vom Jugendamt zu verdanken, die zu dem Schluss gekommen war, dass es Hakans Entwicklung gut täte, wenn er von fachkundigen Erziehern betreut würde.

Denn er stotterte immer noch so stark. Esme und ich beneideten unseren Bruder um die Chance, seinen Schulabschluss in einem Heim machen zu dürfen. Auch für uns war es keine schlechte Lösung: So konnte er keinen Streit mehr mit uns anzetteln.

»Onkel Kadir wird in Zukunft bei uns wohnen«, verkündete Mutter. Das war die einzige halbwegs gute Neuigkeit jenes Tages. Gleich darauf erschien Mutters jüngster Bruder tatsächlich. Er hatte einen kleinen Lieferwagen besorgt, in dem wir alles verstauten.

Wir brachten unsere Habseligkeiten in die neue Wohnung in der Schlossstraße in Ludwigsburg, die Onkel Kadir gemeinsam mit Mutter ausgesucht hatte: Sie verfügt über drei Zimmer und ist wirklich sehr schön. Zum ersten Mal haben wir eine Einbauküche. Ich vermute, dass die Miete sehr hoch ist und Mutter verdient in der Salatfabrik nur 1500 Mark. Weil ich ihren gesamten Papierkram für sie erledige, bin ich über solche Details stets auf dem Laufenden. Auch die Ummeldung habe wieder ich gemacht; Onkel Kadirs Deutsch ist nicht sehr gut.

Für mich kam der Umzug einerseits ungünstig, weil ich nun nicht mehr den Aushilfsjob in der Beilsteiner Gärtnerei habe. Das junge Ehepaar war so verständnisvoll mir gegenüber. Durch diese beiden habe ich Freiheiten gewonnen, die sonst undenkbar gewesen wären. Wenn ich mich mit meiner damaligen Freundin Nuran getroffen habe, um mit ihr mal ein Eis essen zu gehen, habe ich das junge Gärtnerpaar darüber informiert. Rief Mutter dann in der Gärtnerei an, um nach mir zu fragen, haben die beiden Deutschen behauptet, ich erledige gerade etwas für sie. Das war wie eine kleine Verschwörung. Es ist wirklich ein Jammer, dass ich dort nicht mehr hin kann.

Andererseits ist der Umzug aber auch gut für mich, denn in Ludwigsburg habe ich jetzt mit meinem Berufsvorbereitungsjahr angefangen. Das spart ein ganzes Jahr Schule und im nächsten Sommer werde ich meinen Hauptschulabschluss machen. Die Koranschule hat mir zwei Jahre meines Lebens gestohlen; ich habe keine Zeit mehr, ich muss mich wirklich beeilen.

Ich bin jetzt 16 und Mutter drängelt immerzu: »Wir müssen einen Mann für dich finden, der dich heiratet, Hülya.«

»Ich muss erst meine Schule fertig haben!«

»Es reicht mit der Schule! Du warst lang genug dort. Mädchen brauchen das nicht. In deinem Alter schon gar nicht. Das ist eine Schande. Schäm dich!«

»Wenn man keine gute Ausbildung hat, muss man schwere körperliche Arbeit machen. So wie du. Aber ich will später mal in einem Büro arbeiten und mein eigenes Geld verdienen.« Plötzlich kommt mir ein ganz neuer Gedanke und innerlich lache ich, als ich sage: »Dann bin ich von meinem Mann unabhängig, wenn wir uns trennen.«

Mutter sieht mich verblüfft an. Jetzt sagt sie kein Wort mehr.

Natürlich werde ich ihr noch nicht verraten, dass ich nach dem Hauptschulabschluss die Berufsschule besuchen will. Ich muss vorsichtig vorgehen, denn bei ihr weiß man nie, was sie sich ausdenkt. Die Koranschule war eine Lektion, die ich nie vergessen werde.

Das Berufsvorbereitungsjahr hier in Ludwigsburg hat sich glücklicherweise wirklich gut angelassen. Die anderen Schüler und Schülerinnen sind sehr nett zu mir, wir halten alle zusammen, jeder kennt jeden. Zum ersten Mal komme ich mit Jugendlichen aus anderen Teilen der Türkei zusammen, mit Kurden und Aleviten. Beide gehören in der Türkei zu verfolgten Minderheiten und deshalb flohen viele von ihnen nach Deutschland. Die Geschichten, die sie über das Unrecht erzählen, das ihren Familien in der fernen Heimat zugestoßen ist, rühren an meinen Gerechtigkeitssinn. Gleichzeitig fühle ich mich von ihrer Musik und ihren Traditionen angezogen.

Vor allem die Ansichten der Aleviten, deren Versammlungsort ausgerechnet direkt neben der Ludwigsburger Moschee liegt, die Mutter aufsucht, gefallen mir. Endlich treffe ich auf eine Religion aus der Türkei, die über Andersgläubige sagt: »Schätze keinen Menschen und kein Volk gering.« Das ist umso erstaunlicher, weil das Alevitentum auf Ali zurückgeht, Muhammads Vetter und Schwiegersohn, und somit die gleichen Wurzeln wie der Islam hat.

»Was nützt es«, halte ich Mutter vor, »wenn du fünf Mal am Tag betest, aber anders Denkende rassistisch beschimpfst?«

Vor allem ehren Aleviten Frauen, denn als Mütter schenken sie Leben. Deshalb sind sie mit den Männern gleichberechtigt. Da mich gerade dieser Punkt so maßlos am Islam ärgert, versuchte ich Mutter auf den Alevismus aufmerksam zu machen.

»Frauen und Männer tanzen bei denen gemeinsam. Und sie glauben nicht an Allah!«, polterte sie los.

Zunächst bemühte ich mich, Mutters völlig unbegründeten Vorurteilen gegenüber einem Glauben, den ich zu schätzen begann, mit Argumenten zu begegnen. Ich erklärte ihr, dass sehr wohl an Gott geglaubt würde; allerdings würden auch die vier Naturelemente Wasser, Erde, Luft und Feuer als wichtige Bestandteile des Glaubens geehrt. Und ich sagte ihr, dass es doch viel besser wäre, wenn Frauen und Männer gemeinsam miteinander feiern würden.

»Das sind Tiere!«, wetterte sie.

»Wenn sie Tiere sind, bin ich dann auch ein Tier?«, beharrte ich, weil ich mich zu diesem Glauben hingezogen fühlte. Meine Zweifel am Islam hatten mich nach einer Alternative suchen lassen, die ich im Alevismus zu finden glaubte. Eine Religion, vor der ich keine Furcht haben musste, die mir stattdessen inneren Frieden gab und die mich nicht meines Geschlechts wegen herabsetzte.

»Hast du den Verstand verloren? Schämst du dich nicht, dich gegenüber Allah so zu versündigen!« Damit war das Thema für sie erledigt. Ihr ist es lieber, einem Glauben zu gehorchen, der im Grunde nicht in ihrem Sinn sein kann, weil er Frauen unterdrückt.

Es gibt so viel in der Türkei, über das ich eigentlich mit Mutter sprechen müsste, weil ich es jetzt noch nicht verstehe oder es mich gegen das Land aufbringt, aus dem meine Eltern stammen. Doch es ist so wie mit den mich bewegenden Fragen zum Islam: Von Mutters Seite schallt mir ein beinahe bockiges *haram!* entgegen. Seitdem wir ohne Papa leben, ist sie ohnehin noch gereizter, als sie es zuvor schon war. Allein deshalb wäre die Atmosphäre zu Hause wohl doch entspannter, wenn sie zusammen blieben.

Nebenan höre ich meine Eltern immer noch streiten. Papa wird immer leiser. Jetzt kommt Onkel Kadir zu uns ins Zimmer. Er streicht mir sanft über den Kopf; ich bin seine Lieblingsnichte.

»Macht euch nicht zu viele Sorgen, ihr drei«, versucht er uns zu trösten. Aber das macht alles nur noch schlimmer. Jetzt muss ich heulen. »Das wird schon wieder mit euren Eltern«, sagt der Onkel. »Ich bin mal kurz rausgegangen, damit sie noch allein weiterreden können.«

Er holt sein Handy aus der Tasche und verlässt unser Zimmer, um ungestört zu telefonieren. Er hat seit kurzem eine Freundin, Derya, sie ist Krankenschwester. Eine 23 Jahre alte Türkin, die sehr deutsch lebt. Ich mag sie ganz gern. Mir gefällt, dass sie ihr Leben selbst in die Hand nimmt.

Jetzt, wo Onkel Kadir die beiden Streitenden allein gelassen hat, halte ich den Zeitpunkt für gekommen, endlich meinen Vorsatz wahr zu machen: »Ich geh doch rüber zu Mutter und Papa«, sage ich zu Esme und Serkan. Esme verdreht nur die Augen. Sie ist ziemlich verweint, Serkan schmiegt sich an sie und weint mit ihr.

Unsere Eltern erlauben, dass ich mich als Älteste zu ihnen an den Tisch im Wohnzimmer setze. Ich bekomme kaum ein Wort mit von dem, was sie reden. Ich zermartere mir das Hirn: Wie kann ich bloß verhindern, dass es endgültig aus ist zwischen den beiden?

Papa ist nur noch ein Besucher, nicht mehr der Hausherr. Seine Jacke hängt über dem Stuhl. Plötzlich habe ich eine Idee. Onkel Kadirs Handy-Nummer weiß ich auswendig. Ich schreibe sie auf einen Zettel und stecke den unauffällig in Papas Jackentasche. Es ist die einzige Möglichkeit, die ich noch sehe, so kann Vater wenigstens über seinen Schwager mit uns in Verbindung treten. Er weiß ja, dass der Onkel bei uns wohnt. Das ist mein Beitrag dazu, dass meine Eltern wieder zusammenkommen. Es ist nicht viel, ganz wenig. Im Grunde nur ein kleines bisschen Hoffnung.

»Ich bin fertig mit dir!«, schimpft Mutter. »Geh und komm nie wieder!«

Mein Vater steht auf und dann verlässt er die Wohnung. Wir Kinder sitzen in unserem Zimmer und heulen. Die Mini-Stereoanlage, die er mir als Geschenk mitgebracht hat, habe ich noch nicht ausgepackt.

Türkische Nacht

Mutter erscheint mir oft wie ein Fremdkörper, wenn sie durch unsere Wohnung läuft. Sie hat das Kopftuch so tief in die Stirn gezogen, dass es nur ein schmales Dreieck über der

Nasenwurzel freilässt und die äußeren Ränder ihrer Augenbrauen berührt. Unter dem Kinn bindet sie es fest zu und lässt die Enden nach vorn fallen. Esme und ich sind so ziemlich das Gegenteil: Meine bald 14 Jahre alte Schwester trägt ihre dichten Locken kinnlang, was ihr sehr gut steht. Meine Haare fallen mir bis zu den Achseln; ich habe einige Strähnen rötlich färben lassen. Es macht mir Spaß, sie einzudrehen. Wenn ich rausgehe, habe ich eine richtig wilde Lockenmähne.

Nur mal so, um unsere Wirkung auszuprobieren, habe ich mich vor ein paar Tagen gemeinsam mit meiner neuen Freundin Mimi bei einem Fotografen wie ein Model ablichten lassen – ganz verwegen in Jeans, Weste und mit tiefem Ausschnitt. Mutter durfte das selbstverständlich nicht wissen. Aber Mimi fand, ich sollte gemeinsam mit ihr an einer türkischen Misswahl teilnehmen. Auch ein paar Jungs aus meiner Klasse haben mir Mut gemacht: »Hülya, du gewinnst bestimmt.« Ich habe es dann doch nicht gemacht. Wie hätte ich Mutter das erklären sollen? Mutter würde nicht verstehen, dass wir uns hübsch machen, um uns gut zu fühlen. Nur für uns, nicht, um irgendwelchen Jungs zu gefallen.

Letzten Monat bin ich 17 geworden, die deutschen Mädchen aus dem Berufsvorbereitungsjahr gehen teilweise seit Jahren mit ihren festen Freunden! Nur weil Mutter so altmodisch ist, müssen wir es nicht auch sein. Jede Art von Lebensfreude ist ihr verdächtig. Geschieht es mal, dass sie mich ein Lied singen hört, ermahnt sie mich unverzüglich: »Du solltest besser beten!« Nur, wenn sie nicht zu Hause ist, kann ich die Musik laut aufdrehen und mit Mimi zusammen tanzen. Tanzen ist für mich wie eine neue Welt entdecken! Wie konnte ich nur leben, ohne tanzen zu können? Mimi lieh mir einen »verbotenen« kurzen Rock, den andere Mädchen in meinem Alter ganz selbstverständlich tragen. Wüsste Mutter das, bekäme sie einen Tobsuchtsanfall.

In dem Dreivierteljahr, das vergangen ist, seitdem Vater fort ist, hat sich unser Leben sehr verändert. Die große neue Wohnung hat Mutter nicht lange halten können. Onkel Kadir war ihr wohl keine allzu große Hilfe. Wir mussten im gleichen Haus in eine kleinere Wohnung ziehen. Den Umzug ins Erdgeschoss habe ich diesmal ganz allein gemacht. Ein bisschen eng ist es schon. Wir drei Geschwister teilen uns jetzt ein Zimmer, Mutter schläft im Wohnzimmer auf einem Bett, das tagsüber eine Couch ist. Hakan wird bald das Heim verlassen, dann wird es noch enger bei uns, aber irgendwie wird es schon gehen.

Trotz Schule und der Arbeit zu Hause habe ich mir inzwischen einen neuen Job gesucht, den ich wieder nachmittags machen kann. Zunächst waren es ein paar Wochen in einem italienischen Eiscafé, das dann aber geschlossen hat. Jetzt bin ich Aushilfe in einer Ludwigsburger Kneipe, in der ich vor allem Rentnern ihr Bier oder ihren Wein serviere, was ich Mutter natürlich verschweige. Es sind freundliche, harmlose Leute, für die ich die »freche Kleine« bin. Wenn sie Probleme haben, wenden sie sich an mich. So wie neulich der Rentner Willi, der von seinem Sohn geschlagen wird. Da bin ich zur Polizei gegangen und habe Anzeige erstattet. Denn ich finde, man muss Zivilcourage zeigen, um anderen Menschen zu helfen und darf nicht einfach nur zusehen, wie das Leben an einem vorbeizieht.

Auf Dauer möchte ich nicht als Bedienung arbeiten; ich bin auf der Suche nach einem Praktikumsplatz. Diesmal muss es in einem Büro sein. Ich will auf diesem Gebiet unbedingt Erfahrungen sammeln, damit ich bessere Startchancen habe, wenn ich eine Ausbildungsstelle suche.

Weil ich außerhalb der häuslichen vier Wände meine Selbstständigkeit genieße, leide ich daheim umso mehr unter Mutters strengem Regime. Dass Mutter mich jetzt zum ersten

Mal in eine Disco hat gehen lassen, ist ein unglaublicher Fortschritt! Ohne Onkel Kadir und seine Freundin Derya hätte ich das nie geschafft. Derya hatte mich ganz unkompliziert gefragt: »In der Disco wird Türkische Nacht gefeiert. Magst du nicht mitkommen, Hülya?«

Natürlich wollte ich nichts lieber, als endlich mal in einer Disco zu tanzen! »Wenn ich Mutter frage, verbietet sie es sowieso«, meinte ich niedergeschlagen.

Kadir und Derya versprachen, für mich zu fragen. »Sie erlaubt es bestimmt. Da sind nur Türken«, meinte Derya.

Wie erwartet war Mutter nicht einverstanden: »Nein, das ist keine gute Idee. Ich will das nicht. Wer weiß, was da alles passieren kann.«

»Mama, da passiert gar nichts. Ich will nur tanzen!«, rief ich empört.

»Das kannst du doch gar nicht wissen«, erwiderte Mutter.

Onkel Kadir sprang mir bei: »Das stimmt schon, was Hülya sagt.«

Ich wollte schon so lange einmal tanzen gehen. Auf der Stereoanlage, die ich von Papa bekommen hatte, spielten Esme und ich immer Kassetten von Tarkan und drehten seine Lieder ganz laut, sobald wir allein waren. Meine kleine Schwester und ich trugen dazu die flippigsten Klamotten, die ich von meinem selbst verdienten Geld gekauft hatte: Eine schwarze Hose mit Weste, eine weiße Bluse mit langen Schmetterlingsärmeln oder ein schwarzes Top aus weiten Maschen, darunter ein züchtiges braunes T-Shirt, dazu eine lange schwarze Hose. Und selbst das wäre eigentlich alles »verboten« gewesen.

Auf irgendeine Weise hörte eine ältere Nachbarin davon, dass Mutter mich nicht zur Türkischen Nacht gehen lassen wollte. »Ach, Emine, lass die jungen Leute doch. Die müssen mal weggehen dürfen. Das ist nicht schlimm«, sagte sie.

Da lenkte Mutter ein: »Na gut, ausnahmsweise.« Manchmal hört sie auf türkische Nachbarn. Für mich kann das gut sein oder schlecht. Als ich sieben war, hatte ich Pech: Da endete auf diese Weise meine Kindheit, weil eine Türkin zu Mutter gesagt hatte: »Deine Tochter ist alt genug, um zu Hause mitzuhelfen.«

Diesmal hatte ich Glück. Ich bin vor Freude richtig ausgeflippt. Ganz wichtig war mir, mich vorher richtig zu stylen. Stundenlang hat Esme mich beraten, was ich anziehen sollte. Aber ich legte kein Make-up auf, weil ich das nicht mag. So sind Onkel Kadir, seine Freundin Derya und ich dann losgegangen zu dieser türkischen Disco in einem modernen Zweckbau irgendwo außerhalb der Ortschaft. Dort wurde in einem kleinen Saal Black Music gespielt, türkische Musik in einem größeren, unter anderem von Tarkan. Ich schloss meine Augen und stellte mir vor, die ganze Tanzfläche für mich allein zu haben und tanzte los. Ich spürte die Musik und fühlte mich so frei, als würde ich schweben. Das hat so gut getan.

Da mein Onkel und seine Freundin bei mir waren, konnte wirklich nichts passieren. Von wegen Jungs und so. Der Onkel hat schon gut aufgepasst. Damit Mutter sich um mich Sorgen macht, muss aber eigentlich gar nichts »passieren«. Es reicht schon, dass es so kommt, wie neulich in der S-Bahn. Ich war mit Mutter irgendwohin unterwegs. Da steigt ein Junge ein, den ich aus der Schule kenne, ein türkischer Junge. Er kommt zu uns. »Hallo, wie geht's?«, fragt er mich.

»Alles okay«, antworte ich und frage ihn, was er so macht. Dann geht er wieder.

»Wer war das?«, will Mutter sofort wissen.

»Niemand Besonderer. Einer aus meiner Parallelklasse«, sage ich.

»Wie kannst du mit dem sprechen! Bist du eine Hure?«, schreit sie mich auf türkisch an.

Gott sei Dank ist der Junge schon außer Hörweite. Trotzdem ärgere ich mich total. Sie kann mich doch nicht so grundlos beleidigen! Obwohl sich noch andere Fahrgäste in der S-Bahn befinden, halte ich jetzt nicht mehr den Mund. »Was soll das?«, frage ich sie. »Das war doch ein ganz harmloses Gespräch!« Aber eigentlich darf ich nie Widerworte geben. Als türkisches Mädchen muss man seiner Mutter gegenüber immer Respekt zeigen. Das fällt mir sehr schwer, weil sie diese Achtung nicht verdient.

Esme ist kurz danach etwas Ähnliches passiert: Ein Junge kam sogar auf sie zu und sie gaben sich die Hand, um sich locker Hallo zu sagen. Nur deswegen hat Mutter sie als Schlampe beschimpft. Mutter gibt niemals einem fremden Mann die Hand. Das ist für sie völlig *haram*.

Das sind so Situationen, bei denen ich mir oft wünschte, Vater wäre noch da. Er stünde garantiert auf unserer Seite. Einmal habe ich ihn noch getroffen, seitdem Mutter ihn rausgeworfen hat. Es war am Bahnhof in Ludwigsburg. Ich saß da mit ein paar Jugendlichen aus meiner Schule zusammen, mit denen ich locker befreundet bin. Auch ein Junge war dabei. Ich habe mir leider angewöhnt zu rauchen. Doch plötzlich sehe ich meinen Vater auf mich zukommen. Ganz in der Nähe hatte er ein Zimmer gefunden, in dem er wohnte.

»Meine Tochter, was machst du hier?«, fragt Papa.

Ich verstecke meine Zigarette sofort hinter dem Rücken und lasse sie heimlich fallen.

Aber er hat es natürlich gemerkt. Er sieht mich nur an und meint: »Meine Tochter kennt ihre Schritte.« Das ist so seine Art, mir ein schlechtes Gewissen zu machen.

»Wie geht es dir so?«, fragt er. Ich erzähle ihm, dass ich gerade einen Job suche. Völlig unkompliziert schlägt Papa vor: »Du, ich kenne da jemanden, der braucht ein Mädchen, das an der Kasse seines Supermarkts arbeitet. Komm, da gehen wir jetzt gleich mal hin und du stellst dich vor.«

Es ist ein türkisches Geschäft und ich bemerke sofort, dass alle weiblichen Angestellten Kopftuch tragen. »Auch wenn du draußen keines trägst, hier drin musst du es ummachen«, sagt der Besitzer.

»Auf keinen Fall! Kopftuch zu tragen, das ist doch schwachsinnig«, sage ich im Vertrauen auf Papas Einstellung.

Und wieder hält er zu mir, obwohl der Kaufmann ein guter Bekannter von ihm ist. »Meine Tochter möchte das nicht und darum macht sie es auch nicht. Sie kennt ihre Schritte«, meint Vater und nimmt dem Mann so den Wind aus den Segeln.

Leider lebt unser Vater seit kurzem wieder irgendwo in der Türkei; ich weiß nicht, wo. Die Bundesrepublik Deutschland hat ihn abgeschoben. Weil er in der Heimat keinen Militärdienst geleistet hatte, war sein türkischer Pass immer nur um drei Monate verlängert worden, entsprechend seine deutsche Aufenthaltsgenehmigung. Irgendwann war sein türkischer Pass wieder einmal abgelaufen. Onkel Kadir wusste durch Mutter davon und meldete seinen Schwager bei der deutschen Polizei. Dem Ausländergesetz zufolge musste Papa Deutschland sofort verlassen und wurde in ein Flugzeug gesetzt, das ihn in die Türkei brachte. Nach 23 Jahren, die er hier gelebt hatte. Uns Kindern fehlt er, obgleich er für uns nie wirklich greifbar gewesen ist. Doch wenigstens hatten wir das Gefühl, ihn irgendwo in der Nähe zu wissen.

Als wirklich beängstigend empfinde ich die Kälte, mit der Mutter und ihr Bruder unseren Vater aus unser aller Leben verbannt haben. »Ich kenne dich nicht mehr«, hatte Mutter einmal im Streit zu ihm gesagt. Sie hat Wort gehalten: Nun leben die beiden 2000 Kilometer voneinander entfernt.

Ich finde es schon seltsam, dass ein Mann wie er nicht mehr in Deutschland bleiben darf, während Mutter alle zwei Jahre ihre Genehmigung anstandslos verlängert bekommt. Dabei kann sie nicht mal allein zum Ausländeramt gehen, weil sie die Angestellten dort nicht versteht. Aber danach fragt niemand. Sie hat Arbeit und kommt mit dem Putzen von Salat für ihren und den Aufenthalt ihrer Kinder auf. Für ihre Ansichten über alles, was *haram* ist, interessiert sich schließlich niemand.

Aber es gibt auch gute Nachrichten: Onkel Kadirs Freundin Derya will im Mai zwei Wochen Urlaub in der Türkei machen. Sie sagt, da würde jetzt die Sonne scheinen und es wäre schon richtig warm. Man könne bald im Meer baden. Sie hat mich gefragt, ob ich nicht mitkommen möchte. Sie will mir sogar den Flug bezahlen! Der Gedanke klingt wirklich verlockend. Ich habe in den letzten Jahren wirklich hart gearbeitet und dies wäre der erste richtige Urlaub meines Lebens.

Demnächst werde ich mal Mutter fragen, ob sie es erlaubt.

Ein schlechtes Mädchen

Mutter hat zugestimmt und Derya Wort gehalten: Ich darf tatsächlich mit in die Türkei fliegen. Das ist wie eine Belohnung nach all dem Schulstress. Denn ich habe mein selbst gesetztes Ziel erreicht, meinen Hauptschulabschluss. Die Durchschnittsnote 3,0 ist vielleicht nicht gerade rekordverdächtig. Doch angesichts der Tatsache, dass ich praktisch nie für eine Prüfung lernen konnte, weil ich entweder zu Hause helfen musste oder gejobbt habe, bin ich mit meiner Leistung ganz zufrieden. Aber das ist erst der Anfang! Nach diesen 14 Tagen Urlaub werde ich meine Startchancen für das Berufsleben mit weiteren Praktika und kaufmännischen Lehrgängen verbessern. Dann ist die Drei als Durchschnittsnote nicht mehr so wichtig.

Ich finde es wirklich toll von Mutter, dass sie mitkommt, als Onkel Kadir Derya und mich zum Stuttgarter Flughafen bringt. Anfangs ist sie dagegen gewesen, dass ich ohne ihre Aufsicht Urlaub mache, doch Derya hat sie irgendwie rumgekriegt. Wir müssen nicht mal bei den Tanten wohnen, sondern dürfen bei Deryas Mutter in der Nähe von Mersin bleiben. Es ist schon erstaunlich, dass Mutter Derya vertraut, denn die ist nicht so eine traditionelle Türkin, wie Mutter sie sich vorstellt. Kadirs Freundin ist immerhin 24 und nicht verheiratet. Vielleicht vertraut Mutter Derya, weil sie die Freundin ihres Bruders ist.

Mutter verabschiedet sich unter Tränen von mir, obwohl sie doch sonst kaum Gefühle zeigt. Seltsam. Manchmal frage ich mich wirklich, was in ihr vorgeht. Freut sie sich so sehr, dass ich die Chance zu einem Urlaub bekomme? Oder spürt sie, dass das für mich ein Stück Selbstständigkeit bedeutet? Wäre schon eigenartig, bislang wollte sie genau das verhindern. Was soll's: Für mich zählt, dass ich in Urlaub fliegen darf.

Seit sechs Tagen bin ich schon in diesem kleinen Ort in der Nähe von Mersin. Es ist wirklich ein schöner Urlaub am Meer. Schwimmen kann ich leider nicht, hab's nie gelernt, weil Mutter mir das immer verboten hatte. Wir gehen oft spazieren, rauchen und unterhalten uns viel miteinander. Ich hatte gar nicht gewusst, dass Derya schon mal eine Schwangerschaft hatte. Sie hat aber abgetrieben. Ich war richtig geschockt, als sie mir das gesagt hat. Von ihrer Familie ahnt das bestimmt keiner.

Derya wollte auch wissen, ob ich einen Freund habe. Es gibt da schon einen Jungen, aber das ist nur eine Schwärmerei. Ich traue mich gar nicht und außerdem hätte ich keine Zeit für einen Freund. Derya glaubt mir das wohl nicht. Sie erlebt schließlich auch hier im Urlaub, wie mir die Männer manchmal nachpfeifen. Obwohl ich das keineswegs als schön, sondern als furchtbar aufdringlich empfinde. Wenn eine Frau kein Kopftuch trägt, wird sie für Freiwild gehalten. Die türkischen Männer scheinen alle Machos zu sein. Vielen Dank, mit denen würde ich mich bestimmt nicht einlassen.

»Wir fahren mal nach Mersin und besuchen deine Tanten«, schlägt Derya vor. Eigentlich keine gute Idee. Ich habe Tante Sultan und Tante Hacer nicht gerade in bester Erinnerung. Damals, als ich vor vier Jahren aus der Koranschule geflogen bin, haben sie mich ausgeschimpft.

»Ich will nicht zu den Tanten«, sage ich.

»Das können wir nicht machen, Hülya«, meint Derya. »Die wissen doch von deiner Mutter, dass wir ganz in der Nähe sind. Das wäre sehr unhöflich.«

Ich will natürlich nicht, dass Derya Ärger mit meiner Mutter bekommt, wenn wir wieder in Deutschland sind. Immerhin hat sie mich eingeladen. »Also gut«, stimme ich übelgelaunt zu und finde es etwas eigentümlich, dass sie mit Tante Sultan so telefoniert, dass ich das Gespräch nicht verfolgen kann.

Tante Sultan und ihr Mann Ahmet holen uns bei Deryas Mutter ab. Mein Gepäck bleibt dort, was mich sehr beruhigt. Was wäre das für ein schrecklicher Urlaub, wenn ich längere Zeit bei der Tante bleiben müsste. Aber wie die Tante mich mustert! Ich trage mein Haar offen, habe eine Jeans an und ein karamellfarbenes T-Shirt, also wirklich nichts Aufreizendes. Es gibt eine Menge junger Mädchen in meinem Alter, die so europäisch wie ich rumlaufen. Zumindest in den großen Städten wie Mersin ist die Türkei kein derart rückständiges Land, dass alle Mädchen Kopftuch tragen würden.

Wir sind erst ein paar Minuten in Tante Sultans Wohnung, da sagt sie: »Hülya, du wirst hier bleiben.«

Ich werde nervös und zünde mir eine Zigarette an. »Wie meinst du das, hier bleiben?«, frage ich verunsichert.

»Hier bei uns«, sagt sie. »Deine Mutter macht sich große Sorgen. Sie sagt, dass du vom Weg abgekommen bist, den sie für dich vorgesehen hat.«

Meine Kehle ist wie zugeschnürt. Das darf doch nicht wahr sein! Ich bin in eine Falle gelockt worden! Derya hat mich reingelegt. Die Erkenntnis, übel hintergangen worden zu sein, überkommt mich mit solcher Wucht, dass mich das ganze Selbstbewusstsein, das ich mir in letzter Zeit zugelegt habe, nicht mehr beschützt. Es ist, als hätte jemand die Luft aus mir rausgelassen. Ich sinke in mir zusammen und setze mich auf den Boden des Wohnzimmers.

»Sieh dich nur an, wie du rumläufst!«, schimpft die Tante. Sie gibt mir ein mit Perlen besticktes weißes Kopftuch, eine langärmelige weiße Bluse und einen langen Rock aus Baumwolle mit bunten Blumen drauf. »Zieh das an!«, fordert sie.

»Wie lange soll ich denn hier bleiben?«, frage ich völlig eingeschüchtert.

»Das wird sich zeigen. Wir müssen sehen, wie es mit dir weitergehen soll«, erwidert die Tante.

Derya hat noch kein Wort gesagt. Jetzt wende ich mich an sie: »Warum tust du das, Derya? Ich dachte, wir sind Freundinnen!«

Sie sieht mich herablassend an. »Hülya, du bist ein schlechtes Mädchen. Du musst hier bleiben.«

Ich, ein schlechtes Mädchen? Ich glaube, nicht richtig zu hören! Wie kann ausgerechnet sie so etwas sagen! Sie ist gerade mal sieben Jahre älter als ich, hat einen Freund. Sie hat abgetrieben. Wie kann sie sich anmaßen, mich zu verurteilen!

»Ich kann nicht hier bleiben«, protestiere ich. »Wenn ihr mich dazu zwingt, werde ich mich umbringen.«

»Es ist der Wille deiner Mutter, dass du hier bleibst«, sagt Tante Sultan. »Darum hat sie dich zu uns geschickt.«

»Sie … sie hat was?«

»Wusstest du das nicht? Sie hat den Flug für dich bezahlt.«

Wie kann eine Mutter die eigene Tochter derart gemein in eine Falle locken! Was habe ich mich bemüht, eine Ausbildung zu machen und gleichzeitig war ich die ganze Zeit für meine Geschwister und sie da. Habe alles für sie erledigt. Und so dankt sie es mir. Habe ich denn überhaupt kein Recht, über mein eigenes Leben zu bestimmen? Ich hatte mir so fest vorgenommen, nie wieder in die Türkei zu fliegen, wenn Mutter es von mir verlangt. Doch diesen fiesen Trick konnte ich nicht voraussehen. Tränen der Verzweiflung und eine ohnmächtige Wut machen es unmöglich, dass ich ein Wort rausbringe. Wie unter einem Schock ziehe ich die türkischen Sachen an, falte das viereckige Tuch zu einem Dreieck, schiebe die beiden Enden über kreuz nach rechts und links und ziehe die Enden wieder nach vorn, sodass sie wie Zöpfe vorn runterhängen.

Es ist nur eine Maskerade. Darunter bleibe ich die Hülya, die ich bin. Glaubt die Tante etwa, mit ein paar Kleidungsstücken meine Einstellung verändern zu können?

Als die Tante aus dem Zimmer geht, blicke ich Derya mit Tränen in den Augen an: »Warum tust ausgerechnet du mir das an? Du hast mir doch von deiner Abtreibung erzählt …«

»Das ist etwas anderes. Ich bin älter und erwachsen«, unterbricht sie mich barsch.

»Ich kann nicht so leben!«, schluchze ich.

»Du bist schon 17 und deine Mutter sagt, dass du als Jungfrau verheiratet werden musst. Aber es gibt diesen Jungen, von dem du mir erzählt hast. Wenn du keine Jungfrau mehr bist, dann heiratet dich kein Mann mehr. Das will deine Mutter verhindern.«

In mir kämpfen zwar Verzweiflung und Wut miteinander. Aber mein Kopf arbeitet noch einigermaßen klar. Derya hat einen Satz gesagt, der mir jetzt als Rettung erscheint: »Ich bin doch gar keine Jungfrau mehr«, sage ich.

Dabei kommt mir plötzlich der Fall einer türkischen Nachbarin in Ludwigsburg in den Sinn: Ein Mann wollte sie nicht heiraten, weil sie schwanger war. Vielleicht, überlege ich, kann ich Mutters und Tante Sultans Pläne durchkreuzen, wenn ich es ähnlich mache. Schwanger bin ich nicht, das sieht man ja. Aber wenn ich keine Jungfrau mehr wäre, dann könnte ich auch nicht verheiratet werden, weil die Männer mich nicht wollen.

Derya starrt mich fassungslos an. »Du bist keine Jungfrau mehr?«

Stumm schüttle ich den Kopf.

In Wahrheit habe ich keine Ahnung, was ich gerade gesagt habe. Von Jungfräulichkeit weiß ich nur so viel, dass man sie in der Hochzeitsnacht verliert. Aber wie und warum? Mit den Details weiblicher Anatomie kenne ich mich kaum aus und mit männlicher erst recht nicht. Meine Mutter hat mich doch nie über so etwas aufgeklärt. *Haram.* Ich würde nie dieselbe Toilette wie ein Mann benutzen, weil ich glaube, davon könnte ich schwanger werden. Und vom Küssen sowieso, schließlich ist Maria mit Jesus schwanger geworden, ohne Kontakt mit einem Mann gehabt zu haben. Einmal bin ich mit Bauchschmerzen zum Arzt gegangen, weil ich dachte, ich wäre schwanger. Es waren Blähungen. Als ich meine Tage bekam, sagte Mutter auch nur: »Pscht, pscht, darüber spricht man nicht.«

Derya verlässt das Zimmer.

Mir bleibt nur die Hoffnung, dass mein Trick, den ich selbst nicht durchschaue, funktioniert. Die Konsequenzen kenne ich nicht. Aber es gibt Gerüchte, die mir erst jetzt einfallen. Mädchen, die ihre Jungfräulichkeit verloren haben, haben Schande über ihre Familie gebracht. Es gibt nur eine Möglichkeit, heißt es, diesen Ehrverlust wieder auszugleichen: den Tod des Mädchens.

Mutters unbarmherziger Erziehungsspruch fällt mir wieder ein: »Wer nicht seine Tochter schlägt, schlägt sich selbst.« Wer seine entehrte Tochter nicht tötet, tötet sich selbst? Weil er sonst in die Hölle kommt?

Ein einziges Wort kann über Leben und Tod entscheiden – Jungfräulichkeit. Wie weit wird die Tante gehen? Sie und Onkel Ahmet sind konservative Muslime. Der Onkel, seit kurzem Besitzer eines Textilgeschäfts, ist in einer der vielen Moscheen von Mersin ein wichtiger Imam.

Ich habe Angst.

Seit zwei Tagen bin ich jetzt in dieser Wohnung eingesperrt. Ständig sind entweder Tante Sultan oder ihr Mann da und passen auf mich auf. Ein Handy besitze ich nicht, ans Telefon der Tante darf ich nicht gehen und bis ins Postamt, von wo aus ich nach Deutschland telefonieren könnte, komme ich gar nicht erst. Ich kann mich auch nicht einfach auf den Balkon stellen und um Hilfe rufen. Die Leute würden mich für verrückt halten. Die Polizei? Das sind doch alles Männer und auf wessen Seite stehen die wohl? Sinnlos. Vater ist zwar in der Türkei. Seine Verwandtschaft lebt in Osmaniye, rund 200 Kilometer entfernt, möglicherweise wohnt er dort. Doch ich habe keine Adresse und keine Telefonnummer.

Aber was sollen all diese Überlegungen? Ich bin ja doch eingesperrt wie in einem Gefängnis. Mein Verbrechen? Ich bin 17 und unverheiratet.

Gestern kam Derya vorbei und brachte meinen Koffer, in

dem auch mein schwarzer türkischer Pass ist. Tante Sultan hat ihn sofort in ihrem Schlafzimmer versteckt. Ich habe noch einmal versucht, Derya zum Einlenken zu bringen. Als ich ihr wieder gesagt habe, dass ich mich umbringen werde, hat sie doch noch Skrupel bekommen. Möglicherweise erkennt sie erst jetzt, wie unbarmherzig die Familie ihres Freundes ist.

»Vielleicht sollte Hülya besser wieder zurück nach Deutschland«, hat sie gesagt.

Doch davon wollte Tante Sultan nichts wissen. Ich muss ihrer Meinung nach auf den »rechten Weg« zurück. Am Abend, als Derya wegfahren wollte, schaffte ich es, aus dem Haus zu fliehen. Ich rannte hinter dem alten weißen Wagen her und schrie: »Lass mich nicht hier!« Es war sinnlos.

Gerade ist Tante Hacer zu Besuch gekommen. Die mag ich genauso wenig wie Tante Sultan. Sie ist eine immer etwas kränkliche Frau, sehr dünn und viel kleiner als Sultan. Ständig bettelt sie alle Leute um Geld an. Sie ist ebenso wie Mutter geschieden und wohnt mit ihren zwei Kindern in einem anderen Stadtteil von Mersin.

Die Tanten haben sich ausgehfertig gemacht, kommen zu mir und nehmen mich in ihre Mitte. »Wir machen jetzt gemeinsam mit dir einen Spaziergang«, sagen sie. Wie eine Eskorte gehen sie neben mir her durch die Straßen von Mersin, die so schmutzig sind. Mit keinem Wort erklären sie mir, wohin wir unterwegs sind. Vor einem kleinen, viereckigen grauen Haus bleiben wir stehen. Ich bin völlig verschüchtert, traue mich nichts zu fragen. Ich bin ein »schlechtes Mädchen« und dies sind die Schwestern meiner Mutter. Sie haben die ganze Autorität.

Deutschland ist in diesem Moment so weit weg.

Eine Frau öffnet, sie ist irgendwie gesichtslos, eine Kopftuchfrau. Ich weiß nicht, was man hier mit mir vorhat. Es wird nicht viel geredet, wahrscheinlich wurde schon zuvor alles am Telefon geklärt. Die seltsame Frau guckt mich nicht mal an, doch ich blicke mich scheu um. Es sieht aus wie in einem türkischen Wohnzimmer: Auf allen vier Zimmerseiten stehen Sessel und bunte Kanapees, auf denen unbequeme Kissen liegen. Aber es gibt dazwischen medizinische Gerätschaften, Plastikschalen mit Wattestäbchen und Metallinstrumenten, Plastikhandschuhe, Behälter mit medizinischen Flüssigkeiten.

Eine Ärztin. Sie haben mich also zu einer Ärztin geschleppt! Zwar kein Vergleich mit unserer Hausärztin in Ludwigsburg, zu der ich stets allein gehe. Aber sie wird wohl eine sein. Sie schickt mich in einen kleinen Nebenraum, in dem sich eine Liege befindet.

»Mach dich frei und leg dich da hin!«, fordert die Ärztin. Sie guckt mir kein einziges Mal ins Gesicht.

Tante Sultan und Tante Hacer sind mir auch in dieses kleine Zimmer gefolgt. Sie sehen genau zu, was ich mache. Mir ist das furchtbar peinlich. Alles, was in irgendeiner Form mit meinem Körper zu tun hat, hatte Mutter mit Tabus belegt. Und jetzt glotzen die Tanten, während ich mich ausziehe. In meinem Leben war ich noch nie bei einem Frauenarzt. Ich bin verklemmt und wie aus Stein.

Ich mache alles, was die seltsame Ärztin verlangt. Wenn sie mich nur nicht berührt! Ich schließe die Augen. Es wird vorbeigehen.

Sie guckt, aber sie fasst mich nicht an. »Zieh dich an«, befiehlt sie dann.

Die Tanten und die Ärztin tuscheln.

»Ich glaube, diese Frau ist keine Jungfrau mehr«, höre ich die Ärztin sagen. »Aber geht noch mal zu einer richtigen Ärztin, wenn ihr sicher sein wollt.« Eine richtige Ärztin? Dann war dies gar keine? Ich bin ratlos.

Geld wechselt den Besitzer. Viele Millionen türkische Lira, etwa der Gegenwert von zehn oder zwanzig Mark.

Wir sind wieder draußen im grellen Sonnenlicht auf der Straße, wo es so schmutzig ist. »Du bist eine Schande«, schreit mich Tante Sultan an.

Ich lächle voll Hilflosigkeit und Scham. Aber ich sage kein Wort.

»Was lächelst du jetzt auch noch!«, schimpfen die Tanten.

Ich bin froh, wieder aus diesem Haus fort zu sein. Sie hätten mich auch dort lassen können; alles könnten sie mit mir machen. In ihren Augen habe ich keine Rechte, bin eine Ware. Leider eine, die nicht zum Verheiraten taugt.

Wir sind wieder zurück in Sultans Wohnung. Die beiden Tanten zwingen mich auf das Sofa. Sie nehmen mich wieder in ihre Mitte, so dass ich mich kaum bewegen kann.

»Es gab schon mal ein Mädchen, dem es so ergangen ist wie dir.« Tante Sultan sagt nichts Genaues, aber sie tut so, als ob sie einfühlsam wäre. »Die hat einen Strick genommen und sich aufgehängt.«

Mir wird ganz anders. Meine eigene Tante sagt mir gerade durch die Blume, dass ich mich selbst umbringen soll, weil ich keine Jungfrau mehr bin!

»Du kannst es auch mit Tabletten machen«, schlägt sie dann noch vor. »Dann ist die Schande von deiner Familie genommen.«

Das ist alles zu viel für mich. Die Schwestern meiner eigenen Mutter wollen, dass ich nicht mehr lebe. Bin ich nur etwas wert, wenn ich eine Jungfrau bin? Die Antwort heißt hier ohne Einschränkung: ja.

»Wir wollten dir einen Mann suchen«, sagt Tante Hacer nun. »Aber das können wir vergessen. So nimmt dich keiner mehr.« Mit anderen Worten: ich bin unbrauchbar.

Ganz allmählich beginne ich, wieder klarer zu denken. Irgendwie scheine ich bei diesem Theater ein ganz klein wenig Glück zu haben: Zum Ersten gibt es noch keinen Mann, der mich heiraten will. Das ist deshalb gut, weil somit nicht obendrein die Interessen einer zweiten Familie berührt werden. Kein Eheversprechen wird gebrochen, es platzt keine Hochzeit, niemand kann Gutmachung für die nicht gelieferte Ware Braut fordern.

Zum Zweiten bin ich inzwischen überzeugt, dass die Tanten mich zu einer Hebamme oder einer Heilerin gebracht haben. Sonst hätte diese Frau wohl kaum vorgeschlagen, die Tanten sollten noch eine richtige Ärztin aufsuchen. Die angebliche Diagnose hat bloß den Verdacht bestätigt, den ihnen Deryas wahrscheinlich blumig ausgeschmücktes Gerede eingeimpft hatte. Diese Frau hat lediglich gesagt, was meine Tanten hören wollten: Ich bin ein schlimmes Mädchen. Sie hätten sich ihr Geld und mir die Demütigung sparen können.

Müsste ich jedoch zu einem Arzt, der sich auskennt, dann würde meine kleine, nahezu unüberlegte Schutzbehauptung als Lüge enttarnt. Dann gäbe es keine Rettung mehr für mich: Ich wäre wieder heiratsfähig. Ich müsste in der Türkei bleiben.

Erst jetzt entschließe ich mich, dieses Spiel aktiv mitzumachen. »Wenn ich nach Deutschland zurückkönnte, dann würde ich den Jungen auch heiraten«, bringe ich scheu vor.

Die Tanten wechseln einen langen Blick.

»Versprichst du das zu tun?«, fragt Sultan.

»Ja«, sage ich. Wenn Lügen nicht vorhandene Schande von mir nehmen können, sind es keine Lügen.

Die Tanten lassen mich allein auf dem Sofa sitzen. Haben sie mir das abgenommen? Ich höre sie telefonieren. Es ist ein sehr langes Gespräch. Mit wem sie sprechen, weiß ich nicht. Aber so schwer ist es nicht, das zu erraten.

Nach einer Ewigkeit kommen sie wieder ins Zimmer. »Wer ist der Junge?«, wollen sie wissen.

»Ein Junge, den ich aus der Schule kenne.« Es gibt ihn nicht wirklich. Also hat er auch keinen Namen.

»Und er wird dich auch gewiss heiraten?«

»Ja, das wird er. Er hat es mir versprochen.«

»Dann ist deine Mutter einverstanden«, sagt Tante Sultan. Sie ist offensichtlich erleichtert; die Ehre der Familie kann doch noch gerettet werden. Niemand muss sterben. Niemand muss sich die Hände schmutzig machen. Das Leben kann weitergehen. Irgendwie.

Mein so genannter Urlaub ist zu Ende. Ich fliege mit Derya zurück. Wir haben uns nicht mehr viel zu sagen. Sie setzt mich in Ludwigsburg in der Schlossstraße vor der Haustür ab und verschwindet.

Oben erwartet mich Mutter. »Wie kannst du mir das antun?«, schreit sie und überzieht mich mit Schimpfworten. Was sie sagt, habe ich in meinem Leben schon viel zu oft gehört. Kein Wort davon kann mich mehr verletzen. Was mir in den letzten Tagen widerfahren ist, wiegt viel schlimmer. Mutter hat mir seelische Wunden zugefügt, von denen ich nicht weiß, wie sie jemals heilen sollen.

Unser heftiger Wortwechsel artet in einen kindischen Kampf aus, ein Gerangel. Sie will mich schlagen, aber ich bin zu groß für sie geworden. Dann fliehe ich zu meiner kleinen Schwester Esme und erzähle ihr alles. Ich weine, aus Wut und Verzweiflung.

Wie kann ich mit dieser Mutter weiterhin unter einem Dach leben? Mit einer Frau, die sich nicht im Mindesten für mich interessiert. Die nur eines zu fürchten scheint: Dass sie in die Hölle kommt, weil ich ihr Schande zugefügt habe.

Sprich nicht von ihnen

Drei Monate sind vergangen, seitdem ich aus Mersin zurück bin. Mutter und ich reden kaum noch miteinander, weil jedes Wort in hässlichen Streit mündet. Da jetzt Hochsommer ist, habe ich einen Job in einer Gärtnerei und bin froh, den Tag über nicht zu Hause zu sein. Hundemüde komme ich abends heim. Ich spüre sofort, dass etwas nicht stimmt. Es ist so verdächtig ruhig, niemand da. Viele Kleidungsstücke von Esme und Serkan sind verschwunden, ebenso die von meiner Mutter. Ich gerate in Panik. Sollte Mutter etwa wieder ihre Kinder in die Türkei verschleppt haben?

Mein Verdacht ist nicht unbegründet: Wieder sind Sommerferien, die übliche Zeit, wenn türkische Kinder auf Nimmerwiedersehen in die Heimat der Eltern gebracht werden. Ich suche nach Hinweisen, kann aber nichts finden, was auf den Verbleib der drei hindeutet. Ich telefoniere in der Gegend herum. Esmes Freundin hat keine Ahnung, ebenso wenig der beste Freund von Serkan, ein deutscher Junge. Die beiden haben sich nirgendwo verabschiedet. Eigentlich sollte mich das beruhigen – mich macht das eher noch nervöser. Sollte Mutter wieder so heimtückisch vorgehen wie früher, würde sie es zu verhindern wissen, dass ihre Kinder Alarm schlagen können.

Schließlich kommt Hakan nach Hause. Er ist seit einigen Wochen aus dem Heim entlassen und wohnt nun wieder bei uns. Er hängt mit Jungs herum, die ich nur flüchtig kenne, und arbeitet nicht. Dagegen sagt Mutter nichts, steckt ihm stattdessen eifrig Taschengeld zu. Er ist ein Junge, seine Fehltritte müssen die Eltern nicht in der Hölle abbüßen. Aber er ist auch ein Opfer, genauso wie wir anderen.

Ich blicke in seine großen dunklen Augen, deren Blick so leer ist. »Weißt du, was hier los ist?«, frage ich ihn.

»Nein, *abla*, ich war draußen. Was ist denn passiert?«

Ich teile ihm meinen Verdacht mit. Hakan bleibt gelassen; der Aufenthalt im Heim hat ihn verändert. Er ist ruhiger geworden.

Onkel Kadir trifft etwas später ein. Er wohnt nach wie vor bei uns. »Wo sind Esme und Serkan?«, frage ich ihn. Unser Verhältnis ist immer noch ganz gut, wenngleich nicht mehr so wie vor meinem »Urlaub« mit seiner Freundin.

»Im Dorf hat es einen Unfall gegeben«, sagt Kadir und meint den Heimatort von Mutter und ihm in den anatolischen Bergen. »Mein Vater und mein Halbbruder sind mit dem Traktor verunglückt. Sie sind beide tot.«

So schrecklich diese Nachricht auch ist, im ersten Moment fühle ich Erleichterung. Es sieht so aus, als ob Mutter Esme und Serkan doch nicht aus den üblichen Gründen verschleppt hat. Opas Tod geht mir nicht sehr nah; vor zehn Jahren war ich zuletzt bei ihm im Bergdorf gewesen. Er war nicht freundlich zu uns Geschwistern. An meinen erst 16 Jahre alten Onkel kann ich mich kaum noch erinnern.

Trotzdem sagt mir mein gesunder Menschenverstand, dass etwas nicht stimmt. Solch eine Reise muss vorbereitet werden. Mindestens einen, wahrscheinlich sogar zwei bis drei Tage vor dem Abflug muss Mutter vom Tod ihres Vaters erfahren haben, um die Flugtickets kaufen zu können! Denn Mutter arbeitet und muss sich freinehmen. »Warum hat Mutter Hakan und mir nichts davon erzählt?«, frage ich meinen Onkel.

»Du und deine Mutter, ihr habt euch in den letzten Monaten doch ohnehin nur angeschrien«, erwidert Kadir. Dennoch wären sowohl der Anlass als auch die Reise ein Grund zum Reden gewesen. Dass Mutter ihr Vorhaben mit keinem Wort erwähnte, bedeutet überhaupt nichts Gutes …

»Sind Esme und Serkan denn so ohne weiteres mitgefahren?«, will ich wissen.

»Am Flughafen ist Esme mir ausgerissen. Ich musste sie erst wieder einfangen.« Kadir findet das lustig.

Ich kann überhaupt nicht mitlachen: Jedes Detail der Reise mit Derya habe ich meiner Schwester berichtet. Sie wird panische Angst gehabt haben, dass es ihr ebenso ergeht wie mir und sie nicht wieder nach Deutschland zurückkann.

Esme wird im Oktober 14, gerade hat sie die siebte Klasse beendet. In der Schule ist sie eine der Besten, ihre Lehrer wollten eigentlich, dass sie in die Realschule wechselt. Was Mutter mit den üblichen Begründungen verhindert hat: »Ein Mädchen muss nichts lernen …« Und so weiter. Ich kann es nicht mehr hören. Es ist zu ärgerlich, wie sie ihren Töchtern die Zukunft verbaut.

Schon jetzt, wo sie gerade fort ist, tut mein Herz weh, wenn ich an Esme denke. Dass sie am Flughafen ausgerissen ist, sieht ihr ähnlich! So wie damals, als sie mit ihrer Freundin wegen der Streiterei unserer Eltern türmen wollte. Inzwischen ist sie ein großer Teenager, richtig hübsch, aber auch ein bisschen wie ein Junge. Wie ein echter Kumpel spielt sie sogar Fußball mit ihnen. Sie ist voller Übermut, ein bisschen frech. Sie geht auf alle Leute viel offener zu als ich, kennt so ziemlich jeden aus ihrem Umfeld. Egal, ob es die Mitschüler sind, die Leute in unserem Haus oder in der Straße. Überall ist sie beliebt. Dinge tut sie, die ich niemals gewagt hätte. Sie übernachtet einfach bei einer Freundin und behauptet Mutter gegenüber hinterher, sie wäre eingeschlafen. Wenn sie halbwegs so leben will wie ihre Freundinnen, hat sie keine andere Wahl, als Mutter zu hintergehen.

»Und Serkan?«, frage ich Onkel Kadir.

»Deine Mutter musste ihn vom Spielen holen«, sagt Kadir.

»Ja, das passt zu ihm«, erwidere ich. Mein kleiner Bruder, der demnächst in die vierte Klasse kommt, ist noch so kindlich. Was ihm hilft, die Spannungen zu Hause leichter zu verkraften. Am liebsten lässt er Drachen steigen, weil er das so gern mit unserem Vater gemacht hat. Gerade erst vor ein paar Tagen sind wir zusammen mit dem Bus zum Kaufland gefahren und haben einen neuen Drachen von meinem selbst verdienten Geld erstanden. Er war so glücklich! Ihm eine Freude machen zu können, war auch ein unglaublich schöner Moment für mich. Bald kommt der Herbst und Serkan freute sich schon drauf, mit seinem Freund den Drachen steigen lassen zu können.

Mit den Sorgen um meine Geschwister gehe ich schlafen. Ich träume von unserem letzten Besuch beim Stuttgarter Frühlingsfest, dem Cannstatter Wasen: Esme, Serkan und ich hatten nur ganz wenig Geld dabei. Serkan wollte auf die Achterbahn.

»Nein, das können wir uns nicht leisten«, sagte Esme. »Wir fahren nur mit dem Autoskooter und mit dem Riesenkraken. Das ist billiger, dann reicht unser Geld aus.« Esme ist so vernünftig, sie denkt richtig deutsch, wie eine sparsame Schwäbin. Doch für Mutter wäre das kein Argument. Im Gegenteil. Und genau darum mache ich mir große Sorgen um meine kleine Schwester. Was kann ich tun, um herauszufinden, ob es ihr und Serkan gut geht? Nichts! Nicht mal eine Telefonnummer habe ich. Nicht von Tante Sultan und vom Bergdorf in Anatolien ganz zu schweigen. Dort gibt es kein Telefon.

Ich habe es geahnt! Mutter hat es wirklich gemacht: Sie ist nach einer knappen Woche allein aus der Türkei zurückgekommen.

»Wo ist Esme? Wo ist Serkan?«, frage ich sie aufgebracht.

»Du bist eine schlechte Person. Du wirst keinen Einfluss mehr auf sie haben«, antwortet sie schroff.

»Was hast du mit ihnen gemacht?«

»Du bist ein schlechtes Vorbild für deine Geschwister«, wiederholt sie. »Aber das ist jetzt vorbei!«

In mir steigt eine unglaubliche Wut auf, aber ich reiße mich zusammen, will wissen, was aus den beiden nun werden soll.

»Sprich nie wieder über deine Geschwister und frage mich nie mehr nach ihnen«, erwidert diese Frau.

Nein, ich kann sie nicht mehr als Mutter bezeichnen! Eine Mutter tut so etwas nicht. Eine Mutter reißt ihre Kinder nicht rücksichtslos auseinander. Ich fühle mich, als hätte man mir Teile meines Körpers abgeschnitten. Doch wie muss es erst Esme und Serkan gehen? Beide haben hier Wurzeln geschlagen und diese Frau rupft die beiden zarten Pflänzchen brutal aus dem Boden.

Wo anders kann diese herzlose Frau sie schon hingebracht haben als zu ihren Schwestern? Diesen Kopftuchfrauen aus einer anderen Welt. Was werden die erst mit Esme anstellen? Ich darf gar nicht dran denken. Esme hat noch nie ein Kopftuch getragen. Es muss ein furchtbarer Schock für sie sein, in so eine Welt zu kommen. Als Mädchen wird sie noch mehr unterdrückt als Serkan. Noch ist sie zu jung, um verheiratet zu werden. Das werden Mutter und ihre Schwester nicht tun. Doch was haben sie dann mit ihr vor? Ob sie Esme in eine Koranschule schicken werden? Oder ob sie das mit Serkan vorhaben?

»Der Islam schreibt vor, dass eines meiner Kinder ein *hodscha* werden muss.« Das ist nach wie vor Mutters Ziel. Niemand konnte mir bislang bestätigen, dass der Koran das tatsächlich vorschreibt. Ich glaube, sie quält ihre Kinder mit ihrem ganz privaten Wunsch. Kein Mitgefühl scheint in ihr zu sein, nur nachgeplapperter Glauben und Traditionen aus einer anderen Zeit. Eine giftige Mischung für ihre Kinder.

Mich bezeichnet sie als schlechtes Vorbild für meine Geschwister. Aber bin ich das wirklich? Leben Esme und Serkan nicht ebenso wie ich in Deutschland? Bekommen sie nicht auch durch ihre Schulkameraden und ihre Freunde mit, dass hier anatolische Traditionen wenig bedeuten?

Ja, es stimmt, ich habe jenen Jungen nicht geheiratet. Weil es ihn nicht gibt. Ich habe versucht, meiner Mutter alles zu erklären. Nicht sofort nachdem ich aus Mersin zurück war, aber ein paar Tage später, als sie sich halbwegs beruhigte und nicht mehr ständig rumschrie, sobald sie mich nur zu Gesicht bekam.

»*Anne,*« habe ich gesagt, »das stimmt alles nicht. Ich bin Jungfrau.« Ich wollte sie beruhigen, wusste ich doch, wie viel ihr meine »Ehre« bedeutet.

»Ich glaube dir nicht.«

»Aber ich sage die Wahrheit! Ich habe die Tanten belogen, damit sie mich wieder nach Deutschland zurückschicken.«

»Dann geh hier zu einem Frauenarzt und bring mir den Beweis, dass du noch Jungfrau bist!«

»Das werde ich nicht tun. Ich möchte, dass du mir glaubst. Das ist eine Frage des Vertrauens zwischen Mutter und Tochter. Wenn ich dir sage, es ist so, dann musst du mir das glauben.«

»Ich glaube dir nicht«, beharrte sie stur.

»Bitte vertrau mir doch!« Ich wollte unser Verhältnis wirklich noch retten. Doch es war nichts mehr zu machen. Alles endete mit einer lauten Schreierei, ich floh in mein Zimmer, sie warf ihre Hausschuhe hinter mir her.

Seit diesem Gespräch ist zwischen uns nur Streit. Sie verbietet mir eigentlich alles. Besucht mich meine Freundin Mimi, schnauzt Mutter mich an: »Was schleppst du das Mädchen hierher?« Gehen wir zusammen fort, werde ich beschimpft. Einmal warf Mutter Mimi raus, als sie zu Besuch kam. Also wartete Mimi fortan vor der Haustür. Kam ich dann zu ihr nach draußen, flogen mir nacheinander zwei von Mutters Hausschuhen hinterher. Also ging ich dazu über, aus dem Fenster abzuhauen, ohne Mutter zu informieren. Wie gut, dass wir im Erdgeschoss wohnen!

Mimi und ich treffen uns lieber bei ihr. Sie hat vernünftige Eltern. Das sind zwar auch Muslime, aber sie lassen ihrer Tochter zumindest ein paar Freiheiten. Mutters Verhalten können sie überhaupt nicht nachvollziehen. »Wie kann eine Mutter ihre Kinder fortschicken, damit andere Leute sie erziehen?«, fragt Mimis Mutter. »Man hat doch Kinder, damit sie neben einem groß werden. Oder nicht? Ich möchte nicht mal, dass meine Kinder heiraten, weil sie mich dann verlassen. Am besten blieben sie für immer bei mir.« Solche Mütter gibt es auch! Warum ist ausgerechnet meine so schrecklich?

Mit Mimi habe ich eine Menge Spaß, der mich von all dem Ärger daheim ablenkt. Zum Anfang des Sommers sind wir bei mir zu Hause in den Keller gegangen und haben uns dort heimlich Miniröcke und Stiefel angezogen. Wir sahen völlig gleich aus. In dieser coolen Aufmachung fuhren wir mit der S-Bahn nach Stuttgart zum Hauptbahnhof. Von dort aus liefen wir die Königsstraße rauf und runter, die breite Einkaufsstraße. Einfach so. »Ich zeige meine Größe«, nennt man das auf Türkisch, wenn man so sinnlos durch die Gegend geht, angetan mit den schicksten Klamotten. »Größe zeigen« ist gut fürs Selbstwertgefühl, es geht einem hinterher besser.

Mimi und ich gehen zusammen shoppen, selten, um tatsächlich etwas zu kaufen. Geld haben wir kaum. Sondern weil es Spaß macht, Sachen anzuprobieren. Bei C&A schlüpfen wir in Kleider, von denen wir uns wünschen, sie kaufen zu können. Da gehen wir oft mehrere Tage nacheinander hin und ziehen immer wieder dieselben Kleider an. In einem Geschäft für Brautmoden haben wir die Verkäuferin angeschwindelt, dass wir bald heiraten würden und haben mit viel Gekicher die ganzen kostbaren Kleider durchprobiert.

Mit meiner eigenen Garderobe sieht es nicht so gut aus. Ich muss aufpassen, dass Mutter mir nicht meine Sachen kaputtmacht. So wie die Jeans, die an bestimmten Stellen modische Löcher hatte, durch die man die Haut sah. Sie hat die Schere genommen und die Beine abgeschnitten. Ich habe die Hose dennoch angezogen. Da hat sie die Jeans dann richtig zerschnitten. Wahnsinnig geärgert habe ich mich darüber, dass sie mein Lieblingskleid ebenfalls zerschnitten hat, ein sehr elegantes, das einen Schlitz bis zum Knie hatte. Ich konnte es danach nur noch wegwerfen. Mit ihr zu reden hat überhaupt keinen Sinn mehr, was soll man da noch reden? Ich arbeite, kaufe mir gelegentlich etwas Hübsches und sie zerstört es.

Inzwischen mache ich es wie Esme. Wenn ich bei Mimi übernachten will, tue ich es einfach. Ihre Familie nimmt mich auf, als gehörte ich dazu. Ich bin nur froh, dass Hakan nicht so ein typischer Macho ist wie so viele türkische Jungs. Mit meinem Bruder habe ich eine Regelung gefunden, die Mutter halbwegs akzeptiert: Wir verlassen gemeinsam die Wohnung und sie nimmt an, Hakan würde auf mich »aufpassen«. Doch vor der Haustür trennen sich unsere Wege. Er geht nach rechts und ich nach links. Jeder trifft sich mit seinen Freunden. Manchmal sehen wir uns in einem Café, in dem Jugendliche aus vielen Ländern sind. Für den Abend machen wir stets einen Zeitpunkt aus, an dem wir wieder gleichzeitig vor der Haustür sind, und betreten die Wohnung gemeinsam.

Das sind allerdings nur faule Kompromisse, die nicht verhindern können, dass es doch irgendwann wieder zu nutzlosem Gestreite kommt. Jetzt, wo Mutter Esme und Serkan verschleppt hat, sehe ich überhaupt keine Chance mehr, dass sich unser Verhältnis noch normalisiert.

Erst im nächsten März werde ich 18. Wenn sich bis dahin nichts geändert hat, versuche ich einen Weg zu finden, daheim auszuziehen. Darüber traue ich mich kaum nachzudenken! »Eine Tochter gehört immer nach Hause. Bis zu dem Tag, an dem sie heiratet«, predigt Mutter. Wenn ich sie wirklich verlasse, ist das Band zwischen uns endgültig zerschnitten. Ich hoffe wirklich, dass es nicht so weit kommt.

»Achte auf deine Handlungen, denn sie werden Gewohnheiten«
(aus dem Talmud)

Endlich frei

Die Frauenärztin blickt mich mit einer Mischung aus Verwunderung und komplettem Unverständnis an. »Sie wollen was?«, fragt sie.

»Ich brauche eine Bescheinigung von Ihnen, dass ich noch Jungfrau bin.«

Die Ärztin blickt in meine Unterlagen. »Sie sind letzten Monat 18 geworden. Wozu brauchen Sie so etwas?«

»Das ist eine Ehrensache«, sage ich. »Ich stamme aus einer türkischen Familie und für die ist das sehr wichtig.« Ich spüre, dass es möglicherweise keine gute Idee war, mir einfach aus dem Telefonbuch eine deutsche Ärztin herauszusuchen. Sie hat offensichtlich noch nie von solchen Dingen gehört. Andererseits habe ich zu Türkinnen kein Vertrauen. Sie würden mich aushorchen. Die Neugier der Türken ist unbeschreiblich! Und dann geben sie zu allem ihre Petersilie dazu, wie man in der Türkei sagt. Das heißt, sie schmücken alles noch aus. Ich brauche einfach nur diesen Zettel und dann soll die Sache erledigt sein. Obwohl es überhaupt nicht meiner

Überzeugung entspricht, dass sich die Ehre zwischen den Beinen befindet.

»Was erwarten Sie denn, dass in diesem Attest steht?«, fragt die deutsche Ärztin voller Skepsis. »Und in welcher Form soll das sein?«

»Ich brauche von Ihnen die schriftliche Bestätigung meiner Jungfräulichkeit«, erkläre ich.

»Na ja, wenn Sie das so wollen,« sagt die deutsche Ärztin ratlos, »dann werde ich Sie mal untersuchen.«

Eine Stunde später verlasse ich die Praxis, einen Briefumschlag in der Handtasche: Ich habe ärztlich attestiert bekommen, was meiner Mutter so wichtig ist. Dies ist der letzte Wunsch, den ich ihr erfülle, um ihr ihre große Angst zu nehmen: Sie muss nicht in die Hölle, die sie sich wohl ständig ausmalt. Im Grunde tue ich es meinetwegen. Ich bin kein »schlechtes Mädchen«; sie hat mir zu Unrecht misstraut.

Dieses Attest ist gleichzeitig mein Abschiedsgeschenk für Mutter: Ich gehe.

Und ich weiß, dass es für immer ist. Von dieser Entscheidung gibt es kein Zurück mehr.

Zu der Bescheinigung lege ich noch einen Zettel, auf den ich ein paar türkische Sätze schreibe. Viel ist es nicht mehr, was ich ihr zu sagen habe: »Such mich nicht. Ich komme nicht zurück.« Dann nehme ich meinen Kunstlederkoffer und noch ein paar Plastiktüten. Darin ist alles, was ich besitze, meine Kleider, T-Shirts, Pullis, Jeans, das Poesie-, das Fotoalbum und die Mini-Stereoanlage, die Vater mir geschenkt hatte. Dann gehe ich zur Tür und ziehe sie hinter mir zu.

Wenn Mutter mich nur ein ganz klein wenig kennt, kann sie nicht wirklich überrascht sein, dass ich es getan habe. Die Mitarbeiterin des Jugendamts war sogar hier und hat versucht, mit ihr zu sprechen. »Ihre Tochter möchte von daheim weggehen«, hat die Sozialpädagogin gesagt.

Mutter hat mich nur angeschrien. »Wie kannst du es wagen, diese Frau hier in unsere Wohnung zu bringen!?« In Anwesenheit der Deutschen ist sie aggressiv auf mich losgegangen. Sie hat nicht geahnt, wie sehr sie mir damit geholfen hat. Ich musste der Jugendamtsmitarbeiterin nicht mehr viel erklären.

Dabei vergaß ich das Wichtigste. Erst als ich danach noch etwas ausführlicher mit der Sozialpädagogin sprach, erwähnte ich die Geschichte, die ich knapp ein Jahr zuvor erlebt hatte.

»Du hättest mir sagen sollen, dass du schon mal in die Türkei verschleppt worden bist, um zwangsweise verheiratet zu werden«, sagte sie.

»Ich wusste nicht, dass das wichtig ist«, erwiderte ich kleinlaut. Um ein Haar hätte ich wieder denselben Fehler gemacht wie in Beilstein. Ich habe einfach zu wenig Ahnung, was deutsche Ämter wissen wollen. Wahrscheinlich, weil es für mich so normal ist, dass türkische Mädchen überhaupt keine Rechte haben. Ich gehe einfach davon aus, jeder wüsste das.

Danach ging alles einfach, es waren auch nicht viele Formulare auszufüllen. Das Einschalten des Jugendamts ist unerlässlich, da es sich bereit erklären muss, die Kosten für meine Unterbringung zu übernehmen. Mir wurde ein Jugendheim vorgeschlagen, das ich mir sofort ansah. Dort lebten viele Drogenabhängige. »Da passe ich nicht rein«, habe ich gesagt. Daraufhin wurde ein Platz in jenem Wohnprojekt gefunden, zu dem ich nun unterwegs bin.

Es läuft alles ganz geheim ab, aber auch sehr routiniert. Meine Spuren müssen verwischt werden, damit mich meine Familie nicht ausfindig machen kann. Ich darf nicht mehr in den Melderegistern geführt werden und niemandem sagen, wo ich künftig wohnen werde. Mein Bruder Hakan wird sich nicht von Mutter einspannen lassen, um mich zu suchen.

»Ich verstehe, dass du gehst«, hat er gesagt. Wir haben uns versprochen, gelegentlich zu telefonieren. Später, wenn ich in Sicherheit bin, werde ich mich bei ihm melden.

Wenn Onkel Kadir mich allerdings findet, bringt er mich zu Mutter zurück. Daran habe ich keinen Zweifel. Er muss es tun, denn ich habe Schande über die Familie gebracht. So jedenfalls wird er es sehen.

Als ich am Bahnhof eintreffe, erwartet mich an einem vereinbarten Punkt eine Sozialpädagogin im Auto. Sie ist im Gegensatz zu mir völlig ruhig. Das Irrwitzige an meiner Flucht ist mir gar nicht recht bewusst: Wäre ich eine Deutsche, könnte ich tun und lassen, was ich wollte. Ich bin 18 und somit volljährig. Vom Gesetz her begehe ich keine Straftat. Aber ich bin Türkin, für mich gelten andere Regeln. Ich habe sie nicht aufgestellt, aber sie machen mir ein schlechtes Gewissen und ängstigen mich. Ich spiele entweder nervös mit meinen Fingern oder paffe eine Zigarette nach der anderen. Als stünde ich vor einer schwierigen Prüfung.

Während wir fahren, erzählt mir die Sozialpädagogin, dass jeden Monat allein in Stuttgart zehn bis zwölf Mädchen meines Alters und in einer ähnlichen Situation den Schutz des Jugendamts vor ihren Familien erbitten. In Stuttgart ist nach den städtischen Statistiken jeder vierte Einwohner nicht in Deutschland geboren oder hat Eltern, die aus dem Ausland stammen, wie in meinem Fall. Meinem Pass zufolge bin ich jetzt noch Ausländerin. Aber man behandelt mich nicht so, sondern kümmert sich aufmerksam und sehr rücksichtsvoll um mich.

Endlich kommen wir an, irgendwo außerhalb von Stuttgart, ein unauffälliges Haus, meine Zuflucht.

An mein neues Leben taste ich mich langsam heran. Alles ist ganz anders als bisher. Das fängt damit an, dass ich in der WG ein eigenes Zimmer habe. Zum ersten Mal in meinem Leben. Es ist nicht sehr groß, etwa zehn Quadratmeter, doch ich habe alles, was ich brauche. Ein Bett, das am Morgen meiner Ankunft für mich neu gekauft wurde. Einen Schrank, einen Nachttisch und einen Schreibtisch. Ich brauche Bettwäsche und Dinge für den Haushalt, stelle fest, dass ich mir Waschmittel kaufen muss. Das sind Besorgungen, die ich bisher nie machen musste, weil Mutter sie mir abgenommen hat. An eine Selbstständigkeit hat sie mich nie herangeführt. Wozu auch? Sie sah meine Zukunft nicht hier, sondern unter der Herrschaft einer Schwiegermutter tief unten in der Türkei. Die Sozialpädagoginnen helfen mir dabei, ein eigenes Konto einzurichten, damit auch diese Verbindung zu meiner alten Existenz gekappt wird.

Das sind vergleichsweise unwichtige Äußerlichkeiten. Die innere Verbindung zu meiner Familie kann ich nicht so einfach lösen wie den Wechsel der Wohnung. Vor allem in der Nacht ist es schlimm. Ich träume von Esme und Serkan, wache schweißgebadet auf und muss mich zwingen einzusehen, dass sie nicht mehr bei mir sind. Und egal, was Mutter auch immer getan hat, sie ist ein Teil von mir. Selbst wenn man weggeht, das familiäre Band bleibt bestehen. Gerade weil so viel nicht zu einem Ende gebracht worden ist. Ich fühle mich von dieser Frau falsch beurteilt und kann im Moment nichts tun, um sie umzustimmen. Ich dürfte es auch nicht. Es würde mich noch mehr belasten, weil ich mit noch mehr Vorwürfen konfrontiert werden würde.

»Du musst nach vorn blicken, Hülya«, sagen die Betreuerinnen in der WG.

Das tue ich auch mit der alten Energie, mit der ich schon bislang für meinen selbstbestimmten Weg gekämpft habe. Ich muss den Sozialpädagoginnen zwar meine nächsten Schritte erklären, damit sie mich beraten können. Der Unterschied zu meinem bisherigen Leben ist, dass ich mich nicht mehr verteidigen muss. Das ist das wichtigste Merkmal der Freiheit, denn wirklich frei ist man wohl nie. Doch ich bekomme die Chance, mich auszuprobieren. Meine Wünsche werden respektiert. Ich kann endlich über meine Zeit selbst bestimmen. Welch ein Luxus, auch mal faulenzen zu dürfen, wenn mir danach ist.

Das ist wirklich nur ein Luxus, denn in den nächsten drei Jahren werde ich in die Berufsschule gehen, um Bürokauffrau zu werden. Das ist das Nahziel. Mein Fernziel ist viel ehrgeiziger: In ein paar Jahren will ich studieren. Was für ein Schwindel erregender Gedanke! Ich kenne keinen Kalkan, der das Abitur gemacht hat, niemanden, der aus dieser Familie studiert hat. Gewiss ist das ein weiter Weg, der über den nachgeholten Realschulabschluss und das Abitur führt.

Ich darf endlich über diese Pläne sprechen und niemand hält mich mehr für verrückt, weil ich als Mädchen mehr aus meinem Leben machen will als nur Ehefrau und Mutter sein zu müssen. Zu meiner neuen Unabhängigkeit gehört auch, dass ich den Führerschein machen werde. Plötzlich habe ich Möglichkeiten, von denen ich früher nur träumen konnte. Dass all das Geld kostet, kann mich nicht stoppen. Ich jobbe wieder, lebe sehr sparsam.

Es ist eben gerade nicht so, wie meine Mutter immer gefürchtet hatte: Ein freies Mädchen – ein »ungebändigtes«, würde sie sagen – ist nicht gleichzusetzen mit einer Luxuspuppe, die nur noch durch die Discos zieht, sich grell anmalt und einzig ihr Vergnügen im Kopf hat. Freiheit bedeutet für mich das, was ich jetzt tue. Wie harmlos das ist! Und wie schade, dass Mutter es nicht versteht.

In der Wohngemeinschaft habe ich inzwischen auch zwei gute Freundinnen gefunden. Beide sind etwas jünger als ich, aber sie haben Schweres mitgemacht. Eine floh vor der

Zwangsehe aus der Türkei, die andere konnte mit knapper Not ihrer Familie entkommen und lebt hier in der ständigen Angst, dass man sie findet und ihr wieder wehtut. Wenn ich Elif ansehe, denke ich, dass Schönheit auch ein Fluch sein kann. Denn sie ist schön wie ein Engel und trotz all der harten Zeiten, durch die sie gegangen ist, strahlt sie Optimismus aus.

Nach der ersten Eingewöhnungszeit mit all den vielen Wegen, um mein neues Leben zu organisieren, habe ich gemeinsam mit Elif ein paar meiner alten Freundinnen getroffen. Endlich mal wieder tanzen, lachen, abschalten!

Und prompt tappe ich in die Falle! Ich hatte mich so sehr mit meinem neuen Leben angefreundet, dass ich überhaupt nicht mehr an die Bedrohung gedacht habe. Mein Onkel suchte mich immer noch, deswegen hielt ich mich ja versteckt.

Doch an diesem Abend in der Disco ist das alles vergessen. Sie spielen meine Lieblingsmusik und ich bin so ausgelassen wie schon ewig nicht mehr. Plötzlich sehe ich meinen Onkel und seinen besten Kumpel. Mich durchzuckt ein Riesenschreck. Kadir und sein Freund stürzen sofort auf mich los.

»Du kommst sofort mit nach Hause!«, brüllt Kadir.

»Nein, auf gar keinen Fall!«, schreie ich gegen den Discolärm an. Flüchtend schiebe ich mich durch das Gewühl der Leute, die beiden hinter mir her.

»Hülya, bleib stehen. Ich muss dich zu deiner Mutter bringen«, schimpft der Onkel.

Glücklicherweise bekommen die Türsteher das alles mit und stellen sich zwischen Kadir, seinen Kumpel und mich. Das ist meine Rettung.

»Ich habe keine Nichte mehr!«, schreit Kadir mir nach; ich rufe zurück: »Und ich habe keinen Onkel mehr!«

Am ganzen Leib zitternd steige ich ins Auto einer Freundin. »Das war knapp«, sagt sie. Aber irgendwie triumphieren wir auch ein wenig.

»Das war sehr, sehr unvorsichtig«, tadeln mich die Sozialpädagoginnen, als ich am nächsten Tag alles erzähle. »Vergiss
nie, deine Freiheit hält nur so lange, wie dich niemand findet.
Wenn deine Familie dich diesmal in die Türkei abschleppt,
wird man dich gewiss einsperren.«

Aber wie kann ich mich vor meinen Verwandten schützen?

»Indem du Deutsche wirst«, sagt die Betreuerin.

»Geht das denn so einfach?«, frage ich völlig unwissend.

»Nein, das dauert sehr lange, ein bis zwei Jahre. Aber du,
Hülya, bringst eigentlich alle Voraussetzungen mit, dass deinem Antrag auf deutsche Staatsbürgerschaft stattgegeben
werden müsste«, sagt sie.

Nachdenklich ziehe ich mich in mein eigenes Zimmer zurück. Noch eine Trennung? Diesmal vom Land meiner Eltern? Diese Entscheidung fällt mir nicht schwer. Bis zu dieser Zeit hatte ich keine schönen Erinnerungen an die Türkei.

Eine innere Stimme flüstert mir die Antwort zu: Dort, wo
du frei sein kannst, bist du zu Hause.

Das *Bayram*-Geschenk

In den Straßen der grauen Stadt tobt ein Krieg, Schüsse fallen. Esme und ich fliehen durch die menschenleeren Gassen,
wir rennen um unser Leben. Wir erreichen ein Haus, verstek-
ken uns, klammern uns vor Angst zitternd aneinander. Wir
hören Stimmen. Sie werden lauter. Man sucht uns. Wir können nicht mehr entkommen. Jetzt stehen die Soldaten in der
Tür. Sie richten ihre Gewehre auf Esme und mich.

»Nein,« schreie ich verzweifelt, »tut uns nichts. Wir sind
unschuldig. Lasst uns am Leben!«

Die Soldaten kennen keine Gnade. Wir kauern wehrlos am Boden, doch sie feuern erbarmungslos auf uns. Eine Kugel trifft mich in die Brust, aber sie tut mir nicht weh. Neben mir liegt meine Schwester in ihrem Blut. Sie ist tot.

Weinend beuge ich mich über Esme. »Warum lebe ich noch und du musstest sterben?«, schluchze ich.

Ich wache auf, es ist dunkel. Mein Puls rast. Ich brauche lange, um zu begreifen, dass ich geträumt habe. Mit zitternden Fingern suche ich nach dem Schalter der Nachttischlampe. Als versuchte ich, dem Traum zu entkommen, steige ich hastig aus dem Bett, gehe in die Küche unserer Wohngemeinschaft und gieße mir ein Glas Wasser ein. Ich bleibe lange so sitzen, tief in Grübelei versunken.

Seit fast zweieinhalb Jahren ist Esme verschwunden. Ich habe immer noch keine Ahnung, wo sie ist. Immer wieder sehe ich sie in Träumen vor mir. Manchmal ertrinkt sie in einem Meer. Das ist dann ein guter Traum, weil Mutter mir früher gesagt hat, dass man ein langes Leben haben wird, wenn man vom Ertrinken träumt. Oft sehe ich mich in Marbach, in einem der alten Fachwerkhäuser, die es dort gibt. Ich habe meine Schwester aus der Türkei geholt und wir sind wieder vereint. Den spielenden Serkan habe ich jedoch draußen vergessen. Ich beuge mich aus dem Fenster und rufe zu ihm herunter: »Komm auch hoch zu uns!«

In den anderthalb Jahren, die seit meinem Auszug von zu Hause vergangen sind, habe ich gelegentlich mit Hakan telefoniert und ihn gefragt, wie es ihm geht. Aus seinen Antworten höre ich heraus, dass er sich von einem Tag zum nächsten treiben lässt. Dieser hübsche junge Mann, dem eigentlich die ganze Welt offen stehen könnte, hat keine Perspektive in seinem Leben gefunden. Mutter ist zu schwach, um ihm beizustehen und findet es ausreichend, ihm immer wieder mit Geld auszuhelfen. Doch das Verhältnis zwischen Hakan und mir hat damit nichts zu tun. Wir verstehen uns nach wie vor bestens. Was nichts daran ändert, dass ich auch von ihm nichts über Esme und Serkan erfahre.

»Ich darf dir nichts sagen«, meint Hakan jedes Mal.

Die Sehnsucht, dass wir alle wieder vereint sein mögen, wir vier Geschwister, die eigentliche Familie, kann ich nicht für mich behalten. Alle meine Freunde kennen das schon von mir, dass ich stets von Esme und Serkan spreche. »Hülya und ihre Geschwister!« Das ist inzwischen bei uns ein geflügeltes Wort.

Einmal meinte ein Freund: »Und wenn du Esme mit einem falschen Pass aus der Türkei schmuggelst? Ein Bekannter von mir hat erzählt, dass er das für einen seiner Verwandten gemacht hätte.«

»Das klappt nur in Filmen! Ich kann doch so etwas nicht«, sagte ich.

Auch meine Freundinnen hielten diese Idee für einen Scherz: »Dafür bräuchte man schon einen James Bond. Wie soll Hülya denn das wohl machen?«

Mir blieb nichts anderes übrig, als wieder direkten Kontakt mit Mutter aufzunehmen, um sie zum Einlenken zu bringen. Ich rief absichtlich so an, dass ich sie erwischen musste. Natürlich plagte mich auch das schlechte Gewissen, denn ich bin nun mal die im Grunde nachgiebige Tochter einer dominanten Mutter.

»Wo bist du? Komm nach Hause«, sagte sie. »Ich werde dir verzeihen und dich auch nicht schlagen.«

Ich sagte ihr, dass es mir gut gehe und sie sich um mich keine Sorgen machen müsse. Dass ich aber nicht nach Hause kommen werde.

»Mädchen dürfen nicht zu Hause ausziehen, bevor sie nicht heiraten. Das schickt sich nicht!«

Und dann fragte ich nach Esme.

»Sprich nicht von deinen Geschwistern!«

Mutter hat sich nicht geändert. Ihre Familie ist in alle Winde verstreut, aber sie ist nicht bereit umzudenken. Mich macht das so traurig.

Obwohl ich ahne, dass ich wieder einmal nichts Neues in Erfahrung bringen werde, rufe ich heute erneut daheim an. Denn dieser Kriegstraum hat mich zu sehr aufgewühlt. Hakan ist am Telefon. Er klingt anders als sonst, irgendetwas ist geschehen, das merke ich sofort.

»Mutter ist im Krankenhaus. Sie hat etwas mit dem Magen. Es geht ihr nicht gut«, sagt er. Sie sei in Ludwigsburg in der Klinik. »Wenn du dich nicht mit unserer Mutter verträgst, dann spreche ich kein Wort mehr mit dir«, droht mein Bruder.

Selbstverständlich mache ich mich sofort auf den Weg nach Ludwigsburg. Vor allem wegen Hakans Warnung. Zwischen Mutter und mir ist einfach zu viel vorgefallen, als dass ich in diesem Moment echtes Mitleid mit ihr empfinden könnte. Außerdem kenne ich sie: Sie tut gerne mal so, als ob sie furchtbar krank wäre. Dann hüstelt sie völlig unglaubwürdig. Mir ist allerdings klar, dass es diesmal etwas Ernstes sein muss. Sonst hätte man sie nicht im Krankenhaus aufgenommen. Dennoch fahre ich mit sehr gemischten Gefühlen zu ihr.

Wir treffen uns in der Besucherecke der Klinik. Sie trägt einen Morgenmantel und Kopftuch. Es geht ihr wirklich nicht gut, das sehe ich. Sie ist sehr blass und abgespannt. Obwohl sie behauptet, etwas mit dem Magen zu haben, spielt sie mir wieder ihr eigentümliches Hüsteln vor.

»Die Sorgen um euch machen mich ganz krank«, sagt sie ziemlich bald. »Ihr werdet mich noch ins Grab bringen.«

»Um mich musst du dir keine Sorgen machen«, erwidere ich. »Es geht mir gut.«

Und dann geht die alte Leier von vorn los. Aber ich habe meinem Bruder versprochen, dass wir uns vertragen werden. Folglich höre ich mir alles geduldig an und habe keine Widerworte. Sie spricht auch von Hakan, der noch immer nichts arbeitet. Im Grunde sagt sie, was ich schon seit Jahren weiß: Mein Bruder leidet noch immer unter seinen Erlebnissen. Irgendwann verabschiede ich mich und gehe. Nein, wir sind bei unserem Wiedersehen nicht aufeinander losgegangen. Es gab kein böses Wort. Ob das ein Fortschritt ist? Oder nur eine Pause in unserem lebenslangen Konflikt?

Aber ich habe auch nicht nach Esme und Serkan gefragt. Das ist mir sehr schwer gefallen, denn damit gehe ich auf ihre Bedingungen ein. Andererseits gibt mir mein Schweigen auch ein Gefühl der Stärke. Sie soll nicht merken, wie sehr mir meine Geschwister fehlen. Denn sie würde meine Sehnsucht nur ausnutzen, um mich zu schwächen. Es ist ein hässliches Spiel, bei dem ich Kälte zeigen muss, wo doch so viel Wärme in mir ist.

Der Fastenmonat Ramadan ist fast vorbei, als ich Mutter wieder daheim besuche. Sie lebt allein mit Hakan; Onkel Kadir ist ausgezogen. Die beiden haben sich völlig zerstritten. Ich kenne die Gründe nicht und sie interessieren mich nicht. Seit dem Auftritt in der Disco ist der Onkel für mich ebenso gestorben wie ich für ihn.

»Heute ist *bayram*«, sagt Mutter zu mir. »Da habe ich ein Geschenk für dich.«

Ich bin völlig verblüfft. Ein Geschenk nach all dem Streit!

»Du darfst mit deiner Schwester telefonieren.«

All die Tränen, die sich in mir in den letzten dreieinhalb Jahren aufgestaut haben, wollen jetzt heraus. Aber sie dürfen nicht! Ich will keine Schwäche zeigen. Mutter soll nicht sehen, wie verletzbar ich bin. Ich beiße mir auf die Lippen.

Während sie wählt, verstellt Mutter mir den Blick aufs Telefon. Sie schaltet den Telefon-Lautsprecher ein. Natürlich, sie will die Kontrolle nicht verlieren, mitverfolgen, was wir sprechen. Ich höre das Freizeichen. Sekunden dehnen sich zu endlosen Minuten. Ich bin so nervös, dass ich fürchte, kaum einen Ton hervorbringen zu können.

Plötzlich erklingt die tiefe, so geliebte Stimme aus dem Lautsprecher. »Hallo?«

Mutter dreht sich zu mir, gibt mir den Hörer.

Ich presse mit letzter Kraft zwei Silben hervor. »Hallo?«

»Hallo, *abla*.«

Jetzt bloß nicht weinen! Ich wende mich von Mutter fort, damit sie nicht sieht, wie ich meine Tränen heimlich wegwische.

»Esme! Wo bist du?!«

»Bei Tante Sultan.«

»Geht es dir gut?«

Auf der anderen Seite ist nur Schweigen. Vielleicht ein Schluchzen. Aber Esme spricht kein Wort.

Ich weiche ins Deutsche aus. Wahrscheinlich steht Tante Sultan hinter ihr und passt ebenso auf, was wir sprechen wie Mutter mich kontrolliert. »Esme? Bist du noch da?«

»Wenn ihr Deutsch sprecht, lege ich sofort auf«, geht Mutter auf Türkisch dazwischen.

»Esme, bitte sag doch etwas!«

»Ich bin bei Tante Sultan.«

»Bist du immer dort? Was machst du in der Türkei?«

»Ich bin nicht immer bei Tante Sultan.«

»Wo bist du dann?«

Nur ein unterdrücktes Weinen ist zu hören.

»Esme! Hallo!« Immer wieder rufe ich verzweifelt in den Hörer hinein. Aber nur Schweigen antwortet mir. Dann wird in zweitausend Kilometer Entfernung der Hörer aufgelegt.

Ich hatte mein *bayram*-Geschenk.

Verstört fahre ich mit der S-Bahn zurück zur WG. Ich heule, weil ich nicht verstehe, was geschehen ist. Warum spricht Esme nicht mit mir? War das zu viel für ihre Nerven? Was ist da unten los? Wenn sie nicht bei Sultan ist – wo ist sie dann?

Und was ist das überhaupt für ein dummes Geschenk gewesen! Da kann man nach so langer Zeit mit der eigenen Schwester sprechen und die eigene Mutter und die Tante passen auf, was man sagt. Ich war viel zu nervös und Esme weinte. Aber ich glaube, sie war eingeschüchtert. Ich kenne ja Sultan. Sie unterdrückt Esme gewiss so wie mich damals.

»Du kannst es auch mit Tabletten machen …« Das werde ich mein Leben lang nicht vergessen.

Nein, das war nicht die Esme, die ich kenne. Das war jemand, der jede Hoffnung aufgegeben hat.

Als ich in der WG auf meinem Bett sitze und ins Leere starre, komme ich zu einem Entschluss: So geht es nicht weiter! Ich muss es schaffen, mit meiner Schwester vernünftig zu sprechen. Und ich will wissen, was mit Serkan ist. Ob sie ihn auch bei Sultan versteckt halten? Oder bei dem schrecklichen Onkel Mustafa, der ihn früher geschlagen hat?

Wenn ich die Augen schließe, dann sehe ich einen süßen kleinen Jungen vor mir. Ein glückliches Kind, das auf den Hügeln von Rielingshausen den Drachen steigen läßt und hinterherlaufen will. So will ich ihn wieder sehen, so zufrieden!

Wenn ich nichts unternehme, wird mir das nicht gelingen. Über Mutter wird es Jahre dauern. So lange kann und will ich nicht warten. Aber ich habe doch nicht nur eine Mutter sondern auch einen Vater. Was ist eigentlich aus ihm geworden? Esme und Serkan sind doch auch seine Kinder! Ich muss ihn finden.

Kaum dass ich diese Idee habe, zerfließt sie wie der Schnee draußen vor dem Fenster: Selbst wenn ich Papa finde, zu ihm reisen kann ich nicht. Wäre ich bei ihm, wo immer er auch leben mag, es spräche sich wie ein Lauffeuer bis zu Tante Sultan herum. Mutters Verwandtschaft würde gewiss an mir Rache nehmen wollen.

Mein deutscher Pass ist zwar beantragt, aber noch bin ich türkische Staatsbürgerin. Die Ereignisse vom Mai 1996 waren so traumatisch, dass ich mich erst wieder nach Adana aufmachen werde, wenn ich Deutsche bin. Erst dann können mir die Verwandten nichts mehr antun.

Serkan weint nie mehr

Ein kalter Wintertag in Stuttgart, die Sonne scheint vom klaren Himmel, die Schaufenster der Geschäfte sind weihnachtlich geschmückt. Mit meiner Freundin Mimi bummle ich die Königsstraße entlang, wir sind ausgelassen, ein wenig albern. Wir haben zwar kaum Geld, was unsere Shopping-Laune allerdings keineswegs trübt. In drei Wochen ist Weihnachten, aber ich habe mein Geschenk schon bekommen: Ich habe endlich meinen deutschen Pass! Ich fühle mich total wohl, alle Sorgen um meine Familie scheinen in diesem Moment weit weg zu sein. Als mein Handy klingelt, sehe ich flüchtig aufs Display: Unbekannter Anrufer.

Zuerst lautes Rauschen, dann: »*abla*?« Die Stimme ist mir etwas fremd und dennoch auf ergreifende Weise vertraut. »Hier ist Serkan!«

Ich bleibe mitten auf der Straße stehen, vergesse die vielen geschäftigen Leute um mich herum. Ein Kloß droht mir die Luft zum Sprechen zu nehmen.

»Serkan!«, krächze ich. »Mein Gott, wo bist du?«

Mimi nimmt mich in den Arm, sie sieht, wie ich zittere und

mir die Tränen übers Gesicht laufen. Ihr muss ich nicht sagen, dass vier Jahre vergangen sind, seitdem ich meinen kleinen Bruder zuletzt gesehen und gesprochen habe. Am Abend vor jenem unglücklichen Tag, als Mutter ihn und Esme in die Türkei verschleppt hat.

»Ich bin in Osmaniye«, sagt Serkan. »Ich habe einen Brief gefunden, den du an Papa geschrieben hast. Da stand deine Nummer drauf!«

Die Tränen der ungestillten Sehnsucht nach meinen Geschwistern machen es mir fast unmöglich zu sprechen. »Es tut so gut, dich zu hören«, bringe ich hervor. »Wie geht es dir?«

Gleich nachdem ich vor einem Jahr zu *bayram* mit Esme telefoniert hatte, hatte ich mich auf die Suche nach unserem Vater gemacht. Es dauerte Wochen, bis ich ihn ausfindig gemacht hatte. Die deutsche Telefonauskunft konnte mir nicht helfen, also probierte ich es mit der türkischen. Ein unglaubliches Erlebnis: »Was wollen Sie von diesem Mann?«, wurde ich von der Auskunft gefragt! Schließlich bekam ich die Telefonnummern von sämtlichen Kemal Kalkans und telefonierte die durch. Was ich mir da alles für Fragen anhören musste! »Wieso wissen Sie nicht, wo Ihr Vater ist?« Das war noch das höflichste. Aber ich fand ihn und seitdem schreiben wir uns lange Briefe. Doch offensichtlich leitete Vater meine Handy-Nummer, die ich auf jeden Brief schrieb, nicht an Serkan weiter.

»Warum hast du dich nie bei mir gemeldet? Warum kümmerst du dich nicht um mich?«, fragt mein kleiner Bruder jetzt.

Ich kann mich kaum mehr beherrschen, so groß ist der Schmerz. »Aber Mutter hat es mir doch verboten! Ich durfte keinen Kontakt zu dir und Esme haben.« Diese Geschichte ist zu lang, um sie Serkan am Handy zu erklären, mitten im weihnachtlichen Gedränge der Fußgängerzone. »Ich rufe dich gleich zurück!«, sage ich und notiere mir seine Telefonnummer.

Dann muss ich erst mal tief durchatmen und mich mit Mimi beraten. Mein erster Gedanke ist: »Ich muss zu Serkan fliegen!«

»Jetzt kannst du«, meint Mimi. »Du hast gerade rechtzeitig deinen deutschen Pass bekommen, Hülya! Deine Tanten können dir nichts mehr tun.«

»Und wenn sie mich doch einsperren?«, frage ich.

»Das geht nicht«, stellt Mimi fest. »Du bist keine türkische Staatsbürgerin mehr, du bist jetzt Deutsche. Das heißt, du darfst höchstens sechs Monate in der Türkei bleiben. Sie können dich also nicht mehr verheiraten.«

Das weiß ich alles! Der Moment, in dem ich den roten deutschen Pass erstmals in Händen hielt, war ein Augenblick der Befreiung. »Trotzdem«, beharre ich, »wenn ich das riskiere, dann nehme ich die Adressen von allen deutschen Botschaften und Konsulaten mit und von den Polizeistellen der ganzen Gegend.«

Nach einer weiteren nur sehr kurzen Beratung mit Mimi rufe ich Serkan zurück und teile ihm meinen Entschluss mit: »Ich komme!«

Nicht enden wollender Jubel erklingt aus weiter Ferne. Dann probiere ich jene Telefonnummer, die ich von Vater habe. Doch es vergehen Tage, bis ich ihn endlich erreiche. »Natürlich, meine Tochter, wenn du hier bist, kannst du bei mir wohnen.« Papa freut sich, dass ich kommen werde.

Ich habe Glück und kann ein trotz der Weihnachtstage recht günstiges Ticket für einen Flug erstehen. Wenn ich abends vom Praktikum bei Mercedes in die WG heimkehre, backe ich schwäbische Gutzle in allen Varianten und verziere sie liebevoll mit Streusel und viel Zucker. Grüße aus Schwaben für einen kleinen Bruder, der so gern Weihnachtskekse nascht!

Die Suche nach dem richtigen Weihnachtsgeschenk gestaltet sich schwieriger als erwartet: Serkan wird in drei Monaten 13. Ich habe keine Ahnung von Knabenkonfektion und entscheide mich schließlich für einen blauen Pulli mit weißem Querstreifen auf der Brust. Ich bin überzeugt, der wird viel zu groß sein. Besser als zu klein, dann wächst er eben rein, denke ich mir.

Der Flughafen von Adana ist recht überschaubar. Die Flugzeuge werden draußen vor den beiden Ankunftsgebäuden abgestellt, dann laufe ich gemeinsam mit den anderen Passagieren über das Rollfeld zu den Hallen. Für mein Empfinden ist es sehr warm, obwohl auch hier Winter ist, hat es rund 15 Grad. Vor den Passkontrollen gibt es lange Schlangen, ich stelle mich hinten an. Bis ich feststelle, dass da eine wesentlich kürzere Schlange ist, die sich vor dem Schalter für nichttürkische Einreisende gebildet hat. Dort lege ich meinen deutschen Pass vor und bekomme einen Einreisestempel hinein. Ich bin keine Türkin mehr, und empfinde auch so. Doch den Zettel mit den nächsten Konsulaten und Polizeistellen sowie eine Landkarte verwahre ich sorgfältig in meiner Handtasche. Zur Sicherheit.

Aufgeregt ziehe ich mein Köfferchen hinter mir her auf die Glasscheibe zu, hinter der die vielen Abholer auf die Eintreffenden warten. Vater erkenne ich sofort, er sieht gut aus, hat ein volles rundes Gesicht, ist gebräunt.

Und wo ist …? Serkan! Du meine Güte!

Ich drängle mich an den Menschen vorbei und dann trifft mich Serkans Blick wie ein Pfeil ins Herz. Seine Augen strahlen und ich kann meine Tränen nicht zurückhalten. Schweigend liegen wir uns in den Armen und küssen uns.

»Kleiner Bruder«, sage ich endlich. »Was bist du groß geworden!« Ich muss zu ihm aufschauen! Dabei bin ich selbst

1,72 groß, aber Serkan hat mich überholt. Das letzte Mal, als ich ihn sah, war er viel kleiner als ich. Schon diese allererste Begegnung macht mir schmerzhaft deutlich, wie viele Jahre vergangen sind. Wie viele Erfahrungen Serkan machen musste, von denen ich nichts weiß.

Dann begrüße ich Vater mit einem Kuss auf die Wange. Nicht nur sein Gesicht ist voller geworden; er hat überhaupt viel Gewicht zugelegt. Das steht ihm ganz gut, er wirkt ausgeglichener als in Deutschland. Papa ist stolz auf das Auto, das ihm seit kurzem gehört. Mit dem etliche Jahre alten Mercedes fährt er uns an der großen Stadt Adana vorbei heraus in die weiten Ebenen hinter der Stadt, wo viel Industrie angesiedelt ist. Dann wird es grüner, Felder dehnen sich endlos. Ich habe kaum ein Auge dafür, bin nur froh, meinen Bruder neben mir zu haben. Er ist nicht nur groß geworden, sondern auch viel erwachsener. Während er erzählt, stelle ich fest, dass er ein sehr ernster junger Mann geworden ist. Würde ich ihn nicht kennen, hielte ich ihn gewiss für 16.

»Am Anfang hat Tante Sultan mich in die Koranschule geschickt. Ich habe jeden Tag nur geheult. Es war so furchtbar dort. Aber nach vier Monaten habe ich eingesehen, dass Weinen nichts nutzt, *abla*«, sagt er. Serkan blickt mich an. »Da habe ich beschlossen, damit aufzuhören. Egal, was geschieht: Ich weine nie mehr.« Damals war er neun!

So stark wie er bin ich nicht; ich kämpfe mit meinen Tränen.

»Nach einem halben Jahr haben sie mich aus der Koranschule rausgelassen. Sie haben eingesehen, dass ich das nicht will. Nach einer Weile hat Tante Sultan mich zu Papa geschickt. Sie wollte nicht die Verantwortung für mich übernehmen.«

Ich denke mit leisem Triumph, dass die Tanten ganz schön sauer gewesen sein werden, dass auch das dritte aus Deutschland re-importierte Kalkan-Kind keine Lust hatte, ein *hodscha* zu werden.

Aus seinen Briefen weiß ich, dass Vater in Osmaniye wohnt. Er hat sich die Rente ausbezahlen lassen, die er in seinen 23 »deutschen« Jahren für seine Alterssicherung angespart hatte, um sich eine Wohnung mieten und eine Existenz als Händler aufbauen zu können. Nach seiner Abschiebung aus Deutschland war er für mehrere Monate beim türkischen Militär gewesen und konnte danach nur sehr schwer wieder Fuß fassen. Er spricht ungern über die Zeit, als Onkel Kadir und Mutter ihn durch eine Intrige loswurden: »Ich war so traurig, dass ich meine Familie in Deutschland verloren hatte. Ich konnte kaum noch an etwas anderes denken.« Ich vermute, seine Depressionen haben ihn zur Untätigkeit verdammt, als meine Geschwister ihn gebraucht hätten.

Jetzt haben Vater und Sohn sich wohl eingelebt. »Serkan geht regelmäßig in die Schule«, lobt Papa. »Er ist der Klassenbeste und hat sogar eine Belobigung bekommen.« Das ist eine in türkischen Schulen übliche Form der Auszeichnung.

Serkan bestätigt: »Ja, es macht mir Spaß.«

Ich bin erleichtert; zumindest um meinen kleinen Bruder muss ich mich momentan nicht sorgen. Aber was ist mit Esme?

Vater sagt eine Weile nichts. Dann meldet sich mein Bruder zu Wort. »Sie ist in der Nähe von Mersin. Irgendwo in einer Koranschule.«

Also doch! Ich hatte es geahnt. Das heißt, sie ist seit über drei Jahren dort. Wie konnte sie das nur aushalten? »Habt ihr Kontakt zu Esme? Wie geht es ihr?«

Serkans Mine verfinstert sich: »Vergiss Esme«, meint er kurz angebunden. »Sie ist nicht mehr die, die du kennst.«

»Wie meinst du das? Hast du sie getroffen?«, frage ich aufgeregt.

»Sie ist sehr gläubig. Mit dir wird sie gewiss nicht sprechen.«

Ich habe das Gefühl, mir würde ein Messer ins Herz gestochen. Einen Moment lang kann ich kaum etwas sagen. »Warum?«, frage ich dann. »Was habe ich ihr getan?«

Serkan holt tief Luft und dann beginnt er zu erzählen von all den Intrigen, die unsere so genannte Mutter angezettelt hat. Es sind nur plumpe Lügen. Ich würde angeblich nichts mehr mit meinen Geschwistern zu tun haben wollen und deshalb wäre ich von zu Hause ausgezogen. Im Grunde hat diese Frau die Dinge auf den Kopf gestellt! Sie hatte mir doch jeden Kontakt zu meinen Geschwistern untersagt. Und ich habe mich auch noch daran gehalten! Erst jetzt begreife ich Serkans Anruf, der mich in der Fußgängerzone erreicht hatte, in seiner ganzen Tragweite: Warum kümmerst du dich nicht um mich?

Ich erkläre Serkan die ganze Geschichte ausführlich. »Das heißt,« sage ich aufgewühlt, »Esme will nichts mehr von mir wissen, weil sie glaubt, ich hätte die Familie verlassen, weil ich euch nicht mehr liebe?«

Mein Bruder nickt betreten. »Sie weiß nur, was Mutter und Tante Sultan erzählen.«

»Hast du eine Telefonnummer von ihr?«, frage ich aufgeregt.

Ja, er hat eine. Aber so einfach ist das nicht: Vater hat allen Verwandten vom überraschenden Besuch seiner »deutschen« Tochter erzählt. Seine Wohnung ist voll von Gästen. Serkan, ganz der brave Sohn, macht türkischen Tee. Ich kenne mich mit der komplizierten Zubereitung überhaupt nicht aus und versuche dennoch, ihm dabei zu helfen. Der *çay* muss auf silbernen Tabletts in kleinen Gläsern serviert werden, man muss fragen, ob die Gäste ihren Tee stärker oder schwächer wünschen und entsprechend heißes Wasser zugießen. Das ist türkische Gastfreundschaft. Ich aber kenne kaum jemanden und würde lieber mit Serkan zusammen sein! Irgendwann verliere ich die Geduld und stelle eines der vielen dunkel gebeizten Beistelltischchen, die in allen Ecken des Zimmers stehen, in die Mitte, platziere die Teekanne darauf.

»Hier ist der *çay*, da der Zucker, helft euch am besten selbst«, sage ich und entschwinde in die Küche. Niemand protestiert. Der »Deutschen« verzeiht man ihr unhöfliches Benehmen. Natürlich auch, weil mein Vater zu mir steht.

»Meine Tochter wird einmal Ärztin«, sagt er voller Stolz zu den Gästen. Er meint, ich würde mal einen Doktortitel tragen; Ärztin oder Doktor – das nimmt auf dem Dorf niemand so genau. Für mich zählt, dass er meine Selbstständigkeit unterstützt, ideell zumindest. Es ist das, was ich an Papa am meisten liebe: Er achtet mich als Mensch.

Als Serkan und ich endlich Ruhe haben, überreiche ich ihm seine Weihnachtsgeschenke: Die beiden Dosen mit den selbst gebackenen Plätzchen, die nach schwäbischer Heimat schmecken. Und den Pulli mit den weißen Streifen. Er passt genau.

Erst am nächsten Morgen gehen Serkan und ich von Vaters Wohnung zur Post, um von dort aus ungestört zu telefonieren. Der erste Versuch schlägt fehl. Die *hodschas* wollen mich nicht mit Esme verbinden. Serkan und ich sind ratlos.

»Die lassen dich nicht an Esme ran«, befürchtet mein Bruder. »Du sollst nicht mit ihr sprechen können.«

»Weißt du eigentlich, dass diese privaten Koranschulen hier in der Türkei verboten sind?«, frage ich meinen Bruder.

»Nein«, erwidert er. »Stimmt das wirklich?«

»Das weiß ich ganz sicher. Nur an staatlichen Schulen dürfen Schüler unterrichtet werden. Ich finde das solch eine Gemeinheit, was die mit Esme machen. Aber das lassen wir uns nicht gefallen!« Ich weiß zwar nicht genau, was ich tun kann, aber mir wird etwas einfallen.

Früher, in den glücklichen Zeiten, haben Esme und ich uns immer in die Arme genommen, und gesagt: »Ich bin eine Hälfte von dir und du bist eine Hälfte von mir.« Genau so fühle ich mich: Mir fehlt ein Teil meines Selbst.

Eine Stunde später rufe ich trotz des niederschmetternden Ergebnisses erneut in der Koranschule an. »Ich hole Esme«, sagt eine jung klingende weibliche Stimme. Ich atme erleichtert auf.

»Sie kommt!«, flüstere ich Serkan zu. Er lächelt mir zu, um mich zu ermutigen.

Ich höre Schritte nahen. Ein Räuspern. »Hallo?«

»Esme?«, frage ich. »Bist du das?«

»Ja.« Es ist ihre dunkle Stimme. Aber sie klingt wieder so fremd. Ganz weit weg. Keine Freude liegt darin.

»Wie geht es dir? Bist du gesund?«

»Warum rufst du an?«, fragt sie.

Mir stockt der Atem. Sie hört sich entsetzlich schroff an, abweisend. Mit klopfendem Herzen sage ich: »Ich bin in Osmaniye. Ich möchte dich besuchen.«

»Ich will dich nicht sehen. Du bist eine Ungläubige. Meine *hodschas* werden schlecht über mich denken, wenn ich dich treffe«, sagt meine Schwester. Nur an ihrer dunklen Stimme erkenne ich sie noch. Aber nicht an ihren Worten. Serkan hat Recht: Sie ist nicht mehr die, die ich kannte.

Ich weiß überhaupt nicht mehr, was ich sagen soll. »Aber Esme,« stammle ich in den Hörer, »was redest du denn da? Bitte, ich möchte dich sehen. Ich habe solche Sehnsucht nach dir.«

Schweigen. Endloses Schweigen antwortet mir. Dann, endlich, sagt sie wieder etwas: »Du lebst in Sünde, mit dir darf ich nicht sprechen.«

Dann legt sie auf.

Ich starre den Hörer an und lasse meinen Tränen freien

Lauf. Serkan nimmt mich in die Arme und sagt tröstende Worte. Doch sie nehmen nicht den Schmerz von meiner Seele. Ich habe das Gefühl, dass soeben ein Teil von mir gestorben ist.

72 Stunden Ausgang

»Papa, was machen die mit ihr in dieser Koranschule?« Ich sitze meinem Vater gegenüber im Wohnzimmer, Serkan hört aufmerksam zu. »Du kannst das nicht zulassen. Sie ist deine Tochter! Wir müssen etwas unternehmen.« Ich rede auf ihn ein, als müsste ich ihn beschwören. Ich kenne meinen Vater; er stand zwar immer auf Seiten seiner Töchter. Aber nur mit Worten, höchst selten mit Taten. »Hast du in den ganzen Jahren mal versucht, Esme zu besuchen?«, frage ich.

Seine Antwort fällt fast genau so aus, wie ich es erwartet habe: »Ich habe dort angerufen. Deine Mutter hat den *hodschas* erzählt, dass ich lange im Gefängnis gewesen wäre und dass ich ein Ungläubiger bin. Sie haben mich nicht mit Esme verbunden.«

Er lässt sich so leicht zurückweisen. Papa ist kein Kämpfer. »Du bist ihr Vater!«, protestiere ich. »Egal, ob du ein Ungläubiger bist oder nicht und der Rest ist doch nur Lüge.«

»Sie hätten schon meine Erlaubnis holen müssen, weischt«, sagt Vater nachdenklich.

Ich erkläre auch ihm, dass diese Koranschulen illegal sind. Jetzt endlich kommt Leben in Papa. »Ein Freund von mir ist Anwalt«, sagt er. »Wir werden gemeinsam mit ihm zu dieser Schule fahren.« Unverzüglich macht er sich auf den Weg, um sich mit seinem Freund zu besprechen. Am nächsten Morgen

Hakan, Esme und ich in den glücklichsten Jahren in Rielingshausen.

Diese Puppe, größer als ich selbst, war in meiner frühesten Kindheit mein liebstes Spielzeug.

Bei uns zu Hause achtete Mutter stets darauf, dass es so traditionell wie in ihrem Bergdorf in Anatolien zuging.

In meiner schwäbischen Heimat einfach im Erdbeerfeld liegen – für mich ein kleines Paradies.

Hakan ist nur ein gutes Jahr älter als ich. Man hielt uns oft für Zwillinge.

Ich habe lange gebraucht, bis ich türkische Traditionen wie Börek zu machen, wieder für mich entdecken konnte.

Im Mai 1992 wird mir in der Koranschule in der Türkei ein Zertifikat überreicht.

Weil mir die Koranschule zwei Jahre meines Lebens gestohlen hatte, musste ich die 7. Klasse zweimal machen.

Ein Jahr, bevor dieses Foto auf der Burg Beilstein entstand, bin ich von zu Hause geflohen.

Nach Jahren der Trennung treffe ich 2000 Serkan wieder. Wir besichtigen eine Burg bei Osmaniye.

Heute ist Serkan, mein kleiner »großer« Bruder, mein Sorgenkind.

Mein Herz drohte zu zerspringen, als ich mich von Esme und Vater am Flughafen trennen musste.

Vater hat es nicht verwunden, dass er 1995 auf Betreiben unserer Mutter in die Türkei abgeschoben wurde.

Offiziell war die Koranschule, die Esme (r.) besuchte, eine Nähschule und veränderte sie völlig.

Mit neun wurde Serkan zu Verwandten in die Türkei geschickt, die ihn nicht haben wollten.

Esme, kurz bevor sie in die Koranschule verschleppt wurde. Sie ist ein aufgeschlossener Teenager.

Esme (vorn, ganz rechts) scherte sich wenig um Mutters Verbote und liebte Sport.

Mutter inmitten ihrer Verwandten. Sie ist glücklich. Es ist ihr gelungen, Esme (3.v.r.) mit Mehmet zu verloben.

Meine Schwester verzieht keine Miene, als sie mit Mehmet verlobt wird.

Der Gedanke war mir unerträglich, dass Esme in einer Zwangsehe leben sollte.

brechen wir tatsächlich auf – Papa, Serkan, ich und der Anwalt. Erst gegen Mittag treffen wir in einer einsamen Gegend in den Ausläufern des Taurus-Gebirges ein. Die Landschaft ist sandgelb, vertrocknet, unwirtlich. In einem Dorf ein großes, abseits gelegenes Gebäude. Es wirkt, als wäre es erst vor kurzem erbaut worden.

Ich habe nicht lange überlegt, was ich für den Besuch in einer Koranschule anziehen soll. Die einzig korrekte Bekleidung – Kopftuch, langärmlige Bluse und langer Rock – kommt nicht mehr infrage. Das habe ich vor dreieinhalb Jahren zuletzt getragen und ich werde diesen *hodschas* nicht den Gefallen tun, mich ihnen in diesem Punkt zu unterwerfen. Ich entschied mich für einen eleganten schwarzen Hosenanzug, die Haare zum strengen Zopf gebunden. Obwohl Serkan findet, ich sollte ein Kopftuch ummachen, wenn wir in die Schule gehen. Papa hält sich da raus.

Vater und der Anwalt haben sich eine doppelte Strategie zurechtgelegt: Zunächst wollen sie es mit Freundlichkeit versuchen und dann mit Drohungen. An der Pforte überreichen sie der jungen Religionslehrerin die obligatorische Spende in Form von Süßigkeiten, die später an alle Schülerinnen verteilt werden. Wir müssen unsere Schuhe ausziehen und werden in das Besucherzimmer vorgelassen. Es erinnert mich entfernt an jenes meiner Koranschule von vor acht Jahren, ein kahler Empfangsraum mit unbequemen Sofas. Die Leiterin der Schule erscheint und hört sich Vaters Anliegen an.

»Esmes Schwester ist aus Deutschland zu Besuch gekommen. Wir möchten Esme deshalb für ein paar Tage mitnehmen«, sagt Vater.

Das Gesicht der *hodscha* erstarrt zu einer Maske. »Unmöglich. Die Verantwortung für Esme liegt bei ihrer Tante. Sie hat uns verboten, dass Esme mit ihrem Vater Kontakt haben darf.«

Nun treffen zwei Männer ein, Imame, denen die Angelegenheit vorgetragen wird. Während eine mühselige Verhandlung beginnt, ist in mir eine solche Wut über die Sturheit dieser Leute, dass ich kaum richtig zuhören kann. Schließlich geht der Anwalt mit den Imamen zum Gebet und wir warten ratlos. Ich bewundere den Rechtsanwalt, einen Muslim von Anfang 40, für sein geschicktes Vorgehen. Er versteht es offensichtlich, der Situation die Schärfe zu nehmen. »Wenn es mit guten Worten nicht klappt«, hat er zuvor schon gesagt, »dann werden wir dieser Schule drohen, dass wir sie anzeigen. Schließlich hat Kemal Kalkan als Vater durchaus Rechte.«

Endlich kehren alle wieder zurück und mein Vater wird ins Nebenzimmer bestellt. Dann kommt Esme herein, begleitet von zwei *hodschas*. Wie ein Häftling wirkt sie. Sie trägt einen knöchellangen dunkelbraunen Wollrock, einen langärmligen sandfarbenen Pullover, ein geblümtes Kopftuch mit roten Rädern, hat den Blick gesenkt und verschwindet stumm in den Nebenraum. Ich sehe gerade noch, wie mein Vater in Tränen ausbricht und zu keinem Wort fähig ist. Mir ergeht es kaum anders. Esme gleicht mehr einem Gespenst als einem 17-jährigen Mädchen. Meine Ungeduld wächst mit jedem Moment des Wartens.

Nachdem Vater das Nebenzimmer verlassen hat, dürfen Serkan und ich zu ihr. Unser Blick trifft sich und schon in dieser Sekunde, bevor nur ein Wort gesprochen worden ist, weiß ich: Das ist meine Esme!

Wir liegen uns minutenlang in den Armen, schweigend, weinend und drücken uns ganz fest. Wir sind wieder das, was wir früher waren – zwei Hälften, die nur gemeinsam ein Ganzes sind.

Nachdem auch Serkan von ihr herzlich begrüßt worden ist, wage ich es, unser Anliegen vorzubringen. Trotz unserer gefühlvollen Begrüßung habe ich immer noch Angst, zurückgewiesen zu werden. »Esme, wir sind gekommen, um dich nach Osmaniye mitzunehmen.«

»Ich darf nicht fort von hier«, erwidert sie. »Meine Tanten haben gesagt, ich darf mit niemandem rausgehen. Erst recht nicht mit Vater. Er ist ein Ungläubiger.«

Für einen Moment habe ich das Gefühl, mit meiner Mutter zu sprechen. Doch das vergeht wieder, denn es ist Esmes Stimme, es sind ihre Augen, mit denen sie in mein Herz blicken kann. Nur wenn wir sprechen müssen, treten all die Missverständnisse und Lügen, die Halbwahrheiten und fremden Traditionen zwischen uns. In diesen Momenten weiß ich nicht, warum Esme so geworden ist. Sie lebt einfach schon zu lange in dieser Welt aus Unfreiheit. Allerdings hat sie auch nicht gesagt: Ich will nicht mit euch gehen. Und das lässt mich hoffen.

Ich drücke Esme wieder an mich, fühle mich viel stärker als sie, will sie trösten, weil sie so schwach ist. Sie erscheint mir unglaublich dünn, richtig mager.

»Bist du gesund?«, frage ich sie.

»Mein Magen«, sagt sie. »Er tut weh. Ich kann kaum etwas essen.«

»Warst du bei einem Arzt?«

Esme schüttelt nur den Kopf. Sie tut mir so unendlich Leid. Warum kümmert sich denn hier niemand um sie? Mein Hass auf die Koranschule erhält neue Nahrung.

Doch jetzt kommt erst mal Papa wieder von den Verhandlungen aus dem großen Empfangsraum zu uns ins Nebenzimmer. Er küsst Esme scheu auf die Wange und kämpft hilflos mit den Tränen. Es gelingt ihm kaum, mit seiner Tochter zu sprechen. Vielleicht weiß er nicht, wie er es anfangen soll oder die Situation überfordert ihn. Er war nie der Papa, der sich um die Gefühle seiner Töchter große Gedanken zu machen schien. Türkische Väter sind nun mal so, denke ich. Sie sollen das Geld verdienen und ansonsten die Kindersorgen den Frauen überlassen. Ich kann ihm eigentlich keine Vorwürfe machen.

Der Anwalt bringt gute Nachrichten: Esme darf tatsächlich mit uns kommen. Für drei Tage. »Sie muss pünktlich wieder hier sein«, betont der Anwalt. Aber das interessiert keinen von uns wirklich. Wir haben gesiegt. Es ist ein kleiner Triumph, zugegeben. 72 Stunden Ausgang sind nicht viel – nach über tausend Tagen, die Esme in diesem Gebäude verbracht hat, das mir wie ein Gefängnis erscheint.

Als Erstes haben wir Esme ins Krankenhaus gebracht, um sie untersuchen zu lassen. Sie hat eine Magenschleimhaut-Entzündung und ernste Kreislaufprobleme, zudem sind ihre Hörprobleme schlimmer geworden. Damit hatte sie schon in Deutschland zu kämpfen gehabt. Weil Mutter sich nicht auskannte und kein Deutsch versteht, hatte sie nichts dagegen unternommen. Inzwischen ist meine Schwester auf einem Ohr fast taub. Medizinische Betreuung, die sie dringend bräuchte, kostet Geld. Und vor allem Zeit. Beides haben wir nicht. Sobald Esme wieder in der Koranschule ist, wird man weiterhin nur dafür sorgen, dass sie den Koran kennt. Wie es ihr geht, ist anscheinend nicht so wichtig.

Vater gibt sich alle Mühe, uns vergessen zu lassen, dass unser kleines Familienglück nur geborgt ist. Mit Ausflügen zu den tausend Jahre alten Burgen, die von den Osmanen rings um Osmaniye erbaut wurden, mit Picknick und Angeln vergeht die Zeit wie im Fluge. Das ist wunderschön.

Dennoch liegt eine eigentümliche Spannung in der Luft. Vater ist oft unbeherrscht und beschimpft Serkan mit hässlichen Worten, wenn der auf Felsen klettert. Für mich ist deutlich, dass er Aufmerksamkeit sucht. »Er will uns doch nur zeigen, dass er schon ein großer Junge ist«, sage ich zu Papa in dem Versuch, zwischen beiden zu vermitteln.

»Hülya geht immer auf andere Leute ein«, befindet Vater und nennt mich »Professorin«, weil ich bereit bin, mit anderen mitzufühlen. Was ihm wohl leider nicht möglich ist.

Wenn Vater nicht dabei ist, erzählen meine Geschwister über sich. Esme vertraut Papa ohnehin nicht, spricht von ihm so, wie Mutter es früher getan hat. Sie bezeichnet ihn als Alkoholiker, obwohl er nichts trinkt. Für sie ist am schlimmsten, dass er ein »Ungläubiger« ist, der nicht betet. Auch mir wirft sie das vor, doch ich bin ihre *abla*, das stille, tiefe Einverständnis zwischen uns entsteht wieder so wie früher.

Aber sie fragt: »Warum trägst du kein Kopftuch?«

Ich rechtfertige mich nicht, sondern erwidere: »Warum trägst du es? Nimm es doch ab! Hier ist keine Tante Sultan oder eine *hodscha*, die dich zwingt, es umzubinden.«

»Es ist mein Schutz«, sagt Esme. Schutz vor den Blicken der Männer, meint sie.

»Die Männer sollen sich gefälligst zurückhalten!«, gifte ich. »Was für ein Unsinn, dass wir Mädchen uns bedecken sollen!« Wir gelangen in diesem Punkt zu keinem Kompromiss. Nur wenn Vater keinen Besuch hat, nimmt Esme das Tuch in der Wohnung ab. Genauso, wie Mutter es früher zu Hause gemacht hat. Esme lässt sich dann sogar von mir fotografieren. Doch auch in diesen Tagen der Freiheit hält meine Schwester peinlich genau den Rhythmus der fünf erforderlichen Gebete ein. Wenn wir zum Beispiel einen Ausflug zu einer der Burgen machen, nimmt sie ihren Gebetsteppich sowie einen Kompass mit, mit dem sie die korrekte Richtung ermittelt und verneigt sich inmitten der Natur gen Mekka, um ihre Suren zu sprechen.

Was sie von ihrem Tagesablauf in der Koranschule erzählt, klingt nach der mir bekannten Eintönigkeit: Morgens um

4 Uhr 30 steht sie auf. Bis sie gegen Mitternacht das letzte der fünf *namaz*, der Pflichtgebete, und unter Umständen noch zwei weitere freiwillige gesprochen hat, gliedert sich ihr Tag fast so wie in meiner Zeit. Mit dem Unterschied, dass meine Schwester viel mehr lernen muss. Bei ihr sind es nicht nur zwei Bücher, die sie kennen muss, sondern mehr als ein halbes Dutzend dicker Wälzer.

»Fällt dir das denn nicht schwer? Also ich habe das wahnsinnig ungern gemacht!«, klage ich.

»Ich will eine *hodscha* werden«, sagt Esme ernsthaft. »Ich lerne wirklich fleißig. Aber es fällt mir immer schwerer. Weil ich so schlecht höre, verstehe ich nicht alles, was die *hodschas* im Unterricht sagen. Deshalb kann ich nicht immer mit dem Lernpensum mithalten.« Wenn sie von der Koranschule spricht, dann benutzt sie das weniger verfängliche Wort »Internat«. Der Stress, unter dem sie dort steht, scheint gnadenlos zu sein: »Wenn ich Koch- oder Putzdienst habe, kann ich nicht gleichzeitig am Unterricht teilnehmen. Aber darauf wird keine Rücksicht genommen. Dann muss ich mir eben von einer Mitschülerin erklären lassen, was dran war und nachlernen.«

Tante Sultan macht ihr das Leben zusätzlich schwer, indem sie Esme sehr kurz hält. Im »Internat« kostet jedoch jedes kleine Extra Geld. Die kleinen Annehmlichkeiten oder Nützlichkeiten des Alltags werden nur samstags im Laden der Koranschule verkauft. Hat man Geld, darf man sich eine Cola oder eine Fanta kaufen. Man muss es nur Tage vorher den *hodschas* mitteilen, damit das Gewünschte besorgt wird. Ebenso, wenn man Toilettenartikel kaufen möchte, Zahnpasta zum Beispiel oder Binden. Sogar Parfüm darf Esme haben, muss jedoch Salz hineinstreuen, damit sich der darin enthaltene Alkohol verflüchtigt. Selbst mit Salz versetztes Kölnisch Wasser, mit dem man sich in der Türkei für gewöhnlich nach dem Essen die Hände abreibt, darf nur benutzt werden, wenn ein Mädchen keinen Mann trifft. Dabei sind die Imame die einzigen Männer, die sie überhaupt zu Gesicht bekommt.

Das Leben eines Mädchens nach den Regeln des Korans ist eine freudlose Existenz unter zahllosen Zwängen. »Willst du denn gar nicht von dort fort?«, frage ich.

Wenn Esme behauptet, sie würde das »Internat« freiwillig besuchen, nur die Bedingungen sollten besser sein, könnte ich verzweifeln. »Wo soll ich denn hin, *abla*? Mutter will nicht, dass ich bei ihr bin und Tante Sultan mag mich auch nicht haben. Also passe ich mich an. Ich habe doch gar keine andere Wahl.«

Ich weiß wirklich nicht mehr, was ich sagen soll. Also lassen wir Themen ruhen, die wir nicht ändern können, und sprechen über Zeiten, in denen wir glücklich waren.

»Der Cannstatter Wasen, weischt noch?« Esme strahlt. Und wenn sie vom Autoskooter fahren und vom Riesenkraken spricht, verwandelt sie sich wieder in das Mädchen von früher, den »ungebändigten« Teenager. Zumindest in unserer Erinnerung. Doch diesen Teenager gibt es nicht mehr; sie haben ihn ihr gründlich ausgetrieben.

»Als wir bei McDonald's waren und dann, als wir den Drachen gekauft haben, im Kaufland, weischt noch?«, sagt Serkan.

»Und Rielingshausen! Die Erdbeerfelder und unsere kleine Quelle, die Frösche dort ... weischt noch?«

Die Tage sind voller: »Weischt noch?« Als gäbe es kein Heute und kein Morgen, sondern nur ein herrliches, sorgenfreies Gestern. 1996 scheinen beide aufgehört haben, zu leben. Weil sie Kinder waren, die sich nicht wehren konnten, wurden sie von Erwachsenen zu einem Weg gezwungen, den sie sich nicht ausgesucht haben. Sie haben wertvolle Jahre ihres Lebens verloren. So kommt es mir vor, wenn ich den beiden zuhöre.

Drei Tage sind schnell vorbei und wir überziehen sogar noch um einen. An meinem letzten Tag mache ich Serkan noch sein Schulbrot fertig und wir verabschieden uns wehmütig.

»Ich will nach Deutschland. Ich will nach Hause«, sagt er. »Hilfst du mir dabei?«

»Ja, klar mache ich das.« Schließlich möchte ich als *abla*, dass meine Geschwister wieder vereint sind. Doch mir ist klar, dass ich mit solchen Versprechen an meine Grenzen stoße.

Es ist schon früher Abend, als Papa und Esme mich zum Flughafen in Adana bringen. Esme fällt mir weinend um den Hals und ich würde sie am liebsten nie mehr loslassen. Irgendwann muss ich es, schon plärrt der letzte Aufruf aus den Lautsprechern. Als ich gehe, steht Esme in ihrem langen Mantel und mit dem Kopftuch verloren in der großen, leeren Abflughalle neben unserem hilflosen Vater, der seine Tochter anschließend im »Internat« abliefern wird.

Wird wieder alles so sein wie vor meinem kurzen Besuch? Oder hat Esme erkannt, dass ich sie niemals vergessen habe, dass ich sie immer nur liebe?

»Ruf mich an!«, schreie ich quer durch den ganzen Flughafen. Jetzt hat sie wenigstens meine Handynummer.

Ich bin viel zu spät dran, der Bus hat die übrigen Passagiere bereits hinaus aufs Rollfeld gefahren. Ein Polizeiwagen bringt mich zu der wartenden Maschine. Es hätte nicht viel gefehlt und ich hätte den Flug verpasst.

Das wäre mir fast lieber gewesen, denke ich während das Flugzeug anrollt und ich aus dem Fenster blicke. Denn ich habe keine Ahnung, wann ich Esme und Serkan wiedersehe und was aus ihnen wird.

Auf eigenen Beinen

Meinem Wissen nach gibt es drei Möglichkeiten, in Stuttgart eine Wohnung zu finden: Man hat Geld wie Heu; aber dann findet man überall eine angemessene Bleibe. Oder man hat sehr viel Geduld; aber dann braucht man gute Freunde, die einem Unterkunft gewähren. Der dritte Weg heißt schlichtweg Glück. In meinem Fall hat es einen Namen: Frau Brunner.

Meine Voraussetzungen als mögliche Mieterin waren wirklich nicht die besten: Ich habe gerade erst einen regulären Job gefunden, nachdem ich meine Kaufmännische Berufsschule abgeschlossen habe und befinde mich in der Probezeit. Außerdem bin ich gerade 21 geworden, Single und meine familiären Wurzeln liegen unverkennbar nicht in Deutschland.

»Ich werde immer pünktlich zahlen und ich bin eine ruhige Mieterin.« So habe ich mich Frau Brunner vorgestellt.

Frau Brunner musterte mich kurz als wäre ich ein Gebrauchtwagen. Und ich bestand ihre Augenschein-Prüfung: »Ich glaube Ihnen, Fräulein Kalkan.« Damit hatte ich den ersten regulären Mietvertrag meines Lebens! Jetzt stehe ich vollends auf eigenen Beinen. Mein Reich am Rande von Stuttgart ist 48 Quadratmeter groß, liegt unterm Dach, es gibt eine winzige Küche, ein ganz kleines Duschbad, einen recht großen Wohnraum und ein bescheidenes Schlafzimmer. Für manchen wäre das vielleicht nur ein kleines Apartment, ich bin jedoch sehr stolz auf dieses Stück Unabhängigkeit. So viel Platz wie jetzt hatte ich noch nie in meinem Leben.

Da ich Sinnsprüche liebe, habe ich eine ganze Reihe davon an die Wände gehängt. Einer meiner liebsten heißt: »Drei Wünsche – die Gelassenheit, alles das hinzunehmen, was nicht zu ändern ist, die Kraft zu ändern, was nicht länger zu ertragen ist und die Weisheit, das eine vom anderen zu unterscheiden.« Unter dieses Motto will ich mein neues Leben stellen.

Mein kleines Nest unterm Dach soll nicht nur für mich alleine da sein. Das entspringt nicht nur türkischer Tradition, der zufolge man stets ein Bett für Gäste bereithalten muss. In meinem Fall steht fest, wer diese Gäste sein werden: Esme und Serkan! Auch, wenn es vielleicht noch eine Weile dauern wird, bis es so weit ist. Noch sind das Zukunftsträume. Heute wird erst mal Einweihung gefeiert.

Aus meiner alten WG habe ich Elif und meine andere einstige Mitbewohnerin eingeladen. Die Sozialpädagoginnen, die mir vor drei Jahren die Flucht vor meiner Familie ermöglicht haben, sind zu Freundinnen geworden. Und noch ein paar andere Frauen sind gekommen. Es ist eine gemütliche kleine Feier, bei der meine Küche eingeweiht wird. Natürlich reden wir viel über die Vergangenheit und immer wieder tauchen in den Erzählungen meiner Freundinnen die Männer auf, die uns Frauen »bändigen« wollen. Die Väter, die Brüder, die Onkel, die Cousins. In diesem Punkt habe ich Glück. Meine männliche Verwandtschaft hat meinen unbedingten Willen zur Unabhängigkeit akzeptiert. Die Einzige, die bei uns auf die Fortschrittsbremse tritt, ist nach wie vor Mutter. Ich gebe allerdings nicht auf, sie immer wieder an die Moderne heranzuführen!

Womit ich nicht überall auf Verständnis stoße. »Warum lässt du diese Frau« – meine Freundinnen haben meine Bezeichnung für Mutter übernommen – »nicht einfach in Ruhe? Du kannst sie doch nicht ändern.«

»Was die dir alles angetan hat!«

»Leb doch einfach dein Leben!«

Ich halte meinen Freundinnen entgegen: »So einfach ist das nicht. Zum einen werde ich Mutter irgendwann brauchen, um meine Geschwister aus der Türkei zu holen. Zum anderen …« An dieser Stelle fällt es mir schwer, die richtigen Worte zu finden. So sage ich schlicht: »Sie ist die einzige Verwandte, die ich hier habe und letzten Endes meine Mutter.«

Einige meiner Freundinnen verdrehen dann die Augen, denn jede von ihnen weiß, was sie mir, Esme, Serkan und nicht zuletzt Hakan angetan hat. Hakan hat gerade wieder Ärger mit der Polizei. Uns allen ist klar, dass er keine Wurzeln schlagen kann, weil er als Kind so schlecht behandelt worden ist. Andere Freundinnen fühlen genauso wie ich: Wir wollen unsere Eltern lieben, leiden aber unter den konservativen Einstellungen der Älteren, die nicht wie wir mit der deutschen Kultur groß geworden sind. Mit den Kindergärten, den Schulen, den Ausbildungsplätzen. Und den gleich gesinnten Freundinnen, Migrantenkindern wie wir, die einen Kompromiss aus zwei Kulturen schließen mussten, um einen eigenen Weg zu finden.

Ich will nach vorn blicken, eben, »um zu ändern, was nicht länger zu ertragen ist«. Meiner Meinung nach habe ich bei Mutter durchaus Erfolg. Wer traditionell eingestellte türkische Mütter nicht kennt, mag über meine winzigen Siege lächeln. Für mich sind es kleine Meilensteine. Zum Beispiel neulich der Besuch mit ihr im Café.

»Komm einfach mit«, habe ich gesagt. »Es gibt dort Kuchen. Ich lade dich ein.« Sie liebt jede Art von Kuchen, egal ob türkischen oder deutschen. Dann sind wir beide zu dem kleinen Bäckereicafé in Ludwigsburg gegangen. Mutter konnte schon von der Straße aus durch die Scheibe sehen, dass dort nur ältere, seriöse Leute saßen. Keine Penner und Säufer, die Alkohol trinken, wie sie immer vermutet hatte. Sie ist mir hinein gefolgt und wir haben ganz normal Kaffee und Kuchen genossen.

Mutter sah sich scheu um und dann kam sie zu dem Schluss: »Ja, ja, ich seh schon. Es ist doch nicht so schlimm.«

Ihrerseits versuchte Mutter durchaus Schritte in meine Richtung. Sie machte mir teure Geschenke. Mal einen Küchenmixer, mal eine Nähmaschine. Dinge, die ihr wertvoll erscheinen für eine junge Frau. Dass diese Haushaltsgeräte nicht zu meinem Lebensstil passen, kann ich ihr nicht vorwerfen. Sie denkt nun mal in ihren eigenen Dimensionen.

Viel wichtiger ist es, dass sie begreift, dass mein Beharren auf eine Ausbildung richtig war. Weniger meinetwegen, obwohl es mir durchaus gut tut, über ihren Starrsinn gesiegt zu haben. Mir geht es um Esme, die keine Ausbildung hat und nach wie vor im »Internat« lebt. Wenn sie einmal hier ist, soll Mutter sie dabei unterstützen, eine Ausbildung machen zu können. Damit Schluss ist mit dem Nerven aufreibenden Gezeter, was Mädchen alles dürfen und was nicht. Also zeige ich Mutter, dass ich Erfolg habe.

Mein Arbeitsplatz liegt mitten in Stuttgart, ausgerechnet schräg gegenüber vom Ausländeramt. Ich bin seit kurzem städtische Angestellte und arbeite für das »Forum der Kulturen«. Dessen Aufgabe ist es, die Stuttgarter auf die verschiedenen Aktivitäten nichtdeutscher Vereine hinzuweisen, auf die Künstler, die aus anderen Ländern stammen und in Stuttgart ein Zuhause gefunden haben, auf die Konzerte, Veranstaltungen und Festivals. Das ist genau die Arbeit, die mir Spaß macht und mich herausfordert, weil ich dadurch mit vielen Menschen zusammentreffe, die wie ich in Deutschland eine Heimat suchen und gefunden haben. Ich bin so neugierig auf die Kultur Indiens oder die stolzen Tänze der Spanierinnen! Bei Treffen, an meinem Computer, über das Telefon kann ich all das nicht nur kennen lernen, sondern auch helfen, es zu fördern und zusammenzubringen, damit sich die Kulturen gegenseitig bereichern.

»Du arbeitest am eigenen Computer?«, fragt Mutter und starrt die Wundermaschine an. Viel mehr sagt sie nicht, aber an ihrem zurückhaltenden, nach innen gekehrten Lächeln sehe ich, dass sie ein wenig stolz ist. Ihre Tochter arbeitet hier und nicht wie sie in einer Fabrik, in der man sich beim Salat- rupfen kalte, feuchte Füße holt und die Beine vom stunden- langen Stehen schmerzen. Ich habe ihr vor Augen führen können, dass sich die Anstrengung gelohnt hat.

»Und ich verdiene mein eigenes Geld. Wenn ich einmal hei- rate, bin ich von meinem Mann unabhängig«, sage ich. Ich erwähne nicht, dass ich meine *çeyiz*, meine mühselig in der Türkei gehäkelte Aussteuer, nicht mehr brauche. Wenn ich heirate, dann bringe ich das mit in die Ehe, was ich mir bis da- hin an Selbstständigkeit aufgebaut habe. Aber der Tag wird kommen, an dem Mutter auch das begreift. Der Spruch an der Wand meiner neuen Wohnung fordert auch Gelassenheit. Ich habe ihn aufgehängt, weil ich einsehe, dass ich genau diese Geduld brauche.

»Ich weiß nicht«, sagt eine meiner Freundinnen, mit der ich gerade die Wohnungseinweihung feiere, »hast du wirklich so viel Geduld, Hülya? Ich meine, was du in den letzten drei Jah- ren erreicht hast, hat eigentlich weniger mit Geduld als mit Ungeduld zu tun. Neben deiner Berufsschule hast du mehr Praktika gemacht als manche von uns, du hast mit Aushilfs- jobs Geld verdient und außerdem hast du inzwischen einen Führerschein.«

»Ja,« erwidere ich, »da hat Mutter ganz schön gestaunt. Das war das Einzige, was sie auch immer wollte – einen Führer- schein.« Doch für die theoretische Prüfung ist ihr Deutsch zu schlecht. Aber ich weiß, was meine Freundin meint: Ich habe ein ziemliches Tempo vorgelegt. Mit Ungeduld hat das weni- ger zu tun, finde ich. Ich möchte mich einfach nur in diesem Land behaupten können, in dem ich lebe. Dazu gehört, dass man in unserem Alter einen Führerschein besitzt. Ebenso wie eine Ausbildung. Ich bin Deutsche und ich denke so. Warum sollte ich es anders machen? Nur, weil ich türkische Eltern habe? Das wäre doch Unsinn; ich bin ein Teil der Gesellschaft, in der ich lebe.

Mit meinen türkischen Wurzeln muss ich mich versöhnen. Mit Mutter bin ich dazu auf einem guten Weg. Zu den kleinen Schritten, mit denen wir uns aufeinander zu bewegen, gehört auch, dass ich mit Mutter wieder über meine Geschwister sprechen darf. Aber richtig verzeihen kann ich Mutter erst, wenn meine Geschwister wieder hier in Deutschland sind.

Ich mache mir zunehmend um Esmes Gesundheit Sorgen. Im Moment sieht es danach aus, dass sie die Koranschule verlassen muss, weil sie im Unterricht nicht mehr mitkommt. So sehr ich auch gegen diese Schule eingestellt bin, so stark leide ich mit Esme. Für sie wäre ihr Ausscheiden nach so vielen Jahren anstrengenden Lernens eine schwere Enttäuschung.

»Wenn ich etwas mache, dann richtig. Ich will eine *hodscha* werden und mich nicht nur etwas mit dem Koran auskennen.« Das ist ihre Einstellung, die ich respektieren muss. Nachdem ihr keine andere Wahl geblieben war, hat diese Disziplin geholfen, sich in ihr Los zu fügen.

Falls Esme an der eigenen Gesundheit scheitert, wäre das natürlich auch ein Rückschlag für Mutter. Ihr großer Traum wäre geplatzt: Keines ihrer vier Kinder würde ein *hodscha* werden.

»Wo soll Esme denn leben, wenn sie nicht mehr die Koranschule besucht?«, fragte ich Mutter bei unserem letzten Treffen.

»Bei Tante Sultan«, antwortete sie wie selbstverständlich.

Während ich jetzt hier mit meinen Freundinnen meine neue Wohnung feiere, bin ich gedanklich schon damit beschäftigt, sie wieder umzuräumen. Damit Esme Platz hat.

Bei Tante Sultan wäre sie in denkbar schlechten Händen:

Mein Schwesterchen ist mittlerweile 18. Ein gefährliches Alter für ein unverheiratetes Mädchen in der Türkei.

Eine Familiensache

Letztes Weihnachten habe ich meine Geschwister zum zweiten Mal seit ihrer Verschleppung in der Türkei besucht. Dieses Wiedersehen war traurig. Seitdem weiß ich, dass es höchste Zeit wird, dass die beiden nach Deutschland zurückkehren. Esme war noch kränker als bei meinem vorhergehenden Besuch; sie spuckte Blut. Sie hat gewiss ein Magengeschwür. Vielleicht ist daran auch die Koranschule Schuld: Esme sagte, dass sie dort nie mehr als vier bis fünf Stunden Schlaf bekommt. Dieses ständige Lernen unter Stress kann nicht gesund sein.

Tante Sultan, die für Esmes »Wohlergehen« die Verantwortung trägt, konnte ich nicht zur Rede stellen. Ehrlich gesagt, habe ich nach wie vor Angst vor ihr. Sie sollte nicht einmal erfahren, dass ich im Land war. Ich befürchte immer noch, sie könnte sich an mir rächen, weil ich sie belogen habe. Ein paar Wochen nach meinem Besuch hat Esme die Koranschule für immer verlassen. Natürlich hat Tante Sultan sie bei sich aufgenommen. Ich darf dort zwar mit Mutters Erlaubnis anrufen, aber es sind sehr zähe Gespräche, denn Sultan überwacht jedes Wort.

Vater fällt mittlerweile als Hilfe komplett aus; er hat wieder geheiratet. Seine neue Frau, meine Stiefmutter, habe ich auch kennen gelernt. Sie ist zwölf Jahre jünger als mein Vater, eine stille Frau vom Land. Sobald sie das Haus verlässt, bindet sie sich ein Kopftuch um. Die beiden sind vollauf damit beschäftigt, sich eine neue Existenz aufzubauen. Kurz nach meiner Abreise wurde außerdem unser Halbbruder geboren. Vater ist sehr stolz; er hat eine neue Familie. Serkan lebt weiterhin bei ihnen in der kleinen Wohnung in Osmaniye.

»Für einige Jahre ist mein Bruder dein *emanet*«, habe ich zu meiner Stiefmutter gesagt, bevor ich gegangen bin. »Behandle ihn so, wie du willst, dass man einmal dein Kind behandelt. Denn du weißt nie was geschieht. Auch er könnte einmal von einer Stiefmutter aufgezogen werden.«

»Wir werden wie Freunde sein«, hat sie geantwortet.

Aber ich konnte sehen, dass diese junge, damals obendrein hochschwangere Frau nicht mit einem knapp 14 Jahre alten Jungen umgehen kann, der sich ständig selbst beweisen will. Sie schreit ihn an, Vater ist ruppig zu ihm.

»Warum kannst du mich nicht nach Deutschland holen?«, flehte Serkan mich an.

Nach meiner Rückkehr träumte ich wieder von ihm. Es war dieser schreckliche Alptraum, in dem ich ihn draußen beim Spielen vergessen hatte. Ich traf mich mit Mutter und erzählte ihr alles.

»Was? Dein Vater hat wieder geheiratet?« Sie war total entsetzt. Dass Serkan obendrein von einer fremden Frau erzogen wird, kann sie überhaupt nicht ertragen. Es war ihr ohnehin schon all die Jahre über ein Dorn im Auge gewesen, dass Serkan bei seinem »ungläubigen« Vater lebte. Gleich im Januar wurde sie aktiv: Sie machte sich ganz allein auf zum Ausländeramt und sprach dort vor. In Stuttgart gibt es eine Stelle, in der türkische Mitarbeiter arbeiten. Denen konnte sie ihr Anliegen schildern.

»Das heißt Familienzusammenführung«, teilte sie mir bei einem meiner nun wieder häufigeren Besuche in ihrer Wohnung mit. »Das ist nicht so schwierig«, sagte sie. »Serkan ist noch minderjährig. Hier ist dieser Antrag. Du musst ihn ausfüllen.« Ich machte mich sofort an die Arbeit und steckte alles in einen Umschlag, den ich mit Vaters Adresse versah. Mit den Papieren musste Serkan nach Ankara zur deutschen Botschaft, die sie dann nach Rücksprache mit dem Regierungspräsidium Stuttgart bearbeitet.

Von Osmaniye nach Ankara sind es zwar fast 600 Kilometer, aber die Überlandbusse fahren regelmäßig von den Busbahnhöfen ab. Mutter rief einen Verwandten in Ankara an, damit er Serkan durch die Großstadt lotste. Da Serkan mit seinen inzwischen einsfünfundachtzig wie ein junger Mann wirkt, hielt ich das Risiko für vertretbar, ihn auf eine so weite Reise zu schicken. Ich ging von Anfang an davon aus, dass Vater seinen Sohn wohl kaum begleiten würde. Und behielt leider Recht.

Wenn alles gut geht, kann Serkan in wenigen Monaten tatsächlich bei uns sein. So hat man es Mutter zumindest gesagt. Das wäre endlich mal eine gute Nachricht. Wenngleich darin auch eine gewisse Ironie liegt: Vor viereinhalb Jahren hatte diese Mutter ihren Sohn in eine ihm fremde Heimat geschickt und nun muss sie um Erlaubnis bitten, ihn wiederholen zu dürfen.

Mir ist nicht ganz wohl, wenn ich daran denke, wie schwer Serkan es haben wird, sich erneut in Deutschland einleben zu müssen. Mutter hat kaum Zeit für ein Kind: Sie arbeitet von morgens früh bis spät abends. Der Weg zu ihrer Arbeitsstelle allein dauert jeweils anderthalb Stunden. Sie weiß auch gar nicht, auf was sie sich einlässt: Serkan ist kein kleiner Junge mehr! Und sie hat ihn die ganzen Jahre über nicht gesehen, da sie keinen Kontakt mit ihrem Ex-Mann haben will. Mein Bruder allerdings wird sehr viel Zuwendung und Hilfe brauchen, sobald er erst mal hier ist. Deshalb überlege ich ernsthaft, ob ich Serkan nicht besser zu mir nehme, damit er sich eingewöhnen kann.

»Wir Kinder sind die eigentliche Familie.« Dieser Spruch gilt bis heute und je mehr ich darüber nachdenke, umso überzeugter bin ich, dass ich ihn wieder wahr machen muss. Vorsichtig natürlich, denn so ganz geheuer ist Mutter mein Lebenswandel nach wie vor nicht.

Esme wohnt inzwischen tatsächlich bei Tante Sultan und Onkel Ahmet. Aber ich kann sie dort ebenso wenig anrufen wie zuvor in der Koranschule. Mutters Verwandte würden einfach auflegen, wenn ich dran bin. Ich muss warten, bis meine Schwester sich meldet. Das ist nur möglich, wenn sie mit ihrer Cousine allein zu Hause ist. Dann rufe ich sie zurück. Was ich von ihr erfahre, ist niederschmetternd. Sie kann kaum noch etwas essen, weil sie solche Magenprobleme hat. Ihre Unterernährung hat wiederum eine Kreislaufschwäche zur Folge.

»Serkan kommt nach Deutschland«, sage ich und frage sie: »Soll ich dich auch holen?«

Sie lacht nur ungläubig: »Wie willst du das machen? Das geht doch gar nicht. Tante Sultan lässt mich nicht gehen.«

»Wahrscheinlich nicht«, gebe ich zu. »Aber mein Verhältnis zu Mutter ist besser geworden. Vielleicht sagt sie ihrer Schwester, dass du zurückkommen sollst.«

»Ich glaube nicht, dass das klappt«, erwidert Esme resigniert.

»Was tust du denn den ganzen Tag bei Tante Sultan?«, frage ich.

»Nichts«, sagt sie. »Ich sitze zu Hause. Ich darf allein nicht raus. Du weißt ja, wie das hier ist, wenn man in meinem Alter nicht verheiratet ist. Keinen Schritt darf ich allein machen. Ich stricke und nähe. Manchmal schaue ich fern oder aus dem Fenster. Die Tante schreibt sogar jetzt noch vor, was ich anziehen muss. Und ich darf nie sagen, was ich möchte.« Im Hintergrund höre ich eine Türe schlagen. »Ich muss Schluss machen. Tante Sultan kommt nach Hause. Tschüs!« Dann legt sie sofort auf.

Ich bespreche mich mit meiner Freundin Elif. Sie wird richtig wütend: »Stell dir mal vor, du musst so leben! Also ich würde krank und depressiv werden.«

»Ja,« gebe ich zu, »so klang sie auch.«

In meinem Kopf schwirrt das Wort »Familienzusammenführung« herum. Kann man das nicht auch auf Esme anwenden?

Als ich mich wieder mit Mutter treffe, bringe ich das Gespräch allmählich auf die Notwendigkeit, dass Frauen einen Beruf brauchen. Inzwischen ist sie völlig meiner Meinung. Ich sehe meine Chance gekommen: »Esme sitzt bei Tante Sultan nur herum. So wird sie niemals zu einem Beruf kommen. Wäre sie dagegen hier in Deutschland, könnte sie eine Ausbildung machen.«

Mutter sieht mich nachdenklich an. »Ja, sie könnte Friseuse werden.«

In diesem Augenblick ist es nebensächlich, dass ich denke: Heutzutage wird wohl jedes dritte Mädchen Friseuse. Außerdem müsste Esme erst mal ihre Schule beenden; ihr fehlen noch drei Schuljahre. Das wäre für Mutter alles zu kompliziert und würde dazu führen, dass sie Esme bei der Tante lässt.

Jetzt ist nur eines wichtig: Mutter gibt mir zu verstehen, dass Esme nach Hause kommen darf! Das ist die heiß ersehnte Wendung zum Guten!

»Ich kann ja mal zum Ausländeramt gehen und fragen, ob wir einen Antrag auf Familienzusammenführung stellen können.« Ich klinge ganz bewusst sehr gelassen. Sie soll bloß nicht das Gefühl bekommen, ich würde mich zu sehr engagieren. Im Moment ist Mutters Kooperationsbereitschaft nichts als ein Silberstreif am Horizont.

»Ja, das kannst du mal machen«, sagt sie. Und mein Herz pocht vor Aufregung.

Am nächsten Morgen, noch bevor ich zur Arbeit im »Forum der Kulturen« gehe, betrete ich die Behörde. Ich war schon ein paar Mal dort, zuletzt, als ich meinen türkischen Pass abgegeben habe. Diesmal ist allerdings eine ganz andere Stelle zuständig. Schließlich stehe ich vor einem langen Tresen, hinter dem zwei oder drei Sachbearbeiterinnen sitzen.

»Ich möchte meine Schwester aus der Türkei zurückholen. Sie ist dorthin unfreiwillig abgeschleppt worden. Was kann ich da machen? Wo kann ich einen Antrag auf Familienzusammenführung stellen?«, frage ich.

»Wie alt ist denn Ihre Schwester?«

»18.«

»Das ist dann nicht unser Problem, wenn Ihre Schwester verschleppt wurde. Das ist eine Familiensache. Da können wir Ihnen nicht helfen.«

Sprachlos blicke ich in die unbeteiligt wirkenden Gesichter dieser deutschen Frauen, die nicht die Spur von Mitleid ausdrücken. Es ist ihnen egal. Und ich hatte so gehofft, dass sie als Frauen verstehen würden, wie sehr meine Schwester leidet. Mit dieser Reaktion hatte ich wirklich nicht gerechnet!

So einfach gebe ich nicht auf: Ich suche die Frauenbeauftragte der Stadt Stuttgart auf. Das Ergebnis ist enttäuschend: »Ich kann Ihnen nicht helfen, aber ich wünsche Ihnen viel Glück.« Die Stadt Stuttgart hat auch eine Integrationsbeauftragte. »Ich kann leider nichts für Sie tun, Frau Kalkan«, lautet die Antwort auf mein Anliegen. In der Hoffnung, diesmal beim Ausländeramt auf freundlichere Mitarbeiter zu stoßen, spreche ich dort erneut vor – mit dem gleichen negativen Ergebnis. Nun probiere ich es bei Amnesty International, aber die erklären sich sofort für nicht zuständig. Interessiert sich denn niemand für ein Mädchen, das gegen seinen Willen von

Deutschland in die Türkei verschleppt wurde und dort fest-
gehalten wird?

Über die Sozialpädagogin, mit der ich mich in Zeiten meiner WG angefreundet habe, gelange ich schließlich an einen
Mädchentreff für junge Ausländerinnen und bringe in Erfahrung, dass es eine Fachstelle für Migration gibt. Dort sitzt mir
endlich eine ausgesprochen freundliche Frau gegenüber, die
sich meine Sorgen um Esme geduldig anhört.

»Das ist sehr schwierig, was Sie vorhaben«, sagt Frau Hölzer. »Mit einem Antrag auf Familienzusammenführung ist
da nichts mehr zu machen, weil Ihre Schwester zu alt ist. Das
geht nur, solange sie nicht älter als 15 ist.«

· Mir fährt ein Schreck in die Glieder: Da haben wir in Serkans Fall noch mal Glück gehabt. »Aber es muss doch für
Esme einen Ausweg geben!«, sage ich ganz verzweifelt.

»Natürlich«, erwidert Frau Hölzer wohlwollend und nimmt
ein griffbereit auf dem Schreibtisch liegendes Gesetzbuch zur
Hand. Das ich allerdings zum ersten Mal sehe: Das deutsche
Ausländergesetz. Sie blättert nur sehr kurz darin. »Hier,
Paragraf 16. Der ist für Esmes Fall anzuwenden.« Frau Hölzer hält mir das taschenbuchgroße Gesetzeswerk hin, damit
ich selbst lesen kann, was da steht.

Dazu bin ich viel zu aufgeregt. »Lesen Sie's mir lieber vor«,
bitte ich.

Frau Hölzer kennt die Vorschriften auswendig; Esme ist
nicht ihr einziger Fall. Sie fasst zusammen, was ich nach dem
zu diesem Zeitpunkt geltendem Recht wissen muss: Meine
Schwester muss sich acht Jahre lang rechtmäßig in Deutschland aufgehalten und hier sechs Jahre lang die Schule besucht
haben. »Dann kann Ihre Schwester bei der deutschen Botschaft in Ankara einen Antrag zur Wiedereinreise stellen«,
schließt Frau Hölzer.

Mein Gedächtnis arbeitet auf Hochtouren. »Das trifft auf

jeden Fall zu!«, rufe ich schließlich erleichtert. »Sie hat zuletzt die siebte Klasse besucht!«

»Sie scheinen doch noch Glück zu haben«, beruhigt mich Frau Hölzer.

»Ja«, sage ich erleichtert, »es hätte mich auch gewundert, wenn Esme nicht wieder nach Deutschland dürfte. Schließlich ist sie hier geboren und aufgewachsen. Hier ist ihre Heimat.«

Die freundliche Sachbearbeiterin sieht mich nachsichtig an: »Wissen Sie, das allein ist noch kein Grund dafür, dass Esme hier auch auf Dauer bleiben kann. Letzten Endes geht es dem Gesetzgeber darum, ob sie auch in Deutschland integriert worden ist.«

»Aber ja«, bestätige ich leichthin, »davon können Sie ausgehen. Bevor Esme verschleppt wurde, war sie eine der Besten ihrer Klasse.«

»Jetzt müssen Sie nur noch belegen, was Sie mir gesagt haben.«

»Und wie mache ich das?«

»Sie besorgen sich eine Geburtsurkunde Ihrer Schwester und gehen zu der Schule, die Esme besucht hat und lassen sich schriftlich geben, dass sie dort war«, erklärt mir Frau Hölzer. Das klingt alles sehr einfach. »Ach, da ist noch etwas«, ergänzt Frau Hölzer. »Wenn Ihre Schwester den Antrag abgibt, muss sie eine Erklärung von Ihnen beilegen, dass Sie sich fünf Jahre lang verpflichten, für Sie zu sorgen. Das heißt, Sie müssen ein regelmäßiges Einkommen und eine angemessen große Wohnung haben.«

»Das ist das geringste Problem von allen!«, sage ich und freue mich, dass ich mir eine so große Wohnung genommen habe.

Erleichtert verlasse ich ihr Büro und gehe erst mal arbeiten. Doch während ich meine täglichen Anrufe und Schreibarbeiten verrichte, geht mir das Gespräch nicht aus dem Kopf:

Esme war nicht nur in einer Schule, sie war in einer ganzen Reihe davon. Ich nehme Zettel und Papier und beginne Esmes Lebenslauf aufzuschreiben. Erst jetzt wird mir bewusst, wie oft wir tatsächlich umgezogen sind. Und ich rechne nach: Von ihren 18 Lebensjahren hat Esme neun in der Türkei verbracht! Das ist wirklich unglaublich – plötzlich stelle ich fest, dass meine geliebte Schwester ihr halbes Leben lang von mir getrennt gewesen ist! Und das, weil unsere Mutter ihre Kinder hin und her geschickt hat wie andere Leute es mit Paketen machen.

Auf den Spuren meiner Schwester fahre ich in den folgenden Tagen in all die Orte, in denen meine Familie gelebt hat. Ich klappere Esmes einstige Schulen ab und trage mein Anliegen höflich vor. Manchmal werde ich gebeten, einen schriftlichen Antrag zu stellen, eine Schule verlangt auch eine Gebühr. Von nichts lasse ich mich abschrecken.

In kurzer Zeit habe ich alles zusammengetragen und bin guten Mutes: Esme ist sechseinhalb Jahre lang in Deutschland zur Schule gegangen. Stolz auf meine Detektivarbeit bringe ich meinen kleinen Berg von Papier zu Frau Hölzer, die wieder sehr zuvorkommend ist. Sie beugt sich lange über die Zeugnisse und Bescheinigungen, nimmt einen Stift und rechnet.

Nun blickt sie mich sehr ernst an. »Fräulein Kalkan, es tut mir Leid. Aber ich komme nicht auf die erforderlichen sechs Jahre Schule. Ich habe es jetzt zweimal ausgerechnet. Aber wir können es gern noch mal gemeinsam probieren.«

Wir stecken die Köpfe zusammen und rechnen. Mit aufkommendem Entsetzen stelle ich fest: Frau Hölzer geht ganz anders vor als ich! Die Expertin fürs Heimkehren klammert einfach die Schulferien aus ihrer Berechnung aus. Und dann ist das Ergebnis niederschmetternd!

»Sehen Sie, es sind nur fünfeinhalb Jahre«, folgert Frau Hölzer. »Das reicht nicht.«

Von der Heimat ausgesperrt – wegen eines halben Jahres Schulferien? Ich sacke innerlich zusammen. »Das kann nicht wahr sein! Heißt das, Esme darf nie wieder nach Deutschland?«

»Doch natürlich. Wenn sie ein Visum bekommt, kann sie zu Besuch kommen. Wie alle Einwohner von Nicht-EU-Ländern.«

»Aber Esmes Heimat ist Deutschland!«

»Gesetz ist Gesetz und diese beiden Kriterien müssen erfüllt werden«, sagt Frau Hölzer.

Ich raffe meinen Papierkram zusammen und gehe wie betäubt davon.

In letzter Zeit lese ich sehr viel und schreibe mir Sätze aus Büchern heraus, die mir gefallen. Bei Hermann Hesse, dessen *Siddharta* ich liebe, habe ich die Formulierung gefunden: »Man muss das Unmögliche versuchen, um das Mögliche zu erreichen.« Hesse war ein kluger Mann, denke ich mir. Er wird schon gewusst haben, worüber er geschrieben hat. Also sollte ich meinen Lieblingsschriftsteller vielleicht beim Wort nehmen!

Als ich mich wieder mit Mutter treffe, erwähne ich nicht die Probleme, vor denen wir stehen. Ich versprühe stattdessen Hoffnung: »Ich habe alles zusammen für Esmes Antrag. Das müssen wir jetzt in die Türkei schicken. Rufst du Tante Sultan an und sagst ihr, dass ich einen dicken Umschlag an sie sende, mit dem Esme dann zur deutschen Botschaft in Ankara gehen muss?«

Mutter stellt keine weiteren Fragen. Das Experiment kann beginnen. Ich bringe den Brief zur Post, gebe ihn als Einschreiben auf. Für Esme habe ich eine Art »Gebrauchsanweisung« beigelegt und Geld. Denn sie muss den weiten Weg von Mersin bis zur türkischen Hauptstadt zurücklegen. Das kann sie natürlich nicht ohne männlichen Schutz: Eine allein reisende junge Frau ist in der Türkei Freiwild. Jemand muss sie begleiten. Und das wird Serkan sein, der das schon vor einem Monat erfolgreich geschafft hat. Der Verwandte in Ankara hatte ihn empfangen und bei sich wohnen lassen.

Serkan ist glücklich, innerhalb so kurzer Zeit erneut nach Ankara reisen zu dürfen. Als ich am Telefon alles mit ihm abgesprochen habe, erzählt er: »Das war sehr abenteuerlich. Ich musste drei Tage lang warten, bis ich an die Reihe kam. Die Leute campen und kochen auf der Straße vor der Botschaft.« Dann höre ich ihn kichern. »Inzwischen weiß ich, wie man die Wartezeit abkürzen kann. Man braucht nur etwas Geld, dann kann man sich einen Platz weiter vorn in der Schlange von jemandem erkaufen, der schon früher da war.«

Kleiner Bruder? Von wegen, denke ich, der musste ganz schön schnell erwachsen werden. »Sobald du Esme in Mersin abholst, rufst du mich an. Und wir bleiben stets in Kontakt, wenn ihr dann unterwegs seid«, schärfe ich ihm dennoch ein. Ich bin nun mal seine *abla*. Selbst, wenn ich dem »Kleinen« seine ältere Schwester anvertrauen muss, damit er sie beschützt. Was für eine verdrehte Welt!

Mir bleibt erst mal nichts anderes als Warten und Hoffen. Hoffen, dass Tante Sultan den Brief nicht sofort kassiert, weil sie Esme nicht gehen lassen will. Hoffen, dass die Reise gut geht. Hoffen, dass der Antrag akzeptiert wird. Ich weiß, es ist ein bisschen viel, das mit Hoffnung verbunden ist. Aber ich bin Hesse-Fan. Mal sehen, ob mein literarisches Idol Recht hat …

Der Heimkehrer

Wie gut, dass es Handys gibt. Sie funktionieren sogar im Süden von Italien. Dorthin bin ich mit einer Freundin gefahren, um eine Woche Urlaub zu machen. Auch hier ist zwar erst Frühling, aber es ist viel wärmer als in Deutschland. Wir sitzen gerade in einer Pizzeria, das Essen ist lecker, die Laune bestens. Da läutet das Telefon in meiner Handtasche.

»*Abla*, ich bin's, Serkan. Ich bin im Gefängnis. Kannst du mich hier rausholen?«

»Du bist im Gefängnis? Wo?«

Meiner Freundin fallen vor Schreck die Augen aus dem Kopf. Ich reagiere nur noch reflexartig.

»In Osmaniye. Die Gendarmen beschuldigen mich ganz vieler Dinge, die ich alle nicht gemacht habe«, sagt Serkan.

»Aber irgendetwas musst du doch angestellt haben, Serkan!«

»Ich bin mit einem Kumpel, mit dem ich auf der Straße lebe, in einen Laden eingebrochen. Da sind wir erwischt worden.«

Das sind zwei schlechte Nachrichten auf einmal! »Wieso lebst du auf der Straße?«

»Papas neue Frau hat mich rausgeschmissen.«

In mir steigt maßlose Wut auf. Was für einen Vater haben wir eigentlich? Kann der sich denn nie gegen seine Frauen durchsetzen? Muss der seine Kinder stets im Stich lassen?

Ich bin wie vor den Kopf geschlagen und kann kaum sprechen.

»*Abla*, bist du noch dran? Die Gendarmen haben mich geschlagen. Ich habe jetzt alles gestanden. Auch das, was ich nicht getan habe. Damit sie mich nicht mehr prügeln und beschimpfen und damit ich dich anrufen kann.« Obwohl seine Situation so miserabel ist, klingt Serkan sehr gefasst. Ich weine nie mehr – so hatte er es beschlossen, als er neun war.

Mein Gott! Und ich dachte, jetzt würde alles glatt gehen. Er hatte Esme doch so brav nach Ankara begleitet, wo sie ihren Antrag auf Wiedereinreise stellen konnte. Jetzt müssten beide bloß noch auf ihre Visa warten und dann wäre zumindest Serkan sehr bald wieder in Deutschland. Bei Esme ist die Sache leider nicht so klar, fürchte ich.

Ich zwinge mich zur Ruhe. »Ich muss nachdenken, Serkan. Beschreib genau, wo du bist und ich werde versuchen, dass ich dich da so schnell wie möglich rausholen kann.« Hektisch suche ich einen Stift aus meiner Tasche, notiere die Rufnummer und die Adresse der Polizeistation. Und dann ist das Telefonat auch schon vorüber. Ich sitze mitten in dem schönen Restaurant am Südzipfel von Italien und starre ins Leere. Hatte ich einen Alptraum?

Meine Freundin holt mich zurück in die Wirklichkeit: »Was war jetzt das?« Ich erzähle ihr, was ich soeben erfahren habe. »Wieso verprügelt die Polizei deinen Bruder? Er ist doch noch ein Kind!«

»Ach, das kümmert die doch nicht! Weißt, in der Türkei macht es sich die Polizei manchmal einfach. Wenn sie einen Schuldigen haben, dann hängen sie dem gleich noch was an. Damit das auch klappt, beleidigen sie die Festgenommen oder schlagen zu. So kommen sie zu ihren Geständnissen und klären ganz schnell viele weitere Verbrechen auf.«

Meine Freundin ist Deutsche. Sie ist schockiert. »Das ist ja furchtbar. Was kann man denn da machen?«

»Ich weiß es nicht. Auf alle Fälle braucht mein Bruder einen Anwalt, der ihm beisteht.«

»Warum hilft ihm denn nicht euer Vater?«

»Keine Ahnung«, sage ich kraftlos. Dann breche ich in Tränen aus.

Mein Vater sieht die Schwierigkeiten meines Bruders natürlich ganz anders. Nach seinen Worten hat Serkans Stiefmutter ihn keineswegs rausgeschmissen. Sondern Serkan ist davongelaufen.

»Hast du ihn im Gefängnis besucht?«, frage ich Papa am Telefon.

»Er hat Strafe verdient. Warum hört er auch nie auf mich?«, erwidert Vater.

»Das ist dein Sohn!«, schimpfe ich. »Wie kannst du zulassen, dass er im Gefängnis sitzt!«

»Das war doch nur ein Dumme-Jungs-Streich. Er wird nicht lange drin bleiben müssen. Die werden ihn wieder laufen lassen.«

Darauf will ich mich lieber nicht verlassen. Ich rufe in Osmaniye einen Cousin meines Vaters an, den ich bei einem meiner beiden letzten Besuche kennen gelernt habe. Er ist Lehrer und Arzt, seine Frau Anwältin. Von ihm erhalte ich die Telefonnummer ihrer Kanzlei und bitte sie inständig darum, Serkan zu vertreten. Ohne Geld zu verlangen, sondern aus Mitgefühl mit meinem minderjährigen Bruder, den sie flüchtig kennt, stimmt sie zu.

Einen Tag später meldet sie sich wieder bei mir: »Wenn ich eine Kaution bezahle, wird Serkan sofort freigelassen«, sagt sie. Umgerechnet rund 300 Mark soll ich an sie überweisen. Zwar habe ich Zweifel, ob mein Geld wirklich als Sicherheitsleistung verwendet wird oder als plumpe Bestechung für einen Richter. Aber eine Wahl habe ich nicht. Hauptsache, mein Bruder kommt schnellstens frei; ein türkisches Gefängnis dürfte wohl eine schlechte Lehranstalt für einen 14-Jährigen sein.

Wieder vergehen ein paar Tage und Serkan ruft an: »Ich bin frei, aber ich muss auf meinen Prozess warten, *abla*. Die Anwältin rät mir, alle Geständnisse zu widerrufen. Schickst du mir Geld, damit ich danach endlich aus der Türkei verschwinden kann? Meinem Antrag auf Familienzusammenführung wurde nämlich zugestimmt. Der Brief von der Botschaft in Ankara ist bei Papa angekommen.«

Ich atme auf. Vielleicht geht doch noch alles gut.

Jetzt, im Juni 2001, stehe ich mit Mutter in der Ankunftshalle des Stuttgarter Flughafens. Die Leute starren uns beide an, denn ich habe wirklich keine Mühen gescheut, um meinen »kleinen« Bruder angemessen zu empfangen. Ich trage ein großes Schild, auf das ich geschrieben habe: »Herzlich willkommen in deiner Heimat, Serkan!« Es ist mit vielen bunten Luftballons verziert, die lustig daran baumeln. Und wir haben einen Strauß Blumen dabei. Serkan wird vielleicht staunen!

Da kommt er! Wie ein türkischer Junge aus dem Bilderbuch sieht er aus. Kariertes Hemd und Stoffhose, braver Seitenscheitel. Aber nicht ein einziges Gepäckstück hat er bei sich. Er kommt wirklich mit leeren Händen zurück! Doch in seinen Augen liegt so ein Strahlen, eine solche Glückseligkeit. Wir laufen aufeinander zu und fallen uns in die Arme. Endlich, endlich! Ich habe meinen »kleinen« Bruder wieder. Es fehlen nur zwei Monate an fünf Jahren – so lange war er fort. Nun ist der erste Heimkehrer wieder bei mir.

Mutter ist wie immer viel zurückhaltender, aber auch in ihrem Gesicht steht geschrieben, wie sehr sie sich freut. Sie kann ihre Liebe nicht zeigen, aber es wird schon welche vorhanden sein.

Um Serkans Ankunft auch gebührend zu feiern, habe ich mir freigenommen. Wir brauchen Zeit, um zu reden und vor allem muss ich seinen Neuanfang organisieren. Mutter kann das nicht leisten, darüber wird kein Wort verloren. Die *abla* macht das schon. »Lass ihn jetzt erst mal bei mir wohnen«, schlage ich Mutter vor. »Du gehst immer früh morgens zur

Arbeit, aber Serkan braucht jemanden, der sich um ihn kümmert.« Ich sehe Mutter an, dass ihr das nicht gefällt. Prinzipien sind Prinzipien. Aber ihr leuchtet ein, dass es so besser ist. Auf Dauer wird sie als Mutter natürlich ihren Sohn bei sich haben wollen. Und dann ist da schließlich auch noch Hakan, der sich eigentlich um seinen heimgekehrten Bruder kümmern könnte. Darauf sollte ich aber nicht setzen, denn Hakan geht eigene Wege, die ich kaum mehr kenne.

Sobald wir allein sind, erzählt mir Serkan, was eigentlich in der Türkei vorgefallen ist. Die Geschichte beginnt mit der Hochzeit unseres Vaters. Von diesem Zeitpunkt an schien der Sohn aus einer gescheiterten Ehe vor allem zu stören. Und es gab Geldprobleme: »Vater konnte meine Schule nicht mehr bezahlen, darum musste ich abgehen. Ich habe mich so geärgert, denn ich war wirklich einer der Besten, manchmal sogar Klassenbester. Ich habe immer wieder Belobigungen bekommen. Als ich die Schule verlassen musste, war ich sehr traurig.«

Vor allem wusste der Halbwüchsige nicht, was er mit seiner freien Zeit anfangen sollte. Osmaniye hat zwar 170 000 Einwohner, aber es gibt nicht viel Arbeit. Serkan fand falsche Freunde, die kein Zuhause hatten und schloss sich ihnen an. Die Spannungen zwischen Vater und Serkan wuchsen. Ob der Vater zugelassen hat, dass die Stiefmutter den Sohn rausschmiss oder ob Serkan abgehauen ist, weiß ich nicht. Am Ende stand, dass Serkan auf der Straße lebte und für einen Bandenführer klauen ging. Unser Vater hat sich darum jedenfalls nicht gekümmert. Bei dem Einbruch, dessentwegen Serkan verhaftet wurde, ging es um Zigaretten. Als Lohn wurde ihm warmes Essen und ein Platz zum Schlafen versprochen.

»Ich bin so sauer auf Vater, dass er mich im Stich gelassen hat. Wenn du mir nicht die Anwältin geschickt hättest, ich

weiß nicht, was dann gewesen wäre«, sagt Serkan niedergeschlagen. »Das Gefängnis war schrecklich. Und die Gendarmen! Das ist ganz anders als bei der Polizei hier in Deutschland.«

Ich liebe mein Brüderchen, er ist ein braver Junge. Selbst,
wenn er etwas Unrechtes getan hat, so hätte unser Vater dennoch zu ihm halten müssen. Auf wen soll man sich denn in
Notzeiten verlassen, wenn nicht auf die eigene Familie?

Ich nehme Serkan in die Arme, blicke in seine schönen, me-
lancholischen Augen und sage: »Ich verspreche dir, ich rede
kein Wort mehr mit Papa.« Denn ich weiß, dass mein Bruder
diese Solidarität von mir erwartet.

In diesem Moment habe ich das Band zwischen Vater und
mir zerschnitten. Bislang hatte ich immer zu ihm gehalten,
weil er an mich geglaubt und mich auf seine Weise unterstützt hat. Was er jedoch Serkan angetan hat, ist zuviel.

Ein Vater muß in meinen Augen seine Vaterpflicht erfüllen,
dann darf er über seine Kinder entscheiden. Er tat es nicht,
deshalb verdient er meinen Respekt nicht mehr.

Serkan muss die schreckliche Zeit in der Türkei vergessen!
Wir sehen uns Stuttgart an, fahren auf den Fernsehturm,
bummeln durch die Fußgängerzone, gehen über den Schloss-
platz und kaufen ihm ein paar modische Klamotten. Mein
Bruder spricht dabei von seinen großen Plänen: »Ich möchte
eine gute Ausbildung machen und dann werde ich mir einen
BMW kaufen, damit fahre ich in die Türkei, durch mein Dorf
und zeige allen, die mir nicht beigestanden haben, dass ich es
geschafft habe.«

Er will akzeptiert werden. Ist das nicht ein ganz normaler
Traum, den jeder 14-Jährige hat?

Zunächst müssen wir eine Schule finden, an der er seinen
Hauptschulabschluss machen kann. Wir versuchen es in Lud-

wigsburg, denn er wird auf Dauer bei Mutter wohnen. Die Schule befindet sich ganz in der Nähe von jener, die er mit neun Jahren Hals über Kopf nach der dritten Klasse verlassen musste. Eigentlich müsste er in die Neunte kommen. Doch dahin führt kein schneller Weg. Verlorene Jahre liegen dazwischen: Serkans Deutsch ist zu schlecht. Er ist nicht auf diesem »Ich-nix-verstehen«-Niveau, sondern einfach nur aus der Übung. Sobald ich ihn an ein Wort erinnere, benutzt er es wieder richtig.

Der Rektor der Hauptschule lässt Serkan einen Test schreiben. Das Ergebnis ist niederschmetternd: »Du musst eine Integrationsklasse besuchen.«

»Wie lange?«

»Schwer zu sagen. Ein bis zwei Jahre.«

»Was wird denn da unterrichtet?«, frage ich.

»Vor allem Deutsch«, sagt der Schulleiter.

»Mein Bruder ist wirklich intelligent«, wende ich ein, denn ich möchte, dass er nicht unterfordert wird. »Ist das nicht etwas zu wenig? Er muss doch auch anderes lernen.«

Der Rektor erklärt, dass es Vorschriften gebe. Als wir Serkan angemeldet haben, bin ich unzufrieden. Aber mein Bruder macht mir Mut: »Ich werde mir sehr viel Mühe geben und ganz schnell lernen.«

Das kenne ich aus eigener Erfahrung! Auch ich hatte damals keine andere Wahl, als schnellstens alles nachzuholen, was ich verpasst hatte.

Zu Serkans erstem Schultag habe ich ihm mein altes Handy gegeben, damit er mich jederzeit anrufen kann, wenn er ein Problem hat. Es ist so gegen halb zehn Uhr vormittags, als mein Handy das erste Mal klingelt.

»*Abla*, wie geht es denn hier zu?«, fragt er ganz aufgeregt.

»Was ist denn los?«

»Du, die Mädchen, die sind hier seltsam drauf! Die stürzen auf mich zu. Fragen, bist du neu an der Schule? Willst du mit mir gehen? Und dann stecken sie mir ihre Telefonnummern zu! Das kann doch wohl nicht wahr sein!«

Mein gut aussehender, 1,83 Meter großer, »kleiner« Bruder erlebt seinen ersten Kulturschock! Frisch aus der hinteren Türkei, wo die Mädchen keusch den Blick senken, nach Deutschland re-importiert, wo die Mädels sich die Jungs schnappen, die ihnen gefallen! Er ist ein hübscher Junge, keine Frage. Ich nenne ihn zwar immer meinen Milchbubi, weil er so ein weiches, noch gar nicht männliches Gesicht hat. Aber er sieht eben wirklich gut aus, er könnte glatt als Fotomodell jobben.

»Ach,« sage ich zu ihm, »lass doch die Mädchen. Die finden dich eben gut.«

»Nee, *abla*, das ist mir echt zu viel. Stell dir mal vor, da ist sogar ein türkisches Mädchen, das mir ihre Telefonnummer zugesteckt hat. Ich bin erst mal aufs Klo geflohen. Da bin ich jetzt gerade, um dich anzurufen.«

Ein paar Tage später besuche ich ihn bei Mutter und Hakan, wo er nun wohnt, weil der Schulweg zum einen kürzer ist und Mutter es so will. Aber Serkan ist nicht glücklich, denn sein großer Bruder maßregelt ihn bei jeder Gelegenheit: »Benimm dich doch richtig!« oder: »Iss vernünftig!«, schimpft er ihn. Ansonsten hat Hakan wenig für seinen Bruder übrig.

»Die beiden streiten sich ständig«, klagt unsere Mutter.

Als *abla* nehme ich mir Hakan beiseite: »Ich muss mit dir über Serkan reden.«

»Ich habe keine Zeit, Hülya!«

»Aber ich will mit dir jetzt reden. Was du mit Serkan machst, ist wirklich nicht richtig. Du wirfst unserem Vater vor, dass er sich nicht um uns gekümmert hat. Aber weißt du was? Du bist überhaupt nicht besser als er! Unternimm doch mal was mit Serkan. Geh mit ihm raus.«

Hakan sieht mich missmutig an, aber er widerspricht nicht.

Ich schnappe mir Serkan: »Du sollst nicht dauernd hier in der Wohnung rumhocken. Komm, wir unternehmen was gemeinsam. Was würdest du denn gern mal machen?«

»Billard spielen«, sagt er.

Das kann ich nicht, will ihm aber den Gefallen tun. Wir beide besuchen ein Café, wo man Billard spielen kann. Ich stelle mich ziemlich ungeschickt an, erkenne aber immerhin, dass mein Bruder wirklich ein guter Spieler ist.

Am Nebentisch spielen ein paar Jugendliche. »Mit denen müsstest du spielen«, schlage ich vor.

»Ich kann doch nicht einfach zu denen hin gehen. Die kenne ich doch gar nicht«, wendet Serkan ein.

Ich sehe mir die Jungs da drüben noch einmal etwas genauer an. Sie scheinen ganz harmlos zu sein. Also nehme ich meinen ganzen Mut zusammen. »Hallo,« sage ich, »das ist mein Bruder Serkan. Habt ihr nicht Lust, mit ihm zu spielen?«

»Klar, komm rüber«, meint einer der Jungen.

Serkan grinst seine *abla* an und dann macht er sich daran, in null Komma nichts alle Kugeln zu versenken. Ich kann nur staunen.

Heute rief mich Mutter an: »Hakan und Serkan haben sich wieder vertragen. Hakan leiht seinem Bruder sogar Anziehsachen und geht mit ihm einkaufen.«

Es nützt also doch etwas, wenn man den Jungs mal die Meinung sagt! »Und was macht Serkan sonst noch so?«, frage ich.

»Er geht ziemlich oft zum Billardspielen. Ich glaube, er hat dort Freunde gefunden.« Das hört sich alles ganz gut an, denke ich. Denn es war Serkans große Sorge gewesen, als er in Deutschland ankam, hier keine Freunde finden zu können.

Doch dann sagt Mutter: »Tante Sultan hat mich angerufen. Esme bekommt keine Einreisegenehmigung für Deutschland. Sie darf nicht zurück.«

Das fehlende halbe Schuljahr, schießt es mir durch den Kopf.

»Tante Sultan meint, sie will nicht länger die Verantwortung für Esme tragen«, fügt Mutter nun noch hinzu.

Was für eine Verantwortung, frage ich mich. Meine arme Schwester ist doch ohnehin nur bei der Tante eingesperrt und spielt für sie die Bedienstete. Aber mir ist natürlich klar, um was es der resoluten Tante wirklich geht: Die Nachbarn zerreißen sich gewiss die Münder, dass Esme eine »Daheimgebliebene« sei. Und das ist nicht gut für den Ruf der Tante.

Ich versuche Mutter zu beruhigen: »Ich gehe zum Ausländeramt. Wir werden schon einen Weg finden, damit Esme heimkommen kann.« In Wahrheit bin ich ziemlich ratlos.

>»Achte auf deine Gewohnheiten, denn sie werden dein Charakter«*
>*(aus dem Talmud)*

Brautgold

Ein halbes Jahr ist vergangen, seitdem ich dem Stuttgarter Ausländeramt alles dargelegt habe, was zur Verschleppung meiner Schwester in die Türkei geführt hat. Im ersten Antrag hatte ich, dem Rat Frau Hölzers aus der Migrationsstelle folgend, nur auf die Schulzeiten und Esmes Leben in Deutschland gebaut. Indem ich nun Esmes Schicksal deutlich machte, wollte ich die Ablehnung des Antrags auf Esmes Wiedereinreise in eine Befürwortung umkehren. Man hörte sich meine Geschichte an und versprach, alles an die deutsche Botschaft in Ankara weiterzuleiten. Die würde der eigentlichen Antragstellerin Esme dann Bescheid geben.

Jetzt haben wir Januar 2002 und ich habe seitdem nichts mehr von dort gehört.

Für eine Behörde mag ein halbes Jahr wenig Zeit sein. Einem Mädchen, das tatenlos in der Türkei darauf warten muss, dass sein Leben endlich eine Zukunft hat, erscheinen 180 Tage jedoch als sehr lang. Auch eine Tante, die ihre 18-jährige Nichte nicht länger versorgen mag, fragt sich jeden Tag, wann denn nun endlich dieser Brief aus Deutschland kommt, durch den sie die lästige Verantwortung für das Mädchen loswird. Einer Mutter in Deutschland, die ständig von ihrer Schwester in der Türkei mit diesen Fragen unter Druck gesetzt wird, werden sechs Monate zur Qual.

Mir war also durchaus bewusst, dass die Zeit gegen meine Schwester spielte. Deshalb habe ich immer wieder versucht, jemandem beim Ausländeramt auf Esmes Fall anzusprechen. Doch die Sachbearbeiter waren entweder in Urlaub, gingen nicht ans Telefon oder waren in Besprechungen. Wenn nicht gar zu Tisch.

Mir blieb nichts anderes übrig, als Mutter zu beruhigen: »Der Antrag wird schon noch genehmigt. Wir müssen nur warten.«

Währenddessen wurde ich selbst auch immer nervöser. In den nur selten möglichen Telefonaten sprach Esme von Vorzeichen, die eine drohende Katastrophe ankündigten: »Tante Sultan kauft viele Sachen, damit meine Aussteuer komplett ist.« In mir weckte das den Verdacht, die Tante könnte vielleicht die Antwort der deutschen Botschaft in Ankara zerrissen haben, weil sie andere Pläne für Esme hat.

Andererseits fragte mich Mutter mehrmals: »Wie lange sollen wir denn noch auf die Genehmigung warten, dass Esme endlich nach Deutschland zurück darf?« Das klang zwar einerseits nach wachsender Ungeduld, aber andererseits auch danach, dass sie die Sache noch nicht ganz verloren gab.

Was sollte ich denn nur tun? Bei wem sollte ich vorsprechen? Man hatte mir schließlich deutlich gesagt: Die deutsche Botschaft in Ankara wird sich bei Esme melden. Ich überlegte, ob ich einen Anwalt nehmen sollte. Doch der kostet Geld, das ich nicht habe. Im Grunde sah ich dafür auch keine Notwendigkeit: Ich war bislang überzeugt, dass die Behörden einsehen würden, dass meine Schwester gegen ihren Willen verschleppt worden ist und deshalb einlenken würden.

Jetzt hat ein neues Jahr begonnen und plötzlich scheint meine Geduld mit den deutschen Behörden ein Fehler gewesen zu sein, denn Mutter und Tante Sultan haben Tatsachen geschaffen.

Wieder einmal begann alles mit einer von Mutters Reisen nach Mersin. Ich glaubte, Mutter wolle nur Urlaub machen, um Esme und die Tanten zu besuchen. Anfang Januar kam sie zurück und rief mich an: »Esme ist jetzt verlobt.«

Das war so ziemlich das Schlimmste, was überhaupt noch passieren konnte! Meine Alpträume wurden wahr. Ich versuchte klar zu denken, um jetzt nichts zu vermasseln: In den Telefonaten hatte Esme nicht ein einziges Mal einen Mann erwähnt, den sie heiraten wollte. Oder der sie zur Frau nehmen wollte. Undenkbar, dass sie mir das verschwiegen hätte.

»Wer ist es denn?«, fragte ich erst mal vorsichtig.

»Ein junger Mann aus einer ganz netten Familie.«

»Was arbeitet er denn?«

»Im Moment ist er arbeitslos, aber er sucht Arbeit.«

»Seltsam«, wandte ich behutsam ein, »Esme hat mir nichts von ihm erzählt. Wie hat sie den jungen Mann denn kennen gelernt?«

»Seine Familie hat Tante Sultan gefragt«, antwortete Mutter.

Das war genau die Auskunft, hinter der sich das Elend der zwangsweise verheirateten jungen Frauen verbirgt. Die genauen Umstände einer Verlobung werden nicht erläutert, so bleibt der Anschein der Freiwilligkeit erhalten. Denn türkische Gesetze verbieten Zwangsehen.

Ich konnte nicht mehr an mich halten. »*Anne*«, sagte ich, »du selbst wurdest gegen deinen Willen mit Vater verheiratet. Und jetzt willst du dasselbe deiner Tochter antun. Was bist du nur für ein Mensch!«

Ich rief sofort bei Tante Sultan an, um mit Esme persönlich zu sprechen. Die Tante reagierte genau so, dass meine sämtlichen Befürchtungen bestätigt wurden: »Du darfst nicht mit Esme sprechen.«

Es hatte keinen Sinn, diplomatisch vorzugehen, also fragte ich direkt: »Warum habt ihr Esme verlobt? Der Antrag zur Wiedereinreise ist doch noch gar nicht endgültig abgelehnt.«

Die Tante sagte, womit auch Mutter schon in den letzten Monaten gedroht hatte: »Wir haben jetzt lange genug darauf gewartet.« Dann setzte sie hinzu: »Deine Schwester ist einverstanden. Das ist keine Zwangsehe!«

Die Tante mag kaltherzig und rücksichtslos sein; aber die Gesetze kennt sie durchaus. Was sie nicht daran hindert, die Vorschriften des türkischen Staates trickreich zu missachten. Mir erschien es sinnvoller, mich nicht mit Tante Sultan auf einen Streit einzulassen, dessen Folgen doch nur Esme auszubaden hätte. Ich besuchte unsere Mutter.

»Das klappt doch sowieso nicht mit diesem Antrag«, sagte sie rundheraus. »Wenn dem zugestimmt worden wäre, ja, dann hätte sie kommen können. So ist es besser, wenn sie heiratet. Das ist wirklich eine gute Familie.«

Mich packte ohnmächtige Wut. Antrag angenommen – keine Hochzeit. Antrag abgelehnt – Hochzeit. Das gleicht doch einem Würfelspiel um Esmes Zukunft! Die Beteiligte hat dabei kein Stimmrecht. Weder den Behörden gegenüber noch der eigenen Familie.

»Ich kann mir nicht vorstellen, dass Esme freiwillig heiratet«, sagte ich. »Sie wollte doch nach Deutschland.«

»Das ist keine Zwangsehe«, betonte Mutter sofort und ich hörte deutlich die Anweisung der dominanten Tante Sultan an ihre Schwester heraus. Als ob sie die Freiwilligkeit der ganzen Aktion beweisen könnte, legte Mutter mir die Fotos der Verlobungsfeier vor. Mein Schwesterchen trug ein schwarzes, knöchellanges Kleid mit Ärmeln bis zu den Handgelenken und ein schwarzes, rot gesäumtes Kopftuch. Auf jedem Foto blickte sie ernst in die Kamera.

Sie sah aus, als ob sie auf einer Beerdigung zu Gast wäre.

Mehmet, der Bräutigam im grauen Anzug mit grauer Krawatte, trug die gleiche betretene Mine zur Schau. Er wirkte auch sonst wie ein sehr ernster Mensch mit hageren Gesichtszügen.

Die Kommentare meiner Mutter zu den Fotos hörten sich ganz anders an: »Es war eine sehr schöne Feier. Die ganze Verwandtschaft war gekommen.« Ich erkannte die Tanten, die Cousine in Esmes Alter, Onkel Ahmet und ein paar weitere Verwandte. Aber mir fiel auch auf, dass niemand auf den Fotos lächelte. Mit einer Ausnahme: Mutter. In ihrem indigoblauen Kleid mit dem schwarzen Wellenmuster stand sie inmitten ihrer Kopftuch-Schwestern, eingerahmt vom Bräutigam und ihrer Tochter, und trug ein mildes, sehr zufriedenes Lächeln im Gesicht. Es schien zu sagen: Es ist vollbracht.

Mir war durchaus klar, wie erleichtert sie über die Entwicklung sein musste: Endlich ist da ein Mann, der ihr die Verantwortung für die Tochter abnimmt. »Die Sünden der Töchter bestraft Gott an den Eltern. Man wird so lange in der Hölle verbrannt, bis alle Sünden fort sind. Erst dann kommt man ins Paradies.«

Mit Esmes Verlobung hatte Mutter ihrer Überzeugung nach einen wichtigen Schritt in Richtung Paradies getan. Mehmet, der farblose junge Mann mit der Brille, ist Mutters Errettung vor Höllenqualen. Und es hat überhaupt keinen Sinn, jetzt noch von Liebe zu sprechen oder davon, dass die schon noch käme. Darum ist es nie gegangen. Ich hatte schon zu oft darüber mit Mutter diskutiert, um mir zum wiederholten Male sagen zu lassen: »Eine Frau kann sich wieder scheiden lassen. Dann kann sie die Verantwortung für ihre eigenen Sünden übernehmen.« Für die Zeit der Ehe ist der Mann verantwortlich. Ob der bei Fehltritten seiner Gemahlin in der Hölle schmoren muss, darüber hat Mutter mich nie aufgeklärt. Wie ich ihr Bild von göttlicher Gerechtigkeit einschätze, ist die Hölle ein Reservat für Frauen mit einer Sonderabteilung für Eltern unverheirateter Töchter.

Esmes Verlobung hatte auch durchaus eine materielle Seite. Auch darauf wies mich Mutter, eine geschiedene Frau, die selbst für ihren Unterhalt sorgt, ausdrücklich und mit Stolz in der Stimme hin: »Siehst du die goldene Kette an Esmes Hals?«, fragte sie und deutete auf die Fotos. Der Schmuck prangte gut sichtbar am Hals über dem schwarz-roten Kopftuch. Nein, in diesem Punkt hatte Mehmets Familie sich wohl nicht lumpen lassen: Das Brautgold war prächtig ausgefallen. Neben der Halskette hatte Esme ein solides Armband und Ringe erhalten, angeblich im Wert von 1500 Euro. In der Türkei verdient gut, wer einen Monatslohn von 200 Euro hat.

Entsprechend Mutters Kommentar: »Dafür hat Mehmets Familie lange sparen müssen.«

Was sie nicht sagte, konnte ich mir denken: Diese Verlobung kam viel zu plötzlich, als dass man speziell für Esmes Schmuck so lange hätte sparen können. Jedes andere Mädchen hätte diesen Brautpreis auch bekommen. Denn in der Türkei ist das Brauch: Ohne Brautset keine Verlobung. Jedes

Schmuckgeschäft hat die entsprechende Ausstattung in allen Preis- und Qualitätslagen anzubieten. Wobei das Set weniger als Schmuck angesehen wird, denn als wahrhaftige Absicherung der Frau im Fall des Scheiterns der Ehe oder beim Tod des Gatten. In westlichen Ländern hat das Brautgold gleichwohl eine andere Form: Zum Beispiel kommt es als hochkarätiger Diamantring daher, der der Braut über den Finger gestreift wird …

Für Mehmet selbst war es überdies höchste Zeit, dass er verheiratet wurde: Er ist mit 26 Jahren schon in dem Alter, in dem ein junger Mann als »daheim geblieben« bezeichnet wird.

Doch meine Sorge galt weniger ihm als Esme. Sie ist es, auf die der Schrecken einer Hochzeitsnacht zukommt. Eine Ehe, die gegen den Willen der Braut vollzogen wird, ist in meinen Augen Vergewaltigung.

Und was kommt danach? Wie im Falle meiner Mutter pünktlich neun Monate später das erste Kind? Ein Leben lang Kindersorgen? Ein unzufriedener Mann, der bei seiner verschüchterten Frau nicht die sexuelle Erfüllung findet, die er wünscht? Gar Schläge, um Frustrationen abzureagieren? Oder nur Desinteresse an dieser Frau, die gerade noch gut ist, ihm und seinen Gästen den *çay* zu servieren und das Essen zu kochen?

Sollte all das auf Esme zukommen, was Mutter erlebt hatte? Müsste meine Schwester sich in die Schlange lebenslang frustrierter Frauen einreihen, an deren Ende im Moment noch unsere Mutter steht? Bliebe zuletzt nichts als die Flucht in den Glauben, der wie im Fall unserer Mutter auf die Begriffe »Hölle« und »Paradies« verkürzt wird? Weil das irdische Leben als Strafe empfunden und die Sehnsucht nach einem himmlisch schönen Ort als einzige Zuflucht erachtet wird? Das Jenseits als letzte Chance, endlich Glück zu finden?

Diese Gedanken erfüllten mich mit Zorn. Den ich nicht länger verbergen konnte. »Wann soll denn diese Hochzeit stattfinden?«, fragte ich Mutter.

»Im August«, lautete die Antwort.

Ich appellierte an meine Mutter: »Das darfst du nicht machen! Esme wird für den Rest ihres Lebens unglücklich sein, wenn sie einen Mann heiraten muss, den sie nicht kennt und den sie nicht liebt. Sag Tante Sultan, dass du es dir anders überlegt hast.«

»Das geht nicht. Esme heiratet.«

»Du bist so stur«, hielt ich ihr vor. »Du liebst deine Kinder überhaupt kein bisschen. Es ist dir völlig egal, ob es ihnen gut geht oder ob sie leiden. Hauptsache, du bekommst deinen Willen!« Dann bin ich wutschnaubend aus der Wohnung gestürmt.

Als ich von Ludwigsburg heimfuhr nach Stuttgart, liefen wie ein Film wieder die Bilder vom Mai des Jahres 1996 vor meinen Augen ab. Wieder sah ich mich eingezwängt zwischen den beiden Tanten auf dem unbequemen Kanapee sitzen und hörte die dicke Sultan, wie sie mir den entsetzlichen Rat erteilte, mir doch am besten gleich das Leben zu nehmen. In den Händen dieser Frauen befand sich meine kleine Schwester, war ihnen schutzlos ausgeliefert. Und sie hatte niemanden dort, der ihr beistand. Sie war ganz allein.

In den letzten Tagen habe ich immer wieder versucht, Esme selbst ans Telefon zu bekommen. Vielleicht sah ich die Situation zu dramatisch und sie fügte sich in ihr Schicksal. Nach vielen Fehlversuchen kam endlich ein Gespräch zustande, da Tante Sultan gerade die Wohnung verlassen hatte.

»Ich will diesen Mann nicht heiraten! Ich kenne den doch gar nicht«, sagte eine völlig frustrierte Esme. »Seit fast einem Jahr bin ich in dieser Wohnung eingesperrt. Und plötzlich sagt die Tante: Du heiratest diesen Mann. Seine Familie hat sogar ein Auto.«

»Ein Auto? Was hat das damit zu tun?«

»Na ja, dass die Geld haben und so. Die würden für mich sorgen.«

»Mutter behauptet, du hättest zugestimmt, sie würde dich nicht zwingen.«

»*Abla*, du weißt doch wie Sultan ist. Du hast bei ihr überhaupt keine Chance, deine eigene Meinung zu sagen! Die überrollt dich voll! Plötzlich tauchte diese Familie auf und Sultan kommandierte mich rum wie das Dienstmädchen. Mach *çay*, bedien die Familie! Nachdem die eine Weile im Wohnzimmer geredet hatten, rief die Tante mich zu sich. Ich könne den Mann nun kennen lernen, sagte sie. 20 Minuten musste ich mit ihm allein sein. Wir sollten über unsere Zukunft reden. Was sollte ich denn da sagen? Was für eine Zukunft? Der Mann hat auch kaum geredet.«

Eine gespenstische Situation! Seit Jahr und Tag wartet meine Schwester darauf, dass ihr Leben eine Wendung ins Positive nimmt. Plötzlich zaubert die Tante einen Mann aus dem Hut und präsentiert ihn meiner Schwester, die seit Jahren keinen Jungen zu Gesicht bekommen hat. Das hat weniger mit dem »Arrangieren« einer Ehe zu tun als mit der Besichtigung eines Stücks Vieh, das man mit nach Hause nehmen möchte.

Meine Schwester setzte ihren Bericht von diesem alptraumhaften Erlebnis fort: »Als diese Leute gegangen waren, hat Tante Sultan zu mir gesagt: Ich gebe dir zwei Tage, danach sagst du mir, wie du dich entscheidest. Stell dir das mal vor, *abla*! Was sollte ich denn da entscheiden? Natürlich wollte ich den nicht. Der ist viel zu alt und ich kenne ihn nicht. Aber Sultan redete in diesen zwei Tagen ständig auf mich ein, wie gut das für mich wäre, wenn ich heiraten würde. Denn hätte ich endlich einen Mann, sie müsste nicht mehr für mich sorgen und meine Mutter würde das auch wollen. Denn nach Deutschland könne ich nicht mehr. Am Telefon hat sie immer zu Mutter gesagt, dass sie nicht länger die Verantwortung für mich tragen will. Und die Genehmigung zur Rückkehr würde auch nicht kommen. Dann hat Mutter auch gesagt, ich soll das machen.« Esme wurde ganz leise, als sie ergänzte: »Sie haben mir eigentlich keine Wahl gelassen, *abla*. Sie wollen mich nur loswerden und ich weiß nicht, wohin ich gehen soll. Tante Sultan sagt, ich könne mit meinem Mann dann auch in Deutschland leben.«

Ich versuchte, meine Schwester zu trösten. Aber ich wusste auch nicht, wie ich ihr beistehen konnte. Ich hatte nur die vage Hoffnung, die deutsche Botschaft könnte einlenken. Und es gab die Behörden in Stuttgart. Aber was sollte ich denen sagen? Unter Zwangsheirat stellen die sich wahrscheinlich vor, dass Esme eine Pistole an den Kopf gehalten wird, damit sie »ja« sagt. Dass man Zwang auch ganz subtil ausüben kann, indem man einem Menschen keine Alternative bietet, ist so hinterhältig. Da haben Mutter und ihre Schwester leicht reden, wenn sie behaupten: »Das ist keine Zwangsheirat.«

Als sie einen Termin für mich freihatte, empfing mich Frau Hölzer von der Fachstelle für Migration, der ich mein Anliegen verzweifelt vortrug. Sie hörte sich meine kämpferischen Argumente für das Selbstbestimmungsrecht von Frauen wie immer sehr wohlwollend an. »Sie haben durchaus Recht, Frau Kalkan«, sagte sie. Aber sie nahm nicht einmal mehr ihren Gesetzestext zur Hand, als sie mir erklärte: »Sie können für Esme nichts mehr tun, außer sie zu trösten.«

»Aber das ist eine Zwangsehe!«, hielt ich ihr entgegen. »Meine Schwester will diesen Mann ganz gewiss nicht heiraten!«

»Dann können Sie nur noch hoffen, dass Esme keinen schlechten Mann bekommt«, meinte Frau Hölzer.

»Keinen schlechten Mann? Was nützt das? Eine Frau, die gegen ihren Willen verheiratet wird, muss auch gegen ihren Willen mit diesem Mann die Hochzeitsnacht verbringen. Das ist Vergewaltigung!«

Vielleicht sah Frau Hölzer das auch so. Schließlich ist sie eine Frau. So wie Esme und ich. Aber als Argument half ihr mein Einwand nicht. »Das Gesetz sieht allein wegen einer erzwungenen Ehe keine rechtliche Maßgabe vor«, erklärte sie mir zu meiner maßlosen Verblüffung. »Für den Gesetzgeber ist eine Ehe eine Ehe. Egal, wie sie zustande gekommen ist. Denn wie soll entschieden werden, welche Ehe unter Zwang entstanden ist und welche eine vereinbarte Ehe ist, eine so genannte arrangierte Ehe?«, fragte sie.

Sie sagte genau das, was ich befürchtet hatte. Nur präzisierte sie es: Deutsche Gesetze unterstützen indirekt einen Brauch in der Türkei, der vor mehr als 1300 Jahren festgeschrieben worden ist!

Und dann sagte die Zuwanderungsfachfrau: »Wissen Sie, uns liegen aus der Türkei auch gar keine Statistiken vor, die etwas über Zwangsehen aussagen.«

»Natürlich nicht«, sagte ich resigniert. »Niemand bekennt sich dazu, weil das verheimlicht werden muss.«

Frau Hölzer machte sich eine Notiz und dann legte sie Esmes Akte zur Seite. »Trösten Sie Ihre Schwester. Ich wüsste nicht, was Sie sonst für sie tun könnten.« In ihren Augen erkannte ich durchaus echtes Mitgefühl. Doch als Sachbearbeiterin war sie machtlos.

Dieses Gespräch liegt etwa eine Woche zurück. Kaum eine Stunde ist seither vergangen, in der ich nicht an meine Schwester denke. Ständig wälze ich Lösungen hin und her und verwerfe sie wieder. Für Esme wäre das Schicksal einer zwangsverheirateten Frau möglicherweise erträglicher, wenn sie niemals an einem anderen Ort gelebt hätte als in der Türkei. Dann würde sie es vielleicht als schreckliche, jedoch unabwendbare Wendung ihres Lebens aufnehmen. Esme weiß jedoch, wie viel Freiheit und Rechte eine Frau in Deutschland hat! Sie wird sich nicht mit ihrem Los aussöhnen können. Alles Mitleid und Hoffen auf »einen guten Mann« ist daher Unsinn.

Mir dagegen geht es hier in Stuttgart gut, ich habe Freunde, eine Ausbildung, Arbeit und Wohnung. Ich bin frei. Doch wir beide sind jeweils die Hälfte der anderen. Wie kann die eine Hälfte glücklich sein, wenn die andere es nicht ist? Ich kann mein Leben nicht einfach so fortführen, als wenn nichts geschehen wäre. Nein, unter diesen Umständen kann ich nicht leben. Lieber sterbe ich, als dass ich Esme so leiden lasse.

Ein abenteuerlicher Plan

In der Zeit, als mich die schlimmsten Alpträume wegen meiner Schwester gequält hatten, hatte ich viel mit meinen Freunden über meine Geschwister gesprochen. Damals hatte ein Bekannter eine Bemerkung gemacht, die mir völlig abwegig erschien: »Und wenn du Esme mit einem falschen Pass aus der Türkei schmuggelst?« Er hatte behauptet, dass ein Bekannter von ihm auf diese Weise einen Verwandten aus der Türkei nach Deutschland gebracht habe.

Ich bin allerdings kein Mensch, der das Abenteuer sucht. Im Gegenteil, ich wäge gründlich ab und vermeide unnötige Risiken. Vor allem war mir klar gewesen, dass der Bekannte dieses Freundes sich strafbar gemacht hatte. Zu diesem Zeitpunkt war ich felsenfest überzeugt, dass mir deutsche Behörden helfen würden. Diese Hoffnung hatte ich inzwischen begraben müssen. Niemand schien sich die Frage zu stellen, die meiner Meinung nach auf der Hand liegt: Wieso darf Esme nicht nach Deutschland, obwohl sie hier ihr halbes Leben verbracht hat? Stattdessen wird die Frage einfach anders herum beantwortet: Jemand, der sein halbes Leben in der Türkei gelebt hat, ist Türke.

Je mehr Zeit verstreicht und je näher der avisierte Hochzeitstermin im August rückt, desto mehr beginne ich, mich mit der verwegenen Idee anzufreunden. Und halte sie allmählich für die einzige Lösung, die es noch gibt. Nur gefällt mir nicht die Vorstellung, Esme zu »schmuggeln«. Das hört sich so unehrlich an. Denn mein Plan ist durch und durch von ehrbaren Motiven geprägt. Es geht um nicht weniger als die Freiheit meiner Schwester. Wer frei sein soll, weil er zu Unrecht in einem Gefängnis eingesperrt ist, dem darf man zur Flucht verhelfen, wenn alle anderen Mittel versagen. Und genau das würde ich tun. Das würde nur klappen, wenn ich dabei gegen Gesetze verstieß, die mich daran hinderten. Vielleicht werde ich dafür bestraft oder gar ins Gefängnis kommen. Aber das muss ich um Esmes Willen riskieren.

Die eigene Schwester aus der Türkei entführen, um sie vor einer Zwangsheirat zu beschützen! Ein unglaublicher Gedanke! Da ich niemanden zum Mittäter machen will, der dann unter Umständen ebenfalls bestraft werden könnte, behalte ich mein Vorhaben für mich. Nur mit Esme muss ich mich absprechen. Ohne jedoch die Details mit ihr zu erörtern; das würde sie zu diesem Zeitpunkt nur unnötig nervös machen. Aber ich habe einen Fehler gemacht, den ich nun bereue: Ich habe Mutter so sehr beschimpft, das sie nun nicht mehr mit mir reden will. Entsprechend ist ihre Schwester in

Mersin unterrichtet, die Esme jedes Telefonat mit mir untersagt. Ein wahrer Teufelskreis, in dem ich gefangen bin.

Aber schon einmal habe ich ihn durchbrochen! Damals
habe ich einfach bei Mutter angerufen und am Ende durfte
ich wenigstens mit Esme telefonieren. Genauso muss ich es
wieder machen: Ich muss meine Taktik ändern.

Mutter arbeitet noch, als ich in der Schlossstraße in Ludwigsburg auftauche. Nur meine Brüder sind zu Hause. Hakan
macht noch immer keine Ausbildung und Serkan ist mit seiner Schule unzufrieden: »Ach, *abla*, die bringen uns dort nur
so Kinderkram bei. Das ist nicht die richtige Schule für mich.
Ich will dort nicht länger hingehen.«

Ich bin viel zu nervös und in Gedanken bei Esme, um mich
wirklich auf Serkans Sorgen einzulassen. »Es geht im Moment nicht anders«, versuche ich ihn zu beruhigen. »Bitte zieh
das noch eine Weile durch. Wenn du dann immer noch wechseln willst, werde ich mich darum kümmern.«

Er verspricht es und ich bin erst mal beruhigt. Dann rufe
ich Hakan dazu. »Was wisst ihr beiden von Esmes Hochzeit?«

»Nicht viel«, meint Hakan.

»Hat einer von euch mal mit ihr gesprochen?«

»Sie heiratet eben«, befindet Hakan lässig. »Ist doch normal.«

»Aber sie heiratet nicht freiwillig. Das hat sie mir gesagt. Sie
kennt den Typen überhaupt nicht. Das haben sich Tante Sultan und Mutter ausgedacht, weil sie Esme loswerden wollen!«

Ich erzähle noch mal alles, was ich weiß, ganz genau. »Nein,
das ist dann nicht richtig, was die vorhaben«, folgern meine
Brüder.

Bevor ich die beiden in meine noch unausgegorenen Pläne
einweihe, nehme ich ihnen das Versprechen ab, mich nicht zu
verraten. Meine Brüder sind junge oder zumindest angehende

junge Männer; sie sehen die Dinge nicht automatisch so wie ich. Serkan zum Beispiel, mit dem ich vor einigen Wochen wieder mal in einem Billard-Café war, verblüffte mich. Ich stand an einem Spielautomat, als mich ein Mann ansprach. Ich machte dem Fremden mit wenigen Worten klar, dass ich nichts von ihm wollte.

Aber plötzlich tauchte Serkan an meiner Seite auf: »Was wollte der Typ von dir? Hat er dich angemacht? Soll ich ihm …?« Er machte eine Drohgebärde.

Da musste ich lachen. »Ach, lass nur, mein Milchbubi«, sagte ich liebevoll zu ihm, »ich komme mit den Männern schon ganz gut allein klar.« Das nahm ihm ganz schnell den Macho-Wind aus den türkisch geblähten Segeln.

Dass ihre *abla* sich nun ganz offen mit der ganzen Familie anlegen will, beunruhigt sie. »Du gehst wirklich sehr weit, Hülya«, ermahnt mich Hakan. »Du willst wirklich verhindern, dass Esme heiratet, obwohl die Familie es so bestimmt hat?«

»Wer sagt denn das?«, frage ich. »Ihr beiden habt doch selbst zugegeben, dass es nicht richtig ist, was Mutter und Tante Sultan vorhaben.«

»Das schon«, räumt der Ältere der beiden ein. »Aber …«

»Es gibt kein Aber, Hakan. Ich habe alles versucht, um Esme nach Deutschland zu holen.« Ich suche Serkans Blick. »So wie ich es auch mit dir gemacht habe. Wir sind es unserer Schwester schuldig, ihr beizustehen. Sie muss fliehen. Aber allein schafft sie das nicht. Ich werde ihr helfen.«

»Wie?«, fragt Serkan.

»Zunächst mal muss ich mich mit Mutter aussöhnen. Sie soll glauben, dass ich die Hochzeit okay finde. Und dann werde ich so tun, als ob ich Esme helfen wollte, alles für ihre Hochzeit vorzubereiten. Tante Sultan muss natürlich auch überzeugt sein, dass ich mich nicht mehr gegen die Hochzeit sträube. Die müssen einfach alle denken, dass ich mitmache. Dann werde ich Esme in einem geeigneten Moment irgendwie aus der Wohnung rausbekommen und mit ihr abhauen.« Zugegeben, mein Plan weist noch etliche Löcher auf. Aber es ist ein Plan!

»Na, okay,« stimmt Hakan zu, »wenn du glaubst, das klappt. Ich finde das eigentlich auch nicht richtig, was die da unten in der Türkei so abziehen. Wie die uns als Kinder behandelt haben … wie den letzten Dreck.«

»Genau. Wir müssen zusammenhalten. Wir sind die Familie«, sagt Serkan mit so viel Inbrunst, dass mir ganz mulmig wird.

Seltsam, selbst in diesem Augenblick fällt mir nicht ein, dass wir auch einen Vater haben. Der obendrein nicht einmal besonders weit von Esme entfernt lebt. Keine Sekunde lang erwäge ich, ihn in meine Pläne einzubeziehen.

Nun gilt es nur noch, Mutter von meinen redlichen Absichten zu überzeugen. Sie empfängt mich mit sehr verschlossenem Gesicht, aber ich treffe wohl den richtigen Ton. Ich spreche nur noch davon, wie sehr ich mir wünschen würde, Esme bei ihren Hochzeitsvorbereitungen beizustehen. Inzwischen habe ich mich schlau gemacht, was dafür alles gebraucht wird.

»Esme muss ein Hennaset haben«, sage ich. Das besteht aus einem roten, mit allerlei Zierrat versehenen Tuch und Handschuhen. Beides wird von der Braut am Vorabend der Hochzeit getragen. »Außerdem sollten wir ihr ein Küchenset besorgen.« Das sind Spitzendeckchen, die auf den Kühlschrank und die Küchenmöbel gelegt werden können. Je mehr Vorschläge ich mache, desto mehr klinge ich wie eine richtige Türkin, der nichts wichtiger ist als das Wohl der kleinen Schwester .

Meine Worte haben eine genau beabsichtigte Nebenwirkung. Und die tritt glücklicherweise ein: »Ich kann nicht von

Sultan verlangen, dass sie all das besorgt, Hülya. Sie klagt jetzt schon, dass die Hochzeit viel Geld verschlingen wird.«

»Es müsste jemand von uns in Mersin sein und Tante Sultan helfen, damit alles besorgt wird, was Esme braucht«, schlage ich vor.

»Ich muss arbeiten. Ich kann erst zur Hochzeit im August nach Mersin fliegen.«

»Ich könnte mir freinehmen und Tante Sultan helfen, die notwendigen Dinge zu kaufen.« Es ist ein Versuch. Ich kann nur hoffen, dass Mutter mir auf den Leim geht.

Mutter denkt angestrengt nach: »Ich kann mal mit Tante Sultan telefonieren. Sie hat bestimmt nichts dagegen, wenn jemand aus der Familie kommt. Kostet ja auch viel Geld.«

»Ich habe gespart. Du weißt ja, dass ich gut verdiene.« Das ist zwar übertrieben, in diesem Augenblick jedoch ein wichtiger Hinweis für meine Mutter, die mit ihrem geringen Einkommen ihre Söhne unterstützt. Wir haben uns zwar über Esmes Zwangsheirat gestritten, aber meine jahrelange Überzeugungsarbeit bei ihr, dass ich mein eigenes Geld verdienen muss, kann nun endlich Wirkung zeigen. Unser Abschied fällt versöhnlich aus; sie verspricht, sich mit ihrer Schwester in Verbindung zu setzen.

Wenige Tage später kommt der erlösende Anruf: »Tante Sultan ist einverstanden. Wenn du deine Meinung über die Hochzeit wirklich geändert hast und helfen willst, dann darfst du nach Mersin kommen.«

Ein abenteuerlicher Plan, eine geänderte Taktik, ein Hoffnungsschimmer … Ich bin so glücklich, dass ich am liebsten durch die Wohnung tanzen würde! Doch dazu bin ich zu vernünftig. Ich weiß, dass jetzt die entscheidende Phase beginnt: Die groben Maschen meines locker gestrickten Plans müssen festgezogen werden.

Wie soll die eigentliche Flucht vonstatten gehen? Ich

rechne damit, dass die Tanten – sobald sie Wind von Esmes Flucht bekommen haben – davon ausgehen, dass wir zum Flughafen von Adana fahren werden. Folglich scheidet der aus. Ich sehe auf der Landkarte nach: Antalya ist der nächstgelegene Airport. Von Mersin bis zu der westlich gelegenen Hochburg des Tourismus an der türkischen Riviera sind es etwa 500 Kilometer. In der Türkei kann man sehr gut mit Überlandbussen reisen. Aber ob dies das richtige Verkehrsmittel für eine Flucht ist? Wobei weniger die Schnelligkeit das Problem ist: In der Türkei fallen zwei Mädchen, die allein reisen, auf. Man würde uns Löcher in den Bauch fragen: Warum begleiten euch keine Männer? Wo sind eure Familien? Diesen Stress muss ich mir ersparen! Es bleibt nur eine Möglichkeit – ein Mietwagen. Diese Lösung zieht ein anderes Problem nach sich: Ich traue mir durchaus zu, mit dem Auto über Land zu fahren. Aber ich muss zwangsläufig durch größere Städte hindurch; mir kommt es jedoch so vor, als benutzten die Türken lieber die Hupe als die Bremse! Ein Unfall während der Flucht wäre so ziemlich das Letzte, was wir gebrauchen können.

Auf meiner Fluchtliste setze ich hinter den Punkt Mietwagen ein großes Fragezeichen mit dem Vermerk: Wer fährt?

Wenn wir es bis Antalya geschafft haben, brauche ich Tickets für den Flug nach Deutschland. Für mich ist das kein Problem, in Esmes Fall schon. Denn auf welchen Namen soll das Ticket ausgestellt sein?

Dazu muss ich zunächst die zentrale Frage nach Esmes Pass klären! Eines ist völlig klar: Ich bin keine Kriminelle, die solch ein Dokument einfach fälschen will oder gar wüsste, wie man das überhaupt anstellt. Eines hat mein Leben mich jedoch gelehrt: Es gibt immer einen Weg, der zum Ziel führt, wenn man nur bereit ist, danach zu suchen.

Wie reist man nach Deutschland ohne Pass und ohne Visum ein? Ein purer Zufall beantwortet mir diese zentrale Frage in meinem abenteuerlichen Plan. »Ich habe einen gültigen Pass mit Visum. Den kann ich dir leihen«, schlägt eine Freundin unkompliziert vor. »Ist doch eine echte Gemeinheit, was deiner Schwester geschieht.« Sie zeigt mir ihren schwarzen türkischen Pass.

Meine erste Freude über diese selbstlose Hilfe weicht rasch großer Ernüchterung. Das Passbild zeigt ein vielleicht 14 Jahre altes Mädchen mit langen dunklen Haaren und einem runden pausbackigen Gesicht. Nie und nimmer sieht Esme so aus.

»Also, ich bin damit neulich noch gereist«, sagt meine Freundin, die mit ihrem uralten Konterfei aus der Zeit ihrer Pubertät praktisch keinerlei Ähnlichkeit mehr hat.

Doch dann fällt es mir ein: Ich selbst bin doch auch so lange mit meinem türkischen Pass mit dem Uralt-Foto gereist, bis ich den deutschen Pass bekam! Die Grenzer haben zwar immer komisch geguckt, aber sie ließen mich passieren. Ein Kinderfoto, schießt es mir durch den Kopf, wäre genau das Richtige! Wenn Esme dies bei der Kontrolle vorlegt, würde sie behaupten können, das wäre sie.

»Bring mir das Ding irgendwann mal wieder«, bittet die Freundin. Wir notieren auf einem Zettel, wie ihre sämtlichen Verwandten heißen und wann sie geboren wurden. Somit wird Esme vorbereitet sein, falls die Polizei ihre Daten überprüft. Dann umarmt die Freundin mich. »Finde ich toll, wie du deiner Schwester hilfst. Du bist total mutig. Ich wünsche euch beiden alles Gute.«

Überrumpelt von so viel selbstloser Hilfsbereitschaft mache ich mich auf zum nächsten Treffen. Ein junger Türke hat sich bereit erklärt, Esme und mir in Mersin behilflich zu sein. Er erwartet mich in einem Café.

»Du willst also einen Mietwagen bestellen, ich hole den ab,

fahre mit euch nach Antalya und fliege mit euch zurück?«, fragt er etwas ungläubig. »Das ist alles?«

»Ja«, sage ich, »mehr musst du nicht tun. Du sollst lediglich unser Alibi sein, damit uns auf der Fahrt niemand dumm anmacht.«

»Wie lange soll die Sache denn für mich dauern?« Er fragt nicht, wie Esme nach Deutschland einreist und es geht ihn auch nichts an. Das ist lediglich meine Sache.

Da ich inzwischen mit Mietwagenfirmen telefoniert habe, ist mein Zeitplan eindeutig: »Du fliegst früh morgens hin und am nächsten Tag gegen Mittag wieder zurück. Für dich ist kein Risiko dabei. Du begehst auch keine Straftat oder so.«

»Nee«, meint er gelassen, »ist ja nicht verboten mit zwei Frauen durch die Gegend zu fahren.«

»Du willst das auch wirklich machen?«, hake ich nach. Denn er wirkt etwas zu unbeteiligt.

»Gar kein Problem!«, versichert er.

Auf dem Heimweg freue ich mich über mein unverhofftes Glück. Was am Anfang so kompliziert aussah, erscheint plötzlich ganz einfach.

Ich rufe Esme an, was nach wie vor nur möglich ist, wenn die Tante gerade aus dem Haus ist: »Du, ich komme in ein paar Tagen zur dir. Ich habe einen Plan: Ich hole dich da raus.«

Einen kurzen Augenblick lang herrscht atemlose Stille. Dann meldet sich wieder ihre tiefe Stimme: »Ich vertraue dir, *abla*. Ich bereite die Tanten und den Verlobten darauf vor, dass du kommst.«

Eine Hälfte ergänzt die andere. So war es immer. Und so wird es immer sein. Deshalb braucht es nicht viele Erklärungen zwischen Esme und mir. Wir können uns auf einander verlassen. Komme, was wolle.

Reise in die Vergangenheit

Morgen früh geht mein Flugzeug von Stuttgart nach Adana. Ich bin dennoch nicht besonders aufgeregt. Jedes Detail der kommenden Woche habe ich im Kopf wie das Drehbuch zu einem Film. Zwei Koffer sind gepackt: Der eine ist sehr groß und enthält ausschließlich Mitbringsel für die Tanten. Vor allem Unmengen Süßigkeiten für sie und die vielen Kinder, die dort immer auftauchen, sobald Besuch aus Deutschland da ist. Und Teebeutel, denn die kann man in Mersin nicht kaufen. Auf weitere Mitbringsel verzichte ich bewusst: Ich möchte möglichst viele Dinge erst in der Türkei kaufen, um oft einen Vorwand zu haben, mit Esme die Wohnung der Tante verlassen zu können. Denn wir müssen nicht nur fliehen, sondern auch einiges für die Zeit danach in Deutschland vorbereiten.

Wenn der große Koffer leer ist, kann Esme das meiste ihrer Kleidung hineinpacken, die sich in fünf Jahren Türkei angesammelt hat. Der kleinere ist bis zum Platzen voll mit alten Kleidungsstücken von mir und nur ganz wenigen, die ich in der kommenden Woche tragen werde. Das gehört zum Plan. Wenn Esme nämlich aus Tante Sultans Wohnung flieht, brauchen wir einen zeitlichen Vorsprung. Deshalb soll nichts auf ihre Flucht hindeuten; ihr Schrank darf nicht leer geräumt aussehen und muss mit meinen aus Deutschland mitgebrachten Sachen gefüllt werden.

Ganz unten in meinem Koffer liegt eine Langhaarperücke. Ich habe sie erst vor kurzem in einem Stuttgarter Afroshop gekauft. Mit dem Ding hat es eine besondere Bewandtnis: Das Mädchen auf dem geliehenen Pass trägt kein Kopftuch. Zwar könnte Esme rein theoretisch ihr Kopftuch im entscheidenden Moment bei der Passkontrolle abnehmen. Da sie jedoch eine gläubige Muslimin ist, der dies in Gegenwart so vieler Menschen verboten ist, bin ich auf die Idee mit der Perücke gekommen. So bleibt ihr wahres Haar verborgen: Für eine Muslimin will eine Flucht eben besonders gut durchdacht sein.

Die drei notwendigen Tickets habe ich auch schon vom Reisebüro geholt. Eigentlich kann es losgehen. Ich überprüfe noch einmal die Flugzeiten: Zuerst werde ich zurückfliegen, gleich ganz früh morgens. Am Nachmittag ist dann Esme dran. Sie wird von dem jungen Türken begleitet. Dafür habe ich mich entschieden, damit sich vor allem die Grenzer in Antalya nicht wundern, wieso ein junger Mann mit zwei jungen Frauen reist. Zu meinem Versteckspiel gehört auch, dass wir nicht nach Stuttgart sondern nach Frankfurt fliegen. So ist unsere Spur nicht ganz so leicht nachzuverfolgen, falls die Familie von Esmes Bräutigam uns suchen lässt.

Jetzt läutet mein Handy. Der junge Türke, mit dem Esme und ich uns treffen wollen, ist dran.

»Tut mir Leid, ich kann doch nicht mit in die Türkei fliegen«, sagt er.

»Nein! Das kannst du mir nicht antun! Esme und ich schaffen das nicht allein. Wir haben doch alles genau besprochen und du hast gesagt, das wäre kein Problem!«

»Ja, schon, aber … also, ich muss arbeiten«, behauptet er. Ich glaube ihm kein Wort. Aber was soll ich jetzt machen? Alles ist gebucht und im Voraus bezahlt, der Mietwagen muss am Flughafen in Adana abgeholt werden. Es gibt nur eine Lösung: Ein anderer Fahrer muss sofort her. Aber woher?

Ich telefoniere alle Freunde durch, die mir einfallen und schildere meine ausgesprochen ungewöhnliche Notlage. Schließlich erreiche ich eine kurdische Freundin, die mit einem Deutschen verheiratet ist. Ich kenne ihren Mann Peter nur flüchtig. »Ich werde Peter fragen, ob er einspringen kann«, meint meine Freundin.

Nach einer Weile ruft Peter mich zurück. »So ein unzuverlässiger Typ!«, schimpft er, als ich meine Schwierigkeiten geschildert habe und atmet tief durch: »Du brauchst mich nur für zwei Tage? Okay, ich helfe euch beiden!« Er erklärt sich bereit, zum Reisebüro zu gehen und das Ticket umschreiben zu lassen. Wofür eine Bearbeitungsgebühr fällig wird. Eines habe ich inzwischen gelernt: Wer die Flucht der eigenen Schwester organisiert, darf nicht kleinlich sein.

Habe ich noch etwas vergessen? Oh je, nun bin ich doch nervös!

Der Blick aus dem Flugzeugfenster ist atemberaubend! Die Türkei ist ein riesiges Land. 10 000 Meter unter mir dehnen sich über hunderte von Kilometern die kahlen braunen Berge des Taurus-Gebirges, dessen bis zu dreieinhalbtausend Meter hohe Gipfel auch jetzt im Frühling noch mit Schnee bedeckt sind. Die selbst aus dieser Höhe gut erkennbaren Ausläufer der Gebirgszüge reichen bis ans Mittelmeer heran. Die Straße, die wir in einer Woche entlangfahren werden, folgt direkt der zerklüfteten Küstenlinie.

Meine Güte, mir war gar nicht klar, wie viele Kurven das sind! Für diese Strecke habe ich einen guten halben Tag einkalkuliert. Ob das nicht doch etwas wenig Zeit ist?

Jetzt erinnere ich mich wieder an ein Telefonat mit dem Türken, der mich schmählich im Stich gelassen hat. Es war irgendwann zwischen dem ersten Treffen und seiner Absage. Ich hatte viel um die Ohren und war nicht so richtig bei der Sache. »Ich habe mit einem Freund gesprochen, der die Strecke von Antalya nach Mersin mal gefahren ist«, sagte der junge Mann. »Er meinte, die Straße ist sehr schlecht. Nur hinter Antalya ist sie verhältnismäßig gut ausgebaut.«

»In unserem Fall ist das ja das letzte Stück. Selbst in der

Nacht wird man dort gut fahren können«, erwiderte ich leichthin.

Jetzt, wo ich die vielen Berge sehe, kommen mir leise Zweifel, ob ich die Autofahrt nicht zu sehr auf die leichte Schulter genommen habe. Es kommt also wirklich darauf an, am Fluchttag so zeitig wie möglich aufzubrechen. Sonst fahren wir stundenlang durch die Nacht. Am Morgen nach dieser Fahrt muss ich das Flugzeug zurück nach Frankfurt erreichen. Ob ich doch zu knapp geplant habe? Es ist zu spät, um noch etwas ändern zu können. Das beweist mir auch der Blick aus dem Fenster: Dort unten liegt schon Mersin, gut erkennbar am riesigen Hafen, dem größten der südöstlichen Türkei.

Das Abenteuer kann beginnen! Irgendwie freue ich mich richtig darauf: Der Tag naht, an dem ich manchen in meiner Familie zeigen kann, dass zumindest für die Kalkan-Schwestern das Mittelalter vorbei ist. Wir lassen uns nicht mehr zwangsverheiraten; wir wehren uns.

Die Rückkehr nach Adana ist jedes Mal eine Reise in meine Vergangenheit. Heute erst recht! Im Gegensatz zu meinen letzten beiden Reisen stelle ich mich diesmal an die längere Schlange für türkische Staatsbürger an und lege den geliehenen Pass vor. Dies ist einer von den beiden kritischen Momenten meiner Mission, deren Risiko ich einfach eingehen muss. Wenn Esme in einer Woche von Antalya aus abfliegt, braucht sie einen gültigen Einreisestempel. Darum bleibt mir keine andere Wahl, als diesen Pass zu benutzen anstelle meines eigenen deutschen.

Der türkische Beamte schlägt das Dokument mit der üblichen Beflissenheit seines Berufsstandes auf. Er blickt hoch, vergleicht mich mit dem Bild und stellt völlig zu Recht fest: »Sie haben sich aber sehr verändert!«

Ich zaubere ein charmantes und gleichzeitig schuldbewusstes Lächeln in mein Gesicht: »Ja, ich weiß, das Bild müsste schon längst erneuert werden. Ich werde das diese Woche machen lassen.«

Rumms, der Stempel ist drin, der Pass wird zugeklappt und mit unbewegter Mine wieder in meine Richtung herübergeschoben. Ich stecke ihn weg. Vielleicht mögen nicht alle Leute türkische Beamte; über diesen kann ich nichts Schlechtes sagen. Er macht seine Sache doch recht ordentlich …

Nachdem ich meine beiden Koffer in Empfang genommen habe, eile ich voller Ungeduld dem Ausgang entgegen. Esme erkenne ich sofort unter all den Kopftuchträgerinnen heraus und steuere geradewegs auf sie zu. Die kräftige Tante Sultan ist natürlich auch mitgekommen; sicherlich wird sie uns in den nächsten Tagen strengstens bewachen. Oh, der Bräutigam ist auch erschienen!

Aber jetzt wird erst mal Esme umarmt. Wie zart sie ist! Ach, kleine Schwester, bald bist du erlöst! Wir trauen uns kaum mehr als ein »Hallo« zu sagen. Tante Sultan wird so höflich begrüßt, dass wahrscheinlich sie selbst vergisst, dass sie mir vor fast genau sechs Jahren schon mal den Tod gewünscht hat. Nun zu Mehmet, dem so genannten Verlobten. Immer schön freundlich bleiben, Hülya! In Wirklichkeit ist der ja noch farbloser als auf den Fotos. Und noch viel ernster. Ich glaube, der wird sehr unangenehm werden, wenn ihm seine »Verlobte« abhanden gekommen ist. Wird wohl besser sein, mit ihm vorsichtig umzugehen. Was allerdings auch bei Tante Sultan dringend angeraten ist; sie mustert mich skeptisch. Wahrscheinlich würde sie mir am liebsten sofort eines ihrer bunten Kopftücher umbinden!

Mehmet fährt uns in seinem Auto vom Flughafen in Richtung Mersin. Esme und ich sitzen hinten, schweigend, nur ein gelegentlicher Augenkontakt versichert uns unserer engen

Verbundenheit. Das Gespräch mit Tante Sultan gestaltet sich zäh, aber wenigstens haben wir Mutter als unverfängliches Thema.

Das graue Haus in jenem Neubauviertel von Mersin sieht unverändert abweisend aus. Hier habe ich die schrecklichste Woche meines Lebens verbracht, niemals wäre ich freiwillig wieder hier, wenn es nicht um Esme ginge. Es fällt mir schwer, zu allen freundlich zu sein. Auch zu Tante Hacer, der jüngsten der drei Schwestern, die immer so aussieht, als hätte sie ihr Leben verpasst. Prompt klagt sie wieder, wie schlecht es ihr geht. Inzwischen lässt sie ihre älteste Tochter eine Ausbildung als Krankenschwester machen. Was wirklich ungewöhnlich und auch lobenswert ist. Aber Tante Hacer denkt dabei gleichzeitig schlau an ihre eigene Zukunft: »Meine Tochter soll mich versorgen können, wenn ich krank werde!«

Auch Sultans Tochter ist natürlich da, eingesperrt wie meine Schwester. Unsere Cousine soll ebenso wie Esme bald verheiratet werden, erzählt sie. Einen Mann gibt es auch schon. Jetzt verstehe ich Tante Sultans Geldknappheit besser: Zwei Hochzeiten, die der eigenen Tochter und jene von Esme – das ist in der Tat eine Belastung. Allerdings hat Tante Sultan sich diesen Stress selbst gemacht: Unsere stille Cousine wird in Kürze 18. Allerhöchste Zeit also, die Sorge um sie an einen Mann abzutreten. Ein früherer Zeitpunkt wäre nicht möglich gewesen.

Inzwischen kenne ich das betreffende türkische Gesetz ebenso wie meine bauernschlaue Tante: In der Türkei muss die Braut mindestens 18 sein, wenn sie verheiratet wird. Als man mich damals dem linkischen Jungfräulichkeitstest unterzog, war ich 17. Ein Jahr lang hätte ich somit noch in dieser düsteren, ungemütlichen Wohnung warten müssen, bis es mir so ergangen wäre wie Esme. Mich schaudert bei diesem Gedanken.

Meine Schwester zeigt mir den Raum, den sie seit andert-halb Jahren bewohnt; es ist das mir wohl bekannte Gästezim-mer. »Ich habe die Tante überredet, dass du bei mir schlafen kannst«, sagt Esme rasch auf Deutsch. Die ersten Worte, die wir seit meiner Ankunft ungestört wechseln können. »Du musst mir heute Nacht alles erzählen!« Ihre großen dunklen Augen glühen voll ungeduldiger Neugier, um ihren Mund spielt ein schadenfrohes Lächeln. Sie weiß immer noch nicht, was genau ich vorhabe. Aber ich glaube, sie kennt mich wirk-lich gut genug, um eine Ahnung zu haben!

Ich drücke ihr meinen kleineren Koffer in die Hand: »Bring den so unter, dass da keiner so ohne weiteres reingucken kann.«

Um nicht den Verdacht einer drohenden Verschwörung auf-kommen zu lassen, schließen wir uns sofort wieder den Ver-wandten an. Der große Koffer verwandelt sich nunmehr in eine Wundertüte, aus der in der Türkei heiß ersehnte deut-sche Leckereien hervorgezaubert werden. Doch die stämmige Tante beäugt mich noch immer argwöhnisch. Als die Gäste gegangen sind, bittet sie mich, auf dem Kanapee Platz zu neh-men. Und wieder setzt sich die verhärmte Tante Hacer auf meine andere Seite! Diesmal bin ich besser vorbereitet. Vor allem habe ich keine Angst.

»Wir freuen uns sehr, dass du gekommen bist, um deiner Schwester zu helfen«, sagt Tante Sultan.

»Das ist wirklich eine große Ehre für sie, dass sie so einen guten Mann heiraten kann«, assistiert Hacer.

»Eine wirklich gute Familie«, betont Sultan.

»Du bist doch auch für diese Hochzeit?«, fragt Hacer.

»Deswegen bin ich doch hier«, sage ich mit fester Stimme. »Jemand aus der Familie muss Esme doch beistehen.« Meine Formulierung ist durchaus berechtigt, meint allerdings etwas anderes als die beiden Tanten verstehen.

»Anfangs warst du aber gegen die Hochzeit«, erinnert sich Sultan.

In der Türkei gibt es für Gespräche wie dieses ein treffendes Sprichwort: Man sucht den Mund eines anderen Menschen ab. In Deutschland sagt man, dass man jemandem auf den Zahn fühlt. Die Polizei beider Länder hat dafür einen knappen Begriff im Vokabular: Dies ist ein Verhör. Und ich bin ein feindlicher Agent … Unter allen Umständen ist es somit angebracht, kein Wort im Munde zu führen, das man besser nie gesagt hätte.

Ich leugne meine ursprüngliche Haltung nicht, sondern bekenne mich dazu: »Ja, weil ich noch nicht gewusst habe, dass ihr einen Mann ausgesucht habt, der es wirklich gut mit meiner Schwester meint. Jetzt habe ich ihn kennen gelernt und verstehe euch viel besser.«

Tante Sultan lässt dennoch nicht locker: »Du siehst also ein, dass dies keine Zwangsheirat ist?«

»Esme hat doch zugestimmt, Mehmet zu heiraten«, erwidere ich freundlich. Ich fühle mich zunehmend unwohl in der physischen Nähe dieser beiden Frauen, reiße mich jedoch zusammen. Während ich ausharre, fällt mein Blick auf den Ofen, der an der Stirnseite des Zimmers gleich neben der Tür steht. Davor haben die Verwandten mit Esme und Mutter fürs Verlobungsfoto posiert, mit dem offen vor der Wand verlegten, dunklen Ofenrohr als Hintergrund.

»Mutter sagt, dass ihr die Verlobungsfeier so gut gefallen hat«, werfe ich ein, um die unangenehme Atmosphäre aufzulockern. Es gelingt mir tatsächlich und die beiden Tanten erzählen, wie schön alles gewesen sei. Ich schaffe es, der Umklammerung zu entkommen und flüchte unter dem Vorwand großer Müdigkeit ins Gästezimmer. Ich bin wirklich völlig erschöpft von diesem Verhör, aber auch gleichzeitig so gespannt, was Esme zu meinem Plan sagen wird.

Ein Mann zweiter Wahl

Es tut so gut, Esme wieder bei mir zu haben. Wir liegen flüsternd nebeneinander im Bett, wie zwei Kinder, die einander große Geheimnisse anvertrauen. Ich erkläre meiner Schwester jedes Detail meines Plans.

»Was hältst du davon?«, frage ich.

»Ich finde nur das mit dem Pass etwas gefährlich. Das Mädchen auf dem Foto sieht mir überhaupt nicht ähnlich, *abla*! Sieh doch nur, was die für ein rundes Gesicht hat.«

»Doch, Esme, als du viel jünger warst, hast du fast so ausgesehen wie sie. Wirklich, glaub mir.«

»So dick war ich nie.«

Ich ziehe den Koffer unter dem Bett hervor und hole die Perücke von ganz unten heraus. »Darum habe ich dir die Perücke mitgebracht. Die macht dein Gesicht voller. Setz sie mal auf!«

Meine Schwester springt kichernd aus dem Bett. Sie hat sich schon früher gern so geschminkt, dass sie völlig verändert wirkte, denn im Gegensatz zu mir ist sie eine echte Make-up-Spezialistin. Es macht ihr sichtbar Spaß, sich die falschen Haare überzustülpen und vor dem Spiegel zu posieren. Ich habe auch ein schickes Band mitgebracht, mit dem sie den Haaransatz kaschieren kann. Sie drapiert die falschen Haare so lange, bis sie dem alten Passbild in der Tat ein wenig ähnelt und wendet sich mir mit einem strahlenden Lachen zu: »*Abla*, das ist perfekt. Die werden mich durchlassen. Und wenn nicht, ist es auch nicht so schlimm, dann komme ich halt ins Gefängnis. Wenn ich diesen Mehmet heiraten müsste, das wäre die Hölle. Dann schon lieber Gefängnis!« Sie sieht mein entsetztes Gesicht und lacht: »Unsinn. Nichts wird schief gehen!«

Esme albert aufgedreht herum, bis ich sie zu konspirativer

Stille ermahne: »Die da draußen dürfen keinen Verdacht schöpfen!« Ich gebe ihr das Blatt, auf dem alle Details über die Familie unserer Pass-Spenderin vermerkt sind. »Du musst das richtig gut auswendig können«, schärfe ich ihr ein. Aber meiner Schwester steht der Sinn jetzt nicht nach solch trockenen Details. Sie will die Frustrationen rauslassen, die sich in ihr angesammelt haben.

»Ich erzähl dir mal, wie es überhaupt zu meiner Verlobung gekommen ist: Die Tanten wollten, dass ich zur Hochzeit einer anderen Verwandten mitgehe. Ich hatte überhaupt keine Lust, weil ich nicht wusste, was ich da sollte. Ich sitze da so rum, da kommt plötzlich eine mir unbekannte Frau auf mich zu und fragt: Zu welcher Familie gehörst du? Ich habe natürlich Tante Sultans Namen gesagt. Ohne mir irgendwas dabei zu denken. Am nächsten Morgen sagt Sultan zu mir: Da war gestern eine Familie, die eine Frau für ihren Sohn sucht. Du hast ihnen gefallen. Die wollen dich jetzt schauen kommen.«

»Das kann doch nicht wahr sein«, sage ich. »Die haben kein Wort mit dir geredet und dann wollen sie gleich Brautschau machen?«

»Und dann kamen die und Mehmets Vater sprach nur mit Onkel Ahmet. Als mich Sultan dann ins Nebenzimmer geschickt hat, meinte sie, ich solle mit Mehmet darüber reden, wie ich mir mein Leben vorstelle! Ich sah diesen Mehmet an, den ersten Mann, nachdem ich fünf Jahre lang weggesperrt war, und dachte bloß: Was soll ich denn mit dem? Das ist überhaupt nicht mein Typ! Ich war so gefrustet. Und soll ich dir das Schärfste sagen? Keiner von denen hier findet den Mehmet gut! Das habe ich jetzt erst mitgekriegt. Mehmets Eltern hatten nämlich zuerst vor, dass ihr Sohn Tante Sultans Tochter heiratet. Aber das wollte Sultan nicht. Die wollten mich einfach nur loswerden. Aber die Verantwortung dafür mochten sie nicht übernehmen. Deshalb haben sie Mutter angerufen: Emine, du musst kommen und das entscheiden, hat Sultan gesagt. Das Telefonat habe ich zufällig mitbekommen. Wenn das mit Mehmet und Esme schief geht, dann sollst du mir hinterher keine Vorwürfe machen. Das hat sie wörtlich gesagt!«

»Dann wusste Mutter, dass ihre eigene Schwester dich an einen Mann zweiter Wahl verheiraten wollte?«

»Es ist ihr völlig egal, *abla*! Die ganze Zeit hat Sultan mich vollgequatscht, wie gut der Mehmet für mich ist. Dann kam Mutter und hat dasselbe gesagt. Die haben mich voll hintergangen. Die wollen mich nur loswerden, das ist alles. Na, das werden sie ja jetzt auch!« Esme lacht verächtlich. »Als du anriefst und sagtest, du hast einen Plan, da wusste ich sofort, du lässt mich nicht im Stich. Von da an habe ich mich total geändert und war richtig nett zu dem Mehmet. Er sollte glauben, ich mag ihn. Das hat auch geklappt! Inzwischen sind wir schon mal zusammen ans Meer gefahren. Zusammen mit unserer Cousine und ihrem Verlobten. Und wir waren in der Wohnung, in die unsere Cousine einzieht. Sie hat sich übrigens ihren Mann selbst aussuchen dürfen. Der sieht wirklich gut aus und außerdem hat seine Familie ziemlich viel Geld. Und mich zwingen sie in so eine Ehe mit einem Typen, den sie selbst nicht richtig leiden können.«

Meine Schwester ist jetzt richtig in Fahrt. »Du, gegenüber wohnt übrigens ein hübscher junger Mann! Der ist völlig anders als Mehmet, richtig selbstständig. Der bügelt sogar seine Hemden selbst. Außerdem glaube ich, dass er ein Künstler ist.«

»Hast du denn schon mal mit ihm gesprochen?«, frage ich. Denn ich kenne meine Schwester: Wenn sie mit jemandem Kontakt haben will, findet sie einen Weg. Selbst in Sultans »Gefängnis«.

Esme ist ganz kribbelig. »Telefoniert habe ich mit ihm. Nachdem wir uns tagelang immer nur Blicke zugeworfen haben, gab er mir irgendwann ein Zeichen, wir sollten uns anrufen. Dann hat er seine Nummer auf einen Zettel geschrieben und den aus dem Fenster geworfen. Ich habe dann so getan, als würde ich den Müll runtertragen, hab mir den Zettel geholt und ihn angerufen. Ich habe mich nicht getraut, ihm meinen Namen zu nennen. Da war ich ja schon verlobt und unsere Cousine hat immer aufgepasst.« Sie seufzt schwer über den verpatzten ersten Flirt ihres Lebens.

»Du wirst in Deutschland genügend Jungs kennen lernen«, tröste ich sie. Aber sie ist so aufgekratzt, dass sie noch mal aus dem Bett krabbelt und an ihren Kleiderschrank geht. Sie sucht eine Schmuckschachtel hervor, klappt sie auf. »Hier, das ist mein Brautset.«

Eine Expertin für Gold bin ich nicht gerade. Doch der Schmuck fühlt sich schwer an, die einzelnen Glieder sind auch nicht von innen ausgehöhlt. Das könnte in der Tat wertvoll sein.

»Wenn wir hier abhauen, lasse ich das da. Von dem Typen will ich nichts haben«, sagt Esme trotzig.

»Das soll deine Zukunft absichern«, wende ich ein. »Ich habe gehört, man lässt das ohnehin einschmelzen, wenn man bei einer Scheidung das Geld braucht. Dann ist das angeblich mehr wert. Das könnten wir auch machen. Wir brauchen Geld, wenn wir zurück in Deutschland sind.«

»Nee, *abla*, lieber gehe ich putzen als sein Gold mitzunehmen.« Sie verschließt die Schachtel und legt sie unter ihre Kleidung zurück. »Weißt du, was mich der Mehmet gefragt hat: Ob ich ihm das Brautgold wiedergeben könnte?«

»Wie bitte? Was will der damit?«

»Er braucht das Geld, weil ihn sein Vater so knapp hält! Stell dir das mal vor! Vor der Hochzeit will dieser Mann seine

Braut hinter dem Rücken aller Verwandten um deren Zukunftsabsicherung bringen.«

Hätte ich auch noch den Rest eines Zweifels gehabt, ob meine »Fluchthilfe« tatsächlich angebracht ist, so hätten sie sich spätestens in diesem Moment verflüchtigt. »Wenn der jetzt schon so anfängt, hättest du mit dieser Ehe in der Tat die Hölle auf Erden erlebt«, seufze ich.

»Mehmet hält mich wohl für ziemlich dumm«, gesteht Esme. »Sonst hätte er mir niemals diesen Vorschlag gemacht.« Sie legt sich neben mich, rollt sich zusammen und sagt etwas, das mir wohl nicht mehr so bald aus dem Kopf gehen wird: »Ich habe mich gefragt, ob Mehmet wohl der einzige Mann ist, der seine Frau schon vor der Hochzeit auf diese Weise austrickst. Stell dir mal vor, ein Mädchen ist tatsächlich so gutgläubig und gibt ihrem künftigen Mann ihr Brautgold. Dann heiratet sie ihn, verliert ihren Wert als unberührtes Mädchen und ihr Ehemann lässt sie danach sitzen. Wenn einer schon mit einer Lüge anfängt, kann er hinterher auch behaupten, seine Frau habe das Brautset selbst verkauft. Was soll denn aus so einer unglücklichen Frau noch werden?«

Meine Schwester hat vermutlich Recht. »Solange Frauen wie eine Ware gehandelt und nicht als gleichberechtigte Partner und um ihrer selbst willen geliebt, geachtet und geheiratet werden, mögen solche Alpträume wohl jeden Tag Wahrheit werden«, sage ich. Allein deshalb hätte ich wohl an Esmes Stelle Mehmets Egoismus mit gleicher Münze zurückgezahlt.

»Wir sollten jetzt schlafen«, sage ich, müde von diesem langem Tag. »Wir haben für morgen ein volles Programm.«

»Erzähl mal!«, bittet sie ungeduldig. »Ich werde noch nicht schlafen. Ich muss um 23 Uhr mein letztes Gebet sprechen.«

Das hatte ich vergessen, denn wir hatten uns einfach schon sehr lange nicht mehr gesehen. Meine Schwester hält ihre Vorschriften für die fünf täglichen *namaz*, die Pflichtgebete, nach wie vor sorgfältig ein. Ich respektiere, dass dieser Glaube Esme Halt gibt, nachdem wir darüber bei meinen letzten Besuchen ausführlich gesprochen hatten.

»Wir müssen ohne Aufsicht raus dürfen«, sage ich schläfrig. »Ich muss zu verschiedenen Stellen gehen, wo wir keinen von der Familie dabei haben dürfen. Meinst du, wir kriegen das hin?«

»Mehmet vertraut mir«, meint Esme. »Der wird mit uns rausgehen. Und dann müssen wir ihn bloß irgendwie loswerden. Da fällt uns schon noch was ein.«

Heute Morgen erwache ich ziemlich früh. Esme ist schon wieder seit ein paar Stunden wach, denn sie musste gegen Sonnenaufgang ihr erstes *namaz* beten. Sie ist schon fertig angezogen. Ein Blick in ihr Gesicht verrät mir, dass etwas passiert ist, das gar nicht gut ist.

»Die Nachbarin, die ein Stock über Tante Sultan wohnt, ist in der Nacht gestorben«, sagt sie.

Ich reibe mir den Schlaf aus den Augen. »Ja, und?«, frage ich. »Mochtest du sie?«

Esme schüttelt den Kopf. »Das ist nicht das Problem. Was wirklich blöd ist: Jetzt wird für eine Woche getrauert.«

Ich bin noch immer nicht wach genug, um einen Zusammenhang herstellen zu können zwischen unserem drängenden Zeitplan und dem Tod der Nachbarin, an die ich mich kaum erinnern kann.

»Tante Sultan lässt uns nicht gehen. Wir müssen mithelfen, die Trauerfeierlichkeiten vorzubereiten.«

»Heißt das, Mehmet wird uns nicht abholen?«

»Er holt uns nicht nur heute nicht ab,« präzisiert meine Schwester, »sondern die ganze Woche nicht. Denn wir beide dürfen eine Woche lang nicht aus dem Haus, weil die ganze Straße wegen des Todes der Nachbarin trauert.«

Allmählich dämmert mir, was das bedeutet. »Das darf doch einfach nicht wahr sein!« Mein schöner Zeitplan! Begraben vom Tod einer Nachbarin? Droht gar die ganze Flucht zu scheitern?

»Weißt du, was Tante Sultan gesagt hat?«, fragt Esme. Ich kann die Auflösung kaum erwarten. »Hülya kommt und die Nachbarin stirbt.«

»Oh je, das fängt ja gut an.« Ich ziehe mir die Decke über den Kopf und beschließe, das Einzige zu tun, was mir jetzt noch übrigbleibt: mich nicht aufzuregen.

Versteckspiele

Einfach unglaublich, wie viele Menschen in Tante Sultans Wohnzimmer passen! Das müssen mindestens 30 sein. Und alles nur Männer. Verwandte, Bekannte, Nachbarn und auch Mehmet, der Verlobte zweiter Wahl, ist da, denn der gehört schließlich jetzt auch zur Familie. Sie sitzen alle am Boden. Eine Decke ist ausgebreitet, darauf stehen zahllose Teller, hübsch dekoriert mit Unmengen geviertelter Zitronen. Es sind die typischen Speisen, die eine große Tafel ausmachen: Frische, klein gehackte, scharf gewürzte rote Zwiebeln. Berge von Petersilie. Salate aus klein geschnittenen Gurken und Tomaten. Dazu literweise frischer *ayran*, der milde Joghurt, der mit einer Prise Salz am besten schmeckt. Und die Hauptspeise, Stapel von *lahmacun*, die längliche, hauchdünne, mit Lammhackfleisch bestreute türkische Pizza. Nichts davon ist fertig gekauft. Denn zu fast allen Männern, die drinnen tafeln, gehören Frauen. Die reichen das Essen und bringen den *çay*. So wie jetzt gerade Esme.

Da ich Gast bin, muss ich nicht bedienen. Mein Platz ist gleichwohl in der Küche bei den anderen Frauen. Gemeinsam mit ihnen haben wir den ganzen Tag in Sultans Küche geschnipselt, gerührt, gekocht und gebacken. Zum Ausgleich dafür dürfen wir die Reste essen. In der Küche, wie sich das zumindest in diesen türkischen Kreisen gehört. Wie die anderen Frauen habe ich mir einen bunten Rock angezogen und keine Jeans. Freiwillig, um der Tante zu zeigen, dass ich gar nicht mehr rebellisch bin.

Langsam geht der Tag dem Ende entgegen, der zweite meines für eine Woche geplanten Befreiungstrips. Morgen soll die Trauerfeier weitergehen, in der gleichen Form, vielleicht mit einem etwas anderen Essen und mit anderen Nachbarn: Die Straße, in der Sultan wohnt, ist lang! In den nächsten Tagen, wenn genug gegessen wurde, wird der Sarg mit der toten Nachbarin diese Straße entlanggetragen. Wann, weiß ich nicht. Aber für die notwendigen Behördenwege in Mersin und Esmes Flucht dürfte es dann auf jeden Fall zu spät sein. Vom Stehen in der Küche schmerzt mein Rücken und ich bin nervös. Ich will mir nichts anmerken lassen, denn niemand soll Verdacht schöpfen. Gleichwohl suche ich fieberhaft nach einem Ausweg aus diesem Dilemma.

In einem halbwegs ruhigen Moment treffe ich auf Tante Sultan und erwähne den wahren Grund meines Besuchs so beiläufig wie möglich: »Schade, nun kann ich gar nicht mit Esme all die Sachen einkaufen, die sie noch für ihre Hochzeit braucht.« Am liebsten würde ich noch deutlicher werden und sagen: Aber du bist gewiss gerne bereit, all das viele Geld für deine liebe Nichte auszugeben. Was ich mir selbstverständlich im festen Vertrauen auf den Geiz der stämmigen Tante verkneife.

Am nächsten Morgen – die Küche füllt sich schon wieder mit hilfsbereiten Frauen – sagt Tante Sultan: »Gleich kommt

Mehmet. Er wird euch begleiten, wenn ihr eure Einkäufe macht.«

Ein stummer Blickwechsel zwischen Esme und mir signalisiert uns beiden: Keine Sorge, den werden wir schon los. Wichtig ist nur, dass wir raus können.

Kaum dass wir mit Mehmet in eine Gegend gefahren sind, in der sich die Geschäfte aneinander reihen, halte ich unauffällig nach dem Büro eines Notars Ausschau. Während wir Mehmet gegenüber den Anschein erwecken, für Esme ein Kopftuch und etwas Hübsches zum Anziehen auszusuchen. Der Verlobte, ganz einkaufsunwilliger Mann, steht ungelenk im Wege herum. Endlich entdecke ich das gesuchte Schild eines Notars. Jetzt ist der Moment gekommen, Mehmet abzuschieben.

»Ich muss übrigens noch zum Büro des Bürgermeisters«, sage ich, »um eine Bescheinigung für die Steuererklärung meiner Mutter ausfüllen zu lassen.« Die braucht sie tatsächlich, weil sie Esme bislang finanziell unterstützt hatte. »Meinst du, es wird sehr lange dauern, bis wir dort dran kommen?«

»Ein paar Stunden«, vermutet Esmes Verlobter. »Aber ihr beiden könnt solche Dinge ohnehin nicht.« Sein Gesicht, das während unseres Einkaufs von schwerer Langeweile gezeichnet war, hellt sich auf: »Ich hole die Bescheinigung. In der Zwischenzeit macht ihr eure Besorgungen.«

Pflichtschuldig murmele ich Dankesbeteuerungen und drücke ihm zehn Millionen Lira in die Hand, wovon er die anfallende Gebühr bezahlen soll, und dann verabschieden wir ihn. Selbstverständlich indem wir einen Treffpunkt ausmachen. Wir huschen ins Geschäft, lugen um die Ecke, bis er weg ist und hasten die fünf Häuser zurück bis zum Notar.

Es geht um zwei Vollmachten, die ich in Deutschland vorlegen will. Die Sache ist nicht ganz einfach, jedoch wesentlicher Bestandteil meines ausgeklügelten Plans: Ein deutscher

Anwalt soll sich künftig um Esmes Antrag auf Wiedereinreise kümmern. Esme wird zwar bei mir in Stuttgart wohnen,
aber davon dürfen die deutschen Einwanderungsbehörden
nichts wissen. Folglich muss der Antrag so gestellt werden,
als würde meine Schwester noch in Mersin leben. Dafür
braucht es die beiden Vollmachten, die sie in Gegenwart des
türkischen Notars unterschreibt, damit sowohl der deutsche
Anwalt als auch ich ihre Interessen vertreten dürfen.

In dem Notariat hört man sich meine Wünsche an und dann
geht es los: »Wozu brauchen Sie das? Was wollen Sie damit
machen? Wieso benötigen Sie einen Anwalt in Deutschland?«
Die Neugier der Türken ist wirklich erschreckend! Und dann
wissen sie alles besser: »Machen Sie das doch so und so …«
Dabei geht die Zeit dahin. Obendrein hat das Notariat eine
Glasscheibe, durch die man von außen reinblicken kann! Jeder, der vorbei geht, kann uns sehen.

Schließlich erklären die Notariatsangestellten sich bereit, alles so zu machen, wie der deutsche Anwalt es mir aufgetragen
hat.

»Wie lange wird denn das dauern?«, frage ich.

»Zwei Stunden«, lautet die Antwort.

Esme und ich sitzen wie auf glühend heißen Kohlen. Plötzlich stupst meine Schwester mich an: »Draußen ist Mehmet.«

Ich gucke gar nicht erst hin. »Oh je!«, stöhne ich.

»Er geht vorbei. Nee, der hat uns nicht gesehen.«

Ich atme auf. »Wieso ist der überhaupt zurück? Hat er nicht
gesagt, das würde ein paar Stunden dauern?«

Esme grinst. »Der wollte uns wahrscheinlich genauso loswerden wie wir ihn!«

Endlich haben wir die Dokumente, jetzt rasch ein Dolmetscherbüro finden! Wir hasten durch die Straßen und finden
die Adresse nicht, die ich mir besorgt hatte. Ständig sitzt uns
die Angst im Nacken, dass uns jemand von dieser umfangrei-

chen Verwandtschaft entdecken könnte. Nachdem wir mehrere Leute nach dem Weg gefragt haben, stehen wir in einer versteckten Seitenstraße in einem engen Hauseingang. Das Schild des Büros ist wirklich kaum zu entdecken. Die Dolmetscherin, eine Türkin, die lange in Deutschland gelebt hat, empfängt uns.

Aber sie hat eine schlechte Nachricht: »Das schaffe ich heute nicht mehr. Sie müssen morgen wiederkommen und die Übersetzungen abholen.« Sie hat keinen Computer, sondern nur eine altmodische Schreibmaschine und muss alles abtippen.

Wiederkommen? Wir sind heilfroh uns heute losgeeist zu haben!

Esme lässt sich nicht verdrießen: »Uns fällt schon was ein, *abla*.«

Wir huschen wieder zurück in die belebte Geschäftsstraße. Wir sind spät dran, Mehmet wird uns schon erwarten. Aber wir haben noch gar nichts eingekauft! Vor allem ich tue mich in Geschäften oft schwer, etwas Hübsches zu erstehen. Jetzt jedoch geht es ganz rasch! Esmes Verlobter erwartet uns schon in einem Park am Meer. Er hat es nicht eilig, uns bei der Tante abzuliefern und wir stürzen uns auf einen Imbiss. Verstecken spielen in Mersin macht hungrig!

»Wir haben noch nicht ganz das Richtige gefunden. Aber ich habe ein sehr hübsches Hennaset gesehen, das ich Esme kaufen will«, behaupte ich am folgenden Morgen gegenüber Tante Sultan. Das Hennaset ist das A und O der Hochzeit, fast so wichtig wie das Brautkleid.

Das Gesicht der Tante, fest umschlossen von ihrem obligatorischen Kopftuch, bleibt abweisend: »Heute oder morgen oder übermorgen kommen Esmes Schwiegereltern. Ihr könnt nicht weggehen.«

Zu den Pflichten einer Braut gehört nämlich, den Schwiegereltern entgegenzugehen, wenn die zu Besuch kommen. Eine Frage des Respekts. Vor Jahren war ich einmal gemeinsam mit Mutter in Stuttgart bei einer türkischen Nacht. Da erschien jede Familie mit ihrer »Braut des Hauses« – so nennt man eine künftige Schwiegertochter. Damit die nicht nur trübsinnig daheim herumsitzt, darf sie bei solchen gesellschaftlichen Anlässen in Begleitung der Schwiegermutter ausgehen. Die Zeit der Verlobung ist nämlich die Eingewöhnungsphase für den langen Rest des Lebens als neue »Tochter« der Frau Schwiegermutter.

»Der Einkauf dauert gewiss nicht lange«, beruhige ich die Tante. »Wir wissen ja genau, was wir wollen. Deswegen haben wir uns gestern so gründlich alles angeschaut.«

»Esme muss auf ihre Schwiegereltern warten«, beharrt die Tante.

Ich ziehe meinen letzten Trumpf aus dem Ärmel: »Ich habe ein sehr hübsches Küchenset entdeckt«, setze ich nach. »Das kostet 150 Euro.«

Die Tante ist Argumenten eher zugeneigt, wenn es dabei um Geld geht, das sie nicht selber zahlen muss. Sie ruft ihre Tochter: »Du begleitest Esme und Hülya! Aber beeilt euch!«

Wir haben Glück! Ausgerechnet ganz in der Nähe unseres eigentlichen Ziels, dem Dolmetscherbüro, befindet sich auch das Textilgeschäft von Tante Sultans Mann. Voller Stolz zeigt uns die Cousine den Laden ihres Vaters.

»Du kannst ruhig hier bleiben«, schlage ich der Cousine vor. »Wir gehen rasch nach nebenan, wo die beiden Geschäfte sind.«

Onkel Ahmet bringt uns bis zur Tür. In dem Moment kommt ein Mann vorbei, der unseren Onkel freundlich fragt, wie es ihm denn geht.

»Bestens«, gibt Tante Sultans Mann zur Antwort. »Wir feiern bald eine Hochzeit. Wir verheiraten Esme.«

Wir machen, dass wir fortkommen. Ich bin zornig: »Hast du das gehört? Wir verheiraten Esme! Nicht etwa: Esme heiratet. Nein, du wirst verheiratet. Das ist die Leidensform.«

Zwangsheirat gibt es nicht? Die Beamten des Stuttgarter Ausländeramts sollten mal den türkischen Alltag erleben und nicht nur an den Badestränden des Mittelmeers entspannen!

Rechts und links um uns blickend, damit wir auf keinen Fall unversehens einem Verwandten in die Arme laufen, erreichen wir das Übersetzungsbüro, schnappen uns den dringend gebrauchten Zettel wie eine Siegestrophäe und erstehen anschließend für viel Geld Henna- sowie Küchenset. Kurz darauf treffen wir wieder bei der Cousine ein, um mit ihr per *dolmus* zu Tante Sultan zurück zu fahren.

Die Tante ist beeindruckt: »Das ist aber sehr schön, was ihr ausgesucht habt!«

Wortreich erkläre ich, wie glücklich ich bin, meiner Schwester solch wunderbare Dinge erstehen zu dürfen.

»Wir brauchen für die Hochzeit auch noch Stühle«, führt die Tante aus. »Solche aus Plastik, die man stapeln kann.«

Mir leuchtet das durchaus ein, denn es gibt wirklich viele Verwandte und die können an einem Festtag nicht auf dem Boden sitzen. »Ja, die kann ich noch besorgen«, sage ich, ganz die kooperationswillige Nichte. Natürlich habe ich nicht vor, länger den Goldesel für eine Hochzeit zu spielen, die ohnehin nicht stattfinden wird.

An weitere Einkäufe ist ohnehin nicht zu denken, solange die Schwiegereltern nicht erschienen sind. Wir widmen uns den umfangreichen Essensvorbereitungen. Und warten. Geschlagene zwei Tage, die mich erahnen lassen, mit welch einer Eintönigkeit das Leben einer türkischen Ehefrau abläuft. Esme und ich nutzen die Zeit, um unser Vorgehen zu planen. Sobald die Schwiegereltern da gewesen sind, werden auch wir verschwinden. Auf Nimmerwiedersehen! Ausgerechnet Tante Hacer wird der Schlüssel zu Esmes Freiheit sein. Sie weiß es nur noch nicht ...

Allmählich wird die Zeit knapp: Uns bleiben nur noch drei Tage!

Endlich, da sind sie, die Schwiegereltern. Mehmets Mutter macht einen freundlichen Eindruck. Sie ist eine rundliche, hübsche Frau in ihren Vierzigern, die viel redet und lacht. Ihren Mann, mit schneeweißem Haar und Vollbart, schätze ich auf Ende 50. Mit ihm komme ich selbstverständlich kaum ins Gespräch; er unterhält sich im Wohnzimmer mit den Männern. Uns Frauen bleibt wieder einmal nur die Küche.

Mehmets Mutter stellt mir viele Fragen über Deutschland: »Ist das mit den Nazis wirklich so schlimm?«, will sie wissen. Weder sie noch ihr Mann waren jemals in Deutschland; sie haben bis vor wenigen Jahren in Ankara gelebt. Ihr Bild von Deutschland ist durch die teilweise sehr tendenziöse Berichterstattung der populären türkischen Tageszeitungen geprägt. So gut es in der kurzen Zeit möglich ist, versuche ich ihre Vorurteile gerade zu rücken. Auch über mein Leben möchte sie viel wissen; eine gute Gelegenheit zu berichten, dass Frauen es in Deutschland bedeutend einfacher haben, eine Ausbildung zu machen und einen Beruf zu ergreifen.

»Was arbeitest du denn?«, fragt sie.

Glücklicherweise bin ich darauf vorbereitet. In einem türkisch-deutschen Wörterbuch, das ich immer mit mir führe, hatte ich nachgeschlagen, was Bürokauffrau heißt.

Das sagt ihr erwartungsgemäß wenig. Mein Verdienst ist da schon interessanter und ich habe keine Scheu ihn zu nennen. Wer in diesen Zeiten mehr als 600 Euro verdient, gilt hier als reich. Dass das in Stuttgart gerade reicht, um die laufenden Kosten zu decken, ist kaum begreiflich zu machen.

Mir ist es wichtiger, davon zu erzählen, was das »Forum der Kulturen« für die Völkerverständigung leistet.

»Tatsächlich? In Stuttgart ist jeder vierte Einwohner kein gebürtiger Deutscher?«, fragt sie ungläubig.

Da ich mich sehr für die türkischen Minderheiten einsetze, kann ich mir natürlich nicht den Hinweis verkneifen, dass die Deutschen die anderen Nationen in ihrem Land wesentlich liberaler behandeln als die Türken ihre Kurden und Aleviten, die nach wie vor kaum Rechte genießen. Zu weit darf ich den Mund nicht aufmachen, denn in Tante Sultans Wohnung muss ich gerade jetzt vorsichtig sein, da sie anfängt mir zu vertrauen.

Esme ist währenddessen ständig zwischen Küche und Wohnzimmer unterwegs, wo sie den »Schwiegervater« und die übrigen Männer mit çay und Essen zu bedienen hat. Auch Tante Sultan ist im Stress: Die Beerdigung will vorbereitet werden. In ihrer türkischen Kleidung, mit weitem Rock und Kopftuch, den Blick gesenkt, huscht meine Schwester hin und her. Ein schrecklicher Gedanke, dass sie so die nächsten Jahrzehnte zubringen sollte! Wenn es nach Tante Sultan gegangen wäre, hätte mir dasselbe geblüht. Seit fünf, möglicherweise gar sechs Jahren würde ich so leben, gewiss schon ein Kind haben, eher zwei: Mich überläuft ein Frösteln.

»Ist dir kalt?«, fragt die Schwiegermutter besorgt.

»Nein, alles in Ordnung«, sage ich und setze das freundliche Lächeln einer Frau auf, die es gewohnt ist, ihre wahren Gedanken zu verbergen.

Als sich alle zum Pflichtgebet zurückziehen, blicke ich auf die Uhr. Ich gehöre nicht hierher und habe nie hierher gehört. Ich muss hier raus! Aber die Zeit ist in dieser Wohnung wie ein Kaugummi, den man sich unter den Schuh getreten hat. Sie scheint sich unendlich zu dehnen. Während die Zeiger der Uhren in Wahrheit unaufhaltsam vorrücken. Wenn ich nichts unternehme, ist es bald zu spät.

Ich verziehe mich ins Gästezimmer und beginne, Esmes Schrank leer zu räumen, als meine Schwester vom Gebet zurückkommt. Wir müssen uns sehr beeilen, denn ständig droht jemand ins Zimmer zu platzen. Angeklopft wird hier nicht. Der große Koffer, mit dem ich die Süßigkeiten gebracht hatte, nimmt ihre Kleidung auf. Mit meinen alten Sachen fülle ich die entstandene Leere im Schrank. Esme legt ihre altmodischen Röcke und Blusen, die sie in Deutschland nicht tragen mag, obendrauf. Ich betrachte unser Werk und bin zufrieden; Tante Sultan wird nicht merken, dass Esme alles mitgenommen hat, was ihr wichtig ist. Denn wenn wir morgen früh gehen, können wir nichts mehr nachholen.

Unschlüssig blicke ich auf das Brautset. »Das verstecken wir hinter dem Schrank, damit Mehmet es nicht findet«, sagt meine Schwester. »Wir sind schließlich keine Diebe.« Wir wollen nichts von diesen Leuten. Nichts, außer der Freiheit, selbst entscheiden zu dürfen, wie wir leben.

Ich räume meinen eigenen Koffer wieder ein, die Perücke kommt ganz nach unten zu den Reisedokumenten. Dann schiebe ich den Koffer wieder unters Bett. Es kann losgehen.

Während Esme wieder die Gäste bedient, rauche ich nervös in der Küche eine Zigarette und warte wieder einmal. Ich hoffe, es ist das letzte Mal in dieser Wohnung.

Wohin wollt ihr?

Zwei Mädchen, die in Mersin mit Koffern unterwegs sind, und nach einem Taxi Ausschau halten, sind so auffällig wie zwei Pinguine in der Sahara. Diesen Gedanken konnte ich also von Anfang an vergessen. Selbst, wenn wir samt Koffern einfach aus Sultans Haus marschiert wären, hätten wir nicht weit kommen können. Erst recht nicht, nachdem die Nachbarin gestorben war. Jeder der vielen Besucher – und somit die gesamte Nachbarschaft – kannte uns beide. Die Flucht war also nur über einen Umweg möglich, bei dem nicht die Gefahr bestand, sofort verpetzt zu werden. Nachdem ich den Tod der Nachbarin zunächst für ein unüberwindliches Hindernis gehalten hatte, erschien er mir nach ein paar Tagen als ausgesprochen hilfreich. Es kam nur darauf an, die richtigen Worte zu finden, mit denen ich Tante Sultan von der angeblichen Harmlosigkeit unseres Unterfangens überzeugen konnte. Aber ich hatte ja genug Zeit zum Nachdenken gehabt!

Die Schwiegereltern sind fort, das Haus füllt sich mit immer mehr Gästen. »Tante Sultan«, sage ich, »hier bei dir sind so viele Menschen. Du hast doch gar keine Zeit für uns. Ich würde so gern mal Tante Hacer besuchen. Sie sehe ich so selten. Meinst du nicht, Tante Hacer würde sich freuen, wenn wir ein, zwei Tage bei ihr verbringen würden? Dann hätten Esme und ich auch noch ein wenig Ruhe, um miteinander zu sprechen. Bald ist sie verheiratet und dann gehört sie zu Mehmets Familie. Es wäre so schön, wenn wir beiden Schwestern wenigstens diese kurze Zeit noch gemeinsam hätten.«

Meine Tante, die dominanteste der drei Schwestern, gibt ungern die Kontrolle aus der Hand. Aber Hacer, aufgewachsen als jüngstes Mädchen in einer Riege von fünf Halbwaisen, ist nicht nur die ewig zu kurz Gekommene, sondern auch die Verbündete der stämmigen Sultan. Bei ihr weiß sie uns unter sicherer Beobachtung.

Denn sie kann nicht ahnen, dass ich die beiden Schwestern gegeneinander ausspielen will: Hacer wohnt in einem verhältnismäßig weit entfernten Stadtteil Mersins. Das ist der erste Vorteil. Und es gibt weitere: Sie lebt mit ihrer jüngeren

Tochter allein; kein einziger weiterer Verwandter wohnt in der Nähe; Hacers Nachbarn kennen weder Esme noch mich. Ideale Bedingungen, um neugierigen Fragen zu entgehen. Denn unsere Flucht muss zumindest so lange unentdeckt bleiben, bis Esme und ich aus Mersin raus sind. Wegen der komplizierten Anfangsphase unserer Flucht habe ich dafür mindestens vier Stunden veranschlagt.

Nach einem Anruf bei ihrer Schwester stimmt Sultan zu. Als wir am nächsten Morgen mit den beiden Koffern aus der Wohnung gehen wollen, stutzt sie denn doch: »Warum nimmst du deine Koffer mit?«

»Ich weiß ja noch nicht, wie lange ich bei Tante Hacer bleiben werde. Dann habe ich meine Sachen bei mir«, sage ich ganz harmlos.

»Ich rufe euch ein Taxi!«

»Das ist viel zu teuer«, wende ich ein. »Gleich vorm Haus fährt doch das *dolmus* ab. Das bringt uns direkt bis zu Tante Hacer.« Auch dies ist bereits ein Bestandteil meines ausgeklügelten Fluchtplans.

Endlich sind wir draußen! Tante Sultan blickt vom Fenster runter, wir besteigen das Sammeltaxi und gehen davon aus, dass Tante Sultan unsere Abfahrt sofort telefonisch an ihre Schwester weitermeldet.

Zwei Tage sind wir jetzt bei Tante Hacer gewesen. Auch ihr habe ich eine ganz neue Hülya vorgespielt, die sich nichts sehnlicher für ihre Schwester wünscht als eine Ehe. Diese Tante um den Finger zu wickeln, ist etwas leichter: Sie ist wirklich so arm, dass sie sich selbst über kleine Geschenke freut. In gewisser Weise tut sie mir auch Leid, denn sie ist krank, jedoch hatte sie damals mir gegenüber genauso wenig Skrupel wie jetzt in Esmes Fall. Wir schenken ihr dennoch eine hübsche Bluse zum Abschied und sind an diesem Morgen, an dem unsere Flucht wirklich anfängt, aufbruchbereit mit gepackten Koffern.

»Wir fahren jetzt zurück zu Tante Sultan. Das war so ausgemacht«, behaupte ich kühn. »Die Beerdigung wird inzwischen wohl vorüber sein.« Da ich davon ausgehe, dass wir wie üblich telefonisch angekündigt werden, erzähle ich ausführlich, dass wir den Weg zu Tante Sultan nutzen wollen, um eine Freundin zu besuchen, die ich schon lange nicht mehr gesehen habe.

»Ich rufe euch ein Taxi«, schlägt Tante Hacer vor.

Bei ihr zieht das Sparsamkeits-Argument am leichtesten: »Ach, das ist zu teuer. Wir nehmen wieder das *dolmus*. Das hat auf dem Hinweg schon so gut geklappt.«

Vom Balkon aus blickt sie uns nach und wir gehen in die Richtung davon, die sie erwartet. Kurz darauf entschwinden wir jedoch durch eine Gasse in eine Parallelstraße.

Während der vielen Stunden, die ich mit den Frauen aus Sultans Nachbarschaft das Essen vorbereitet hatte, haben sie viel erzählt. Auch über die Hochzeiten, die ständig gefeiert werden. Eine der Frauen sagte dabei ganz beiläufig: »Aber noch nie hat in unserem Viertel ein Mann ein Mädchen entführt.« Was ansonsten wohl nicht so ungewöhnlich ist, wenn man sich auf andere Weise nicht gegen die Brauteltern durchsetzen kann.

Umso mehr werdet ihr euch wundern, wenn ich meine eigene Schwester entführe, hatte ich mir gedacht. Jetzt ist dieser lang ersehnte Moment da: Unsere Flucht beginnt.

Gestern habe ich telefonisch ein Taxi bestellt, das uns in die Nachbarstadt Tarsus bringen soll, wo ich mich mit dem hilfsbereiten Fahrer Peter treffen will. Aber das Taxi erwartet uns nicht an der vereinbarten Adresse, die keine fünf Gehminuten von Hacers Haus entfernt ist!

»Das kommt schon«, beruhigt mich Esme.

Ich nutze die Gelegenheit, um mir ein dezentes, modisches Kopftuch umzubinden. Tarsus ist ein kleinerer Ort, ich will nicht allzu sehr auffallen, wenn ich gerade auf der Flucht bin. Ich zünde mir nervös eine Zigarette an und blicke auf die Uhr: Peter müsste inzwischen in Adana gelandet sein. Wahrscheinlich hat er auch schon den Mietwagen übernommen. Zwischen Adana und Tarsus liegen nur 40 Kilometer, das ist eine halbe Stunde Fahrt. Die gleiche Zeit werden wir zum Treffpunkt am Busbahnhof brauchen.

Ich drücke die Zigarette aus. Das Taxi kommt immer noch nicht. Stattdessen fahren in großen Abständen andere Taxen vorbei, stets besetzt. »Ich glaube, wir warten nicht länger«, sage ich. Seit zehn Minuten, die mir wie die längsten meines Lebens erscheinen, stehen wir hier herum, wo wir jeden Augenblick entdeckt werden können. So habe ich mir eine Flucht eigentlich nicht vorgestellt! Beherzt trete ich an den Straßenrand und halte nach einem der dunkelgelben Wagen Ausschau. Wieder fährt einer vorbei – besetzt. Endlich stoppt ein Taxi, ich atme auf. Der Fahrer, ein älterer Mann, Typ beschützender Vater, wuchtet unser Gepäck sogar in den Kofferraum. Dass wir nach Tarsus wollen, gefällt ihm, denn es bringt ihm gutes Geld.

Kaum sind wir drin, geht die von unbändiger Neugier geprägte Fragerei eines türkischen Patriarchen los: »Was wollt ihr denn in Tarsus? Warum seid ihr denn allein? Ach, ihr wollt eure Großmutter besuchen? Die ist krank? Ja, was hat sie denn? Warum soll ich euch zum Busbahnhof bringen? Es ist doch besser, ich fahre euch direkt zu ihr!«

Meine Schwester hat wesentlich mehr Geduld mit derart hilfsbereiten Menschen! Ich lasse sie reden und gucke erleichtert auf die Uhr: Noch sind wir im Zeitplan, knapp, aber es reicht. Der Fahrer setzt uns am Busbahnhof ab, ich zahle und dann halten wir nach Peter Ausschau: Kein Peter da, nirgends.

Esme bleibt ruhig: »Der wird schon kommen.« Sie stupst mich an. »Die Kerle da drüben starren uns die ganze Zeit an.«

Ich blicke unauffällig in die gewiesene Richtung: ein Teehaus voller Männer. Und wir beide stehen da wie auf dem Präsentierteller. Zwei Frauen ohne Schutz. Fehlt bloß noch, dass einer von den Kerlen rüberkommt und den Macho spielen will! Telefonieren hilft immer, denke ich. Dann sehen die, dass wir verabredet sind. Außerdem wäre es wirklich beruhigend zu wissen, dass Peter unterwegs ist. Das Ansageband verkündet, er wäre nicht erreichbar. Esme und ich drehen der Teehaus-Besatzung demonstrativ den Rücken zu. Ihre Kommentare hören wir trotzdem: »Wohin wollt ihr? Können wir euch irgendwo hinbringen?«

Meine Nervosität steigt. Fliehen und warten – eine unselige Kombination!

Ich probiere es noch mal bei Peters Handy. Dieselbe Ansage. Da fällt mir ein, was seine Frau mal zu mir gesagt hat: »Der Peter hat es überhaupt nicht mit Technik. Der kann nicht mal mit Handys umgehen.« Ich versuche, die Sache positiv zu sehen: Wenn er nicht ans Handy geht, liegt das vielleicht daran, dass er es nicht wieder einschalten konnte, nachdem er es im Flugzeug ausgeschaltet hatte. Also kann er durchaus auf dem Weg zu uns sein …

Inzwischen ist es elf Uhr vormittags. Wenn wir acht Stunden brauchen, sind wir um 19 Uhr in Antalya. Das würde reichen. Ich atme durch. Selbst wenn wir zehn Stunden unterwegs sind, langt das noch: 50 Kilometer pro Stunde – das muss doch zu schaffen sein, selbst wenn die Straße wirklich schlecht sein sollte.

Mein Handy läutet! Ob das schon Tante Sultan ist, die fragt, wo wir bleiben? Es ist Peter! »Ich bin in Tarsus, seid ihr schon da?«

»Schon eine Weile«, untertreibe ich. Man soll gutmütige Helfer schließlich nicht frustrieren.

»Ich finde diesen Busbahnhof nicht! Aber ich werde es schaffen. Bleibt einfach, wo ihr seid.«

»Peter ist gleich da«, sage ich zu Esme und zünde mir eine weitere Gedulds-Zigarette an.

Kostbare Zeit verstreicht zäh, während uns die sengende Mittelmeersonne röstet. Endlich stoppt ein funkelnagelneues Auto neben uns, ein glücklich strahlender Peter nimmt uns in Empfang und wir starten. Esme sitzt hinten, ich bekomme den Beifahrersitz. Ich habe das Gefühl, alle Leute würden uns anstarren. Wer Peter sieht, würde ihn niemals für einen Türken halten; dafür sind seine Haare einfach zu blond. Esme und ich, wir sehen dagegen mit unseren Kopftüchern wie zwei richtige Türkinnen aus. Wir geben schon ein ausgesprochen seltsames Trio ab!

»Fahr bloß nicht zu schnell«, bitte ich unseren Freund. »Wenn die Polizei uns aufhält, stellt sie garantiert unangenehme Fragen.« Meine Schwester hat nur den geborgten Pass bei sich. Zwar hat sie mittlerweile alle Angaben darin sowie jene auf dem Spickzettel der Passspenderin gewissenhaft auswendig gelernt, aber das Risiko einer Überprüfung ist unnötig groß. Die türkische Polizei ist nicht zimperlich, wie mir zuletzt erst Serkans Schilderung bewiesen hat. Und dann landet zumindest die flüchtige Braut wieder in Sultans Gefängnis.

Peter ist ein sicherer Fahrer, der sich auch vom chaotischen Fahrstil der anderen Verkehrsteilnehmer nicht irritieren lässt; insofern könnte ich mich beruhigt zurücklehnen. Aber erst müssen wir noch an Mersin vorbei. Ich blicke wieder mal auf die Uhr: Ob den Tanten schon klar geworden ist, dass wir nicht mehr in ihre Obhut zurückkehren werden? Bange Minuten vergehen, bis wir die Stadt endlich hinter uns gelassen haben. Jetzt löst sich unsere Verspannung, wir lachen und reden beide gleichzeitig, lassen noch einmal die ängstlichsten Minuten der zurückliegenden Stunden und vor allem der Tage zuvor Revue passieren. Wir beide sind richtig stolz auf uns! Das Unmögliche versuchen, um das Mögliche zu erreichen …

Plötzlich läutet mein Handy! »Das ist Tante Sultan!«, vermute ich. »Peter, wir müssen anhalten. Sonst hört sie, dass wir im Wagen fahren.« Unser Chauffeur stoppt rasch und Esme reckt ihren Kopf nach vorn, um das folgende Telefonat mithören zu können.

Es ist Tante Hacer: »Wo seid ihr denn, Hülya? Sultan sagt, ihr seid noch nicht bei ihr.«

Mit größtmöglicher Ruhe erwidere ich: »Wir sind doch noch bei der Freundin, Tante Hacer, von der ich dir erzählt habe. Wir besprechen gerade Esmes Hochzeit.«

»Na, dann ist ja gut. Aber sag Tante Sultan Bescheid.«

»Ja, Tante Hacer, das mache ich sofort.« Ich rufe Tante Sultan an und behaupte dasselbe. »Lass mir noch ein wenig Zeit mit Esme. Die Hochzeitsvorbereitungen sind doch so wichtig«, bitte ich und verspreche: »Wir sind am Abend zu Hause.«

»Du hast so überzeugend geklungen«, lobt Esme. »Die glaubt dir.«

»Wir haben es geschafft!«, juble ich, als Peter weiterfährt.

»Ich habe dir doch gesagt, das klappt«, höre ich die dunkle Stimme meiner Schwester sagen. Sie klingt wieder ganz gelassen.

Der Unfall

Vor rund zwei Stunden habe ich das Steuer von Peter übernommen. Das Gefühl, endlich wieder aktiv ins Geschehen eingreifen zu dürfen, tut ebenso gut wie das Fahren an sich. Rund 80 Kilometer westlich von Mersin hörte die vierspurig ausgebaute Straße auf, war aber bis zur historischen Stadt Silifke noch in Ordnung. Erst danach wurde sie allmählich schlechter und immer schmaler.

Inzwischen sieht es ganz so aus, als hätte der Freund jenes Türken, der mich im Stich gelassen hat, nicht untertrieben! Für einen Touristen mag die Strecke atemberaubend schön sein: Links das dunkelblau in der Sonne glitzernde Mittelmeer, rechts steigen die felsigen Berge schroff auf. Allmählich kommen sie der Straße bedrohlich nah. Immer wieder liegen kleinere Felsbrocken auf der Fahrbahn, denen wir ausweichen müssen. Auf der anderen Seite fällt der Hang steil ins Meer ab. Eine menschenleere Gegend, das letzte Dorf muss 20, 30 Kilometer zurück liegen. Und diese Kurven! Ein Blick auf die Uhr bestätigt, was ich nicht wahr haben wollte: Auf dieser Strecke kommen wir in der Stunde höchstens 50 Kilometer weit.

»Wir schaffen es trotzdem«, beruhigt mich Peter.

Meine Schwester ist inzwischen eingenickt. Sie hatte wieder mal am Morgen nichts gegessen; ihr Magen macht ihr immer noch Probleme. Aber sie klagt nie. Ich merke ihre Schwäche nur daran, dass sie jetzt schläft. Ihr Kreislauf ist nach wie vor sehr schwach. Es wird Zeit, dass sie gründlich von einem Internisten untersucht wird.

Die Strecke ist zwar sehr unübersichtlich, aber glücklicherweise kommen uns kaum Autos entgegen. Meine Zuversicht wächst mit jeder Kurve, die wir hinter uns lassen. Am Abend werden wir in Antalya sein. Vielleicht haben wir noch etwas Zeit, um an dem schönen Hafen unterhalb der Altstadt spazieren zu gehen und dort etwas zu essen …

Oh je, was macht denn der Bus da?! Der kommt mir ja auf meiner Seite entgegen! Der schneidet die Kurve! Und hupt wie verrückt, als könnte unser Auto sich dadurch in Luft auflösen! Wo soll ich hin? Rechts gegen den Fels? Oder nach links in den Abhang! Rechts! Steine, Geröll, es kracht unter dem Wagenboden, um Zentimeter gleitet der immer noch laut hupende Bus an unserem Wagen vorbei, bis zum Fels sind es Millimeter. Ich halte das Lenkrad mit Kräften fest, von denen ich nicht wusste, dass ich über sie verfüge, bringe den Wagen zum Stehen.

Ich blicke zu Peter. Mein Beifahrer ist schneeweiß im Gesicht, aber unverletzt. Dann drehe ich mich zu Esme um. Ist ihr etwas passiert?

Sie blickt mich verschlafen an: »Warum halten wir?«

»So ein Idiot!«, poltert Peter los. »Der hätte uns ins Grab bringen können! Wie fahren diese Leute denn! Das darf doch wohl nicht wahr sein.« Er kann auf seiner Seite nicht mehr aussteigen, ich muss zuerst raus, dann klettert Peter hinaus, schließlich meine Schwester.

Sie erfasst die Situation rasch mit einem sehr sachlichen Kommentar: »Ist das Auto kaputt?«

»Keine Ahnung«, sage ich perplex. Ich bin bloß froh, dass niemandem etwas passiert ist. Dann sehe ich nach: Die linken Räder stehen auf dem Asphalt, rechts sitzt der Wagen im Graben auf. Soweit ich sehen kann, hat er aber keine Beule abbekommen. Die Frage ist nur, wie er wohl von unten aussieht. Da gibt es einige Teile, die aufreißen können.

»Wo kommen die denn alle her?«, fragt Esme nun und blickt die Straße entlang.

Ich drehe mich in die Richtung um, in die der Bus hinter

der Kurve verschwunden ist. Etwa 15 Männer, ausschließlich Männer, kommen auf uns zu.

»Die waren in dem Bus«, sagt Peter.

»Vielleicht können sie uns helfen, das Auto aus dem Graben zu holen«, meine ich arglos. Dass meine Schwester sich unauffällig zum Auto zurückzieht, registriere ich kaum. Mir geht bereits etwas anderes durch den Kopf: Der Wagen ist nagelneu und gemietet. Wenn der beschädigt wurde, bekomme ich mit dem Vermieter Probleme. Ich brauche also zumindest die Adresse des Busfahrers und seines Arbeitgebers, damit unter Umständen jemand für den Schaden aufkommt: Wenn ich die nicht ganz unwahrscheinliche Reparatur dieses neuen Autos bezahlen müsste, wäre ich ruiniert. Weiter denke ich im Moment nicht.

Wohl aber Peter! Nachdem die Busbesatzung erfahren hat, dass niemand von uns verletzt wurde, schieben sie unser Auto mit vereinten Kräften auf die Straße zurück und wollen ihre Fahrt fortsetzen. »Wir müssen die Polizei rufen«, sagt Peter. »Ein Unfallprotokoll muss her, sonst haben wir Probleme mit dem Vermieter.« Durch die Ehe mit meiner Freundin spricht Peter leidlich gut Türkisch.

Sobald das Wort *polis* gefallen ist, reden alle durcheinander. »Was glaubt ihr denn, wo ihr hier seid?«, schimpft der Busfahrer, ein stämmiger Mann. »Wir brauchen keine *polis*.« Er nimmt noch mal das Auto in Augenschein. »Nichts passiert!«

Während Peter sein ganzes Türkisch zusammenkramt und die Notwendigkeit darlegt, wird der Tonfall auf beiden Seiten aggressiver. Peter besteht mit kräftiger Stimme auf unser Recht.

»Wir sollten keine Polizei rufen. Das gibt nur neue Probleme«, sagt Esme leise zu mir. »Außerdem hat der Busfahrer Recht: Niemand ruft hier freiwillig die Polizei, weil die nichts als Ärger macht.« Ich bin unschlüssig, da ich nicht weiß, wie groß der Schaden ist. Aber Peter hat längst gehandelt und die Polizei per Handy gerufen.

Wieder müssen wir auf dieser Flucht das Warten lernen. Und uns der Neugier der Männer aus dem Bus stellen. »Warum reist du mit zwei Frauen?«, fragen sie Peter. »Wer ist deine Geliebte? Warum trägt die eine Frau kein Kopftuch und die andere hat eines?« Ich hatte meines schon gleich hinter Mersin in die Handtasche gelegt. Zwar sagen Esme und ich kein Wort, aber die Stimmung ist ziemlich aufgeheizt. Ein Blick auf die Uhr lässt meine Nervosität erwachen: Es geht auf 15 Uhr zu. Vor uns liegen schätzungsweise noch 300 Kilometer auf dieser miserablen Straße.

Der Polizist, der bald darauf eintrifft, stemmt die Hände in die Hüften und kommt rasch zu einem Urteil: »Hier ist doch gar nichts passiert!« Busunfälle sind in der Türkei an der Tagesordnung; dass es dabei Tote gibt, ist leider auch nicht ungewöhnlich. Die Fahrer legen gefährliche Strecken unter Zeitdruck zurück. Unser Fall ist für den Polizisten nicht mehr als eine Gelegenheit, ein paar aufgebrachte Touristen neugierig zu befragen: »Was macht ihr hier? Wohin wollt ihr?« Dann besteigt er sein Auto und düst davon. Unseren Wagen hat er kaum angesehen, geschweige denn die Personalien des Busfahrers aufgenommen.

Der Busfahrer will natürlich weiter. »Nein«, sagt Peter, »so geht das nicht. Dann rufen wir eben die Gendarmen.« Das ist die mit Gewehren ausgerüstete Militärpolizei, die über weitreichendere Kompetenzen verfügt. Schon hat er sie über Handy alarmiert.

Esme wird nervös. »Die *jandarma* wird unsere Pässe kontrollieren, *abla*! Dann rufen die in Mersin bei Tante Sultan an. Ich habe überhaupt kein gutes Gefühl! Können wir nicht einfach weiterfahren?!«

Auch mir wird mulmig. Offensichtlich ist es zum Einlenken zu spät! Der Busfahrer geht auf Peter zu, die rangeln bereits miteinander. »Hätte ich euch doch bloß totgefahren«, schreit der Mann völlig außer sich.

Glücklicherweise sind da noch ein paar vernünftige Männer in dem Bus, die die beiden Streithähne auseinander bringen. Wenn das nur gut geht! Am liebsten würde ich jetzt auch machen, dass wir wegkommen.

16 Uhr. Die Gendarmen! Endlich! Ein Jeep mit Maschinengewehr, darin vier Männer, die wie Soldaten gekleidet sind. Der Kommandant ist ein junger Mann, der offenkundig weiß, was er will. Er spricht kurz mit Peter, dann mit mir, was ohnehin schon sehr ungewöhnlich ist. Normalerweise haben Frauen in solchen Situationen nichts zu sagen. Er gibt mir die Gelegenheit, die Situation darzustellen.

»Das ist ganz schön riskant,« sagt er, »sich mit so vielen Männern anzulegen. So was kann leicht schief gehen. Ich werde die Personalien des Busfahrers aufschreiben, und wenn der Autovermieter Probleme macht, dann ruft ihr mich an.« Er händigt mir seine Telefonnummer aus und wendet sich an den Busfahrer.

Esme und ich wechseln einen kurzen Blick. »Bislang wollte er nicht mal unsere Pässe sehen!«, stellt Esme erleichtert fest.

»Kannst du noch alles auswendig?«, frage ich bang.

Sie nickt. »Ich kenne alle Namen und Daten«, sagt sie leicht genervt. Ich glaube, ich habe mehr Angst um ihre Sicherheit als sie selbst …

Der junge Leiter des Gendarmentrupps übergibt uns seine Telefonnummer und wünscht zum Abschied freundlich: »Gute Fahrt!«

Ich überlasse Peter das Steuer. Meine Nerven sind viel zu angeschlagen! Der Wagen läuft problemlos; ich atme auf. Fast zwei Stunden haben wir verloren. Bei Tageslicht werden wir

Antalya kaum noch erreichen können. Mir bleibt nur die Hoffnung, dass wir die gefährliche Kurvenstrecke nicht in der Nacht fahren müssen.

Nicht lange, nachdem wir die Unfallstelle verlassen haben, läutet mein Handy. Auch ohne hellsehen zu können, ist mir klar: Das kann nur Tante Sultan sein. »Seid ihr auch wirklich heute Abend wieder hier?«, fragt sie mit noch mäßiger Ungeduld.

»Ganz bestimmt«, lüge ich und erzähle wieder von den angeblichen Hochzeitsvorbereitungen.

»Esme ist verlobt! Das geht nicht, dass sie solange von uns fort bleibt!«

»Hab noch bis heute Abend Geduld«, bitte ich.

Ihr lautes Schimpfen ist im ganzen Wagen zu hören, aber sie ahnt nicht, dass wir längst weit fort sind. Sie wird annehmen, dass ich wieder mal die rebellische Hülya bin. Eine Entführung erscheint ihr gewiss unvorstellbar. Bislang jedenfalls. Ich lege das Handy in die Tasche und decke es mit meinem Schal zu; ich werde das Klingeln nicht mehr hören. Ausschalten wäre keine gute Idee; Sultan soll glauben, ich wäre erreichbar.

Meine Schwester betet eines ihrer *rekat*. Sie muss es während der Fahrt im Sitzen sprechen. Notgebete, nennt sie das, die in Ausnahmefällen auf diese Weise ausgeführt werden dürfen. Verständlich, dass sie nicht gerade in Krisensituationen den Zorn Allahs auf sich ziehen will!

Verreckt doch!

Ich bin viel zu spät dran! Das Flugzeug nach Frankfurt geht in einer guten Stunde, aber 45 Minuten vor Abflug muss man eingecheckt haben. Für mich kann das gut sein. Oder sehr schlecht. Je nachdem, wie es für mich an der Passkontrolle läuft ...

Eigentlich kein Wunder, dass wir nicht rechtzeitig aufgebrochen sind. Nach einer zwar anstrengenden, aber glücklicherweise unfallfreien Fahrt kamen wir erst nachts um zwei in Antalya an und hatten nur wenige Stunden Schlaf. Heute Morgen musste Esme erst mal im Badezimmer des Hotels in ein Mädchen verwandelt werden, das so aussieht, wie jenes in dem geliehenen Pass möglicherweise heute aussehen könnte: Mit der Perücke, dem Band, das den Haaransatz kaschiert. Und dann Esmes Make-up! Wer das erlebt hat, weiß, was Geduld bedeutet! Zumindest für alle, die mit ihr gleichzeitig aus dem Haus wollen. Die Langhaarperücke komplizierte die Prozedur zusätzlich. Aber ich hatte größtes Verständnis. Nur wenn meine Schwester sich im entscheidenden Moment wirklich wohl fühlt, spielt sie ihre Rolle perfekt. Das Ergebnis ist in der Tat beeindruckend: Nicht mal Tante Sultan hätte sie erkannt!

Währenddessen fragte ich sie die Vokabeln ihrer geborgten Identität ab: »Wie heißt du? Wann wurdest du geboren? Wie heißen deine Eltern? Wo lebst du? Wie heißt die Straße, in der du wohnst?« Sie machte keinen Fehler. Dann ermahnte ich sie zum letzten Mal: »Geh ganz normal auf den Beamten zu. Versuch zu lächeln. Wenn der Beamte dich auf das alte Foto anspricht, dann sagst du: Ich war nur für eine Woche in der Türkei, um Verwandte zu besuchen. Dann versprichst du, dass du das Foto erneuern lässt. Bislang wärest du nur noch nicht dazu gekommen.«

Mehr als diese eine Möglichkeit, um mir zu beweisen, dass ich alles getan hatte, gab es nicht. Als balancierte man über einen schmalen Baum und ermutigte sich fortwährend mit der immer gleichen Beschwörung: Ich falle da nicht runter.

Was aber, wenn sie dennoch nicht die erste Hürde nehmen könnte? Dann müsste sie etwa eine Woche in Antalya bleiben und es danach auf die gleiche Weise erneut versuchen. »Es muss einfach klappen«, sagten wir beide.

Und dann war es schließlich so weit, dass Peter und sie mich zum Flughafen bringen konnten. Eine viel zu hastige Umarmung: »Bleib ganz ruhig, *abla*, es wird alles gut!« Auch Peter wirkt unerschütterlich zuversichtlich.

Ich haste durch die Halle des hochmodernen, hellen Flughafens von Antalya zum Einchecken. Am Schalter der Turkish Airlines steht bereits kaum mehr jemand für den Frankfurt-Flug an; ich lege mein Ticket vor. Weil ich so spät dran bin, genügt der Bodenstewardess ein flüchtiger Blick in meinen Personalausweis, um ihn mit dem Flugschein abzugleichen.

Ich renne zur Passkontrolle. Wer von den Beamten, die dort sitzen, könnte wohl am ehesten Mitleid mit einem etwas schusseligen, hilflosen Mädchen haben, das viel zu spät dran ist? Die strenge Frau in ihren späten Vierzigern oder der junge Mann?

Ich habe nur meinen Personalausweis dabei. Mir fehlt ein wichtiges Dokument, ein kleiner Zettel, auf dem sich ein Einreisestempel befindet. Denn man kann durchaus ohne Pass in die Türkei einreisen, muss aber dieses Papier für die Ausreise aufbewahren. Nur: Diesen Zettel habe ich nie bekommen, denn mein Einreisestempel ist in dem geliehenen Pass, mit dem Esme in einigen Stunden genau diese Kontrolle passieren muss. Nach der Einreise mit dem geliehenen Pass ist dies das zweite Risiko, das ich nicht umgehen konnte! Ich muss mich auf mein schauspielerisches Talent verlassen. Und auf mein Glück.

Ausgerechnet jetzt, während ich gerade auf die Passkontrolle zueile, läutet mein Handy wieder. Kann ich riskieren, es auszuschalten? Oder braucht mich Esme noch? Sie und Peter wollen die sechs Stunden bis zum Abflug zu einem Bummel durch die Altstadt von Antalya nutzen. Was soll da schon passieren? Nein, das kann nur eine der Tanten sein. Inzwischen werden sie wohl ahnen, dass etwas ganz und gar schief gelaufen ist …

Beherzt schalte ich aus, als mich auch schon der Zollbeamte auffordert, meinen Pass vorzulegen. Ich habe mich für den jüngeren Mann entschieden. Er bekommt nur meinen Ausweis und fragt prompt: »Wo ist der Einreisestempel?«

Gehetzt suche ich in meiner Handtasche. »Oh je, dieser kleine Zettel!«, stöhne ich. Während ich chaotisch weiterkrame, behaupte ich, dass ich gemeinsam mit einer Freundin in deren Auto eingereist wäre und wir uns dann hier in Antalya zerstritten hätten. Ich tue so, als ob mir nun einfiele, was mit diesem Zettel geschehen wäre: »Den muss meine Freundin haben! Ich verliere so leicht etwas. Darum hatte sie dieses Papier mit dem Stempel in ihren Pass gelegt. Sie muss vergessen haben, ihn mir wiederzugeben. Oh je, was mache ich denn jetzt? Mein Flugzeug geht doch gleich! Meine Freundin wollte noch in die Nähe von Alanya. Wie komme ich denn dort so schnell hin?« In meiner Stimme und meinem Gesicht liegen all die Verzweiflung, die ich bei der Vorstellung empfinde, man würde mich festhalten.

Das Flugzeug nach Frankfurt wird erneut aufgerufen. Das hört auch der Beamte und blickt mich streng an: »Beim nächsten Mal passen Sie besser auf den Stempel auf!« Er schiebt mir den Ausweis zu und ich renne zum Gate. Mit einem innerlich laut gejubelten »Juhu!« haste ich durch den Finger und stehe in der Kabine des voll besetzten Flugzeugs nach Frankfurt.

Jetzt bin ich sicher. Nun muss nur Esme all das noch hinter sich bringen. Für sie allerdings rechne ich weniger auf der türkischen als auf der deutschen Seite mit Schwierigkeiten.

Im Ankunftsbereich des Frankfurter Flughafens umarme ich erleichtert meine Freundin Elif und Peters Frau. Die beiden werden mit mir die nächsten sechs Stunden Warten gemeinsam verbringen, bis Esme ebenfalls hier eintrifft. Nachdem ich ihnen die wichtigsten Erlebnisse berichtet habe, schalte ich mein Handy wieder ein. Fünf Anrufe sind in den letzten zweieinhalb Stunden eingegangen, Esmes Nummer ist nicht dabei, wohl aber die unserer Mutter. Sie hat zuletzt vor etwa 20 Minuten angerufen.

Ich stecke das Telefon in die Handtasche; es wird gewiss bald wieder läuten. Noch dürfen weder Mutter noch Tante Sultan wissen, wo Esme ist. Die Wahrscheinlichkeit ist zwar nicht groß, dass die Tanten die Polizei einschalten, um Esme suchen zu lassen; wie ich inzwischen erfahren habe, sucht man in der Türkei die Hilfe der Polizei nicht freiwillig … Aber sicher ist sicher. Da wir jedoch seit 28 Stunden verschwunden sind, wird meine Familie gewiss davon ausgehen, dass das Unwahrscheinliche eingetreten ist: Die rebellische Hülya hat ihre verlobte Schwester entführt. Schande! Ehrverletzung!

Und ich kenne Mehmets Familie viel zu wenig, um ihre Reaktion einschätzen zu können, oder wie weit ihr Arm reicht. Vielleicht leben Verwandte von ihnen in Antalya; viele Menschen aus Adana und Mersin haben Angehörige, die an der türkischen Riviera im Tourismus arbeiten. Wenn sie vergeblich in Adana nachgeforscht haben, bliebe in der Tat nur Antalya. Oder Ankara, wo Mehmets Eltern gewohnt hatten. Vielleicht erwarten sie, dass wir uns wieder an die deutsche

Botschaft wenden, wie wir es ja schon mal gemacht haben. Je mehr ich über diese Möglichkeit nachdenke, umso ruhiger werde ich: Niemand wird ernsthaft vermuten, dass Esme illegal ausreist!

»Ist das dein Handy, das da läutet, Hülya?«, fragt Elif und ich sehe sofort nach.

»Oh je, das ist meine Mutter«, sage ich und lasse es läuten. Hier im Flughafen darf ich nicht mit ihr telefonieren, sonst weiß sie sofort, wo ich bin. Ich schaffe es rechtzeitig nach draußen, um das Gespräch dort entgegenzunehmen.

Mutter klingt extrem verärgert und aufgeregt: »Was fällt dir ein, deine Schwester nicht wieder zu Tante Sultan zurückzubringen? Wohin hast du Esme gebracht? Das hat es ja noch nie gegeben, dass ein Mädchen aus Mersin so kurz vor der Hochzeit einfach verschwindet!«

Ich lasse sie reden. »Esme wird nicht mehr zu Tante Sultan zurückkommen. Und sie wird auch nicht heiraten. Ich habe sie entführt«, sage ich ganz ruhig.

Für einen Moment verschlägt es ihr die Sprache. Dann poltert sie los: »Du sagst mir sofort, wo ihr seid!«

»Nein, Mutter das kann ich nicht.«

»Ich weiß, dass ihr nach Ankara unterwegs seid, weil du ihr dort ein neues Visum ausstellen lässt! Aber das kannst du vergessen! So schlau ist Mehmets Familie auch. Die sind schon längst auf dem Weg nach Ankara. Und die haben ein Auto. Sie werden euch finden!«

»Das glaube ich nicht«, erwidere ich gefasst und bin heilfroh, dass ich das Risiko eingegangen bin, die Flucht über Antalya zu wagen.

»Wie konntet ihr mir das antun?«, klagt Mutter in höchster Verzweiflung und fragt empört: »Soll deine Schwester etwa so werden wie du?«

»Was wäre daran so schlimm?«, entgegne ich.

Mutters Zorn kennt kein Halten mehr: »Ich hoffe, euch passiert etwas auf der Fahrt nach Ankara. Verreckt doch auf der Strecke!«

Mehr höre ich mir nicht an; ich beende das Gespräch und würde das Handy am liebsten ganz ausschalten. Doch das traue ich mich nicht; falls Esme in Antalya in Schwierigkeiten kommt, soll Peter mich erreichen können.

Meinen beiden Freundinnen sehen schon an meinem Gesichtsausdruck, dass ich Trost bitter nötig habe. Lange diskutieren wir über den Fluch meiner Mutter, der eigentlich nur durch eines zu verstehen ist: Für sie steht ein Aufenthalt in der Hölle auf dem Spiel. Für Esme nur ihre Freiheit. Allah, daran besteht überhaupt kein Zweifel mehr, ist ihr näher als die eigenen Töchter.

»Tatsächlich?«, fragt Elif skeptisch. »Würde es denn auch Allahs Wille sein, dass ihr sterbt, weil ihr euch einer Hochzeit widersetzt habt? Die entsprach ja wohl weniger Allahs Willen als vielmehr jenem deiner Mutter.«

»Stimmt«, pflichtet meine kurdische Freundin bei, »dann kann es eigentlich auch nicht Allahs Wille sein, dass euch etwas zustößt!«

Das mag durchaus richtig sein; aber es ist nicht beruhigend, eine Mutter zu haben, die Allahs angeblichen Willen vorschiebt, um die eigenen Töchter zu unterdrücken und zu verfluchen.

Sechs Stunden später strömen Passagiere des nächsten Turkish-Airlines-Flugs von Antalya nach Frankfurt in den Ankunftsbereich. Meine beiden Freundinnen und ich halten gespannt nach Esme und Peter Ausschau. Noch ist keineswegs sicher, dass sie kommen: Zwar hat Peter sich nicht gemeldet, was er gewiss getan hätte, wenn Esme in Antalya bei der Passkontrolle aufgehalten worden wäre. Aber die wahre Hürde stellt schließlich der deutsche Beamte dar, der ihr Reisedokument prüft.

Eine bange Viertelstunde vergeht, als ich endlich ausrufe: »Da ist Esme!« Ich habe das Gefühl, zentnerschwere Lasten fielen von meinen Schultern. Meine Schwester ist in Sicherheit! Mein Herz rast vor Aufregung, als ich auf sie zustürze und sie ganz fest in die Arme schließe. So glücklich war ich schon lange nicht mehr. Wir haben es geschafft! Zwei Schwestern haben über die Sturheit einer Welt gesiegt, die sich gegen sie verschworen hatte. All die Zuversicht, Ausdauer, Hartnäckigkeit und der Wille, uns niemals besiegen zu lassen, haben uns ans Ziel geführt. Ja, auch ein paar kleine Tricks. Und Glück hatten wir, das Glück des Mutigen. Möglicherweise haben Esmes viele Gebete geholfen, wer weiß? Es könnte doch durchaus sein, dass Allah nicht will, dass seine Töchter unglücklich sind, oder? Wer könnte das abstreiten …?

Meine Freundinnen erkennen Esme erst auf den dritten Blick wieder! Aber dann liegen wir Frauen uns in den Armen. Bloß weg von hier!

Schon auf dem Weg zum Auto sprudelt eine erleichterte Esme los, dass sie an der Grenze ebenso viel Glück gehabt hatte wie ich: »Ach, das war gar nicht so schlimm. Der deutsche Beamte hat bloß komisch geguckt und gesagt, ich soll das Bild erneuern lassen. Das war's auch schon!« Ähnlich harmlos war es in Antalya gewesen, sagt sie und erzählt meinen Freundinnen noch mal jedes Detail. Jetzt hört sich zwar alles ganz harmlos an, aber Peter ist voll des Lobes über meine gute Planung. Und ich bin ihm dankbar, dass er so selbstlos eingesprungen ist.

Am meisten hat Esme fraglos die Perücke gestört: »In Antalya war es so warm! Ihr macht euch keine Vorstellung, wie ich unter dem Ding geschwitzt habe.« Erleichtert nimmt sie die falschen Haare ab und bindet ein Kopftuch um.

Als wir auf der Autobahn Richtung Stuttgart unterwegs sind, liegt Deutschland bereits im milden Abendlicht. »Ich würde so gern bald mal nach Rielingshausen«, sagt meine Schwester. Ein Wunsch, den ich auch habe!

»Was ist eigentlich so Besonderes an diesem Rielingshausen?«, fragt meine kurdische Freundin.

Esme und ich antworten wie aus einem Mund: »Es ist unsere wahre Heimat!«

Leben im Schatten

In den Wochen nach der Flucht verging kein Tag, an dem nicht jemand aus meiner oder Mehmets Familie auf meinem Handy angerufen hat. Tante Sultans und Mutters Beschimpfungen kannte ich ja schon hinreichend. Was uns von Mehmets Seite erwartete, konnte ich nicht ahnen.

Als erster rief sein Vater an: »Du hast meine Ehre verletzt. Das kann ich nicht dulden! Du wirst zu spüren bekommen, was das bedeutet.«

Kurz darauf meldete sich seine Mutter: »Ich gebe dir einen guten Rat«, sagte die Frau, die in Mersin auf mich keinen unsympathischen Eindruck gemacht hatte, »bring Esme sofort zurück zu eurer Tante. Ihr versteckt euch doch noch in Ankara! Also sei vernünftig! Denn mein Mann hat einen Kopfgeldjäger auf euch angesetzt. Der wird euch ganz bestimmt finden. Und dann kann ich für nichts mehr garantieren.«

Die nächste Drohung kam von Mehmets Tante, an die ich mich kaum mehr erinnerte: »Du hast das Brautset gestohlen! Ich habe dich angezeigt. Du und deine Schwester sind schmutzige Diebinnen.« Ich verriet der Frau zwar das Versteck hin-

211

ter dem Schrank. Ob sie daraufhin die Anzeige zurückgenommen hat, habe ich nicht erfahren.

Meine Schwester hat von dieser heißen Phase nach der Flucht wenig mitbekommen. Denn so gern ich Esme auch bei mir gehabt hätte, das Risiko war zu groß, dass man sie bei mir zuerst suchen würde. Ich war darauf gefasst, dass Mutter mir die Polizei auf den Hals schickt. So wie sie vor Jahren dafür gesorgt hatte, dass unser Vater abgeschoben wurde. Deshalb hatte ich von Anfang an geplant, dass Esme für einige Wochen bei einer meiner Freundinnen untertaucht, bevor sie endgültig bei mir einzieht.

Weil die Leute aus Mersin mich nicht einschüchtern konnten, setzten sie Mutter unter Druck. Denn Mehmets angeblich entehrte Familie gab nicht die Hoffnung auf, Esme wiederzubekommen. Unsere Mutter wiederum hatte keine andere Anlaufstelle als meine Handynummer, die sie täglich wählte, um mich zu beschimpfen. Wenn das so weitergegangen wäre, hätte ich mir eine andere Rufnummer zulegen müssen. Deshalb hielt ich es schließlich für besser, klarzustellen, dass ich in der Tat vollendete Tatsachen geschaffen hatte und Mehmets Familie sich keine Hoffnungen mehr auf die flüchtige Braut zu machen brauchte.

»Esme lebt ganz legal in Deutschland«, log ich.

»Wie hast du das gemacht?«

»Ich habe ihr eine Einladung geschrieben und so konnte sie einreisen«, behauptete ich in blindem Vertrauen darauf, Mutter würde es nicht nachprüfen. Dazu hätte sie sich mit den komplizierten Gesetzen vertraut machen müssen. Woran sie ihr mangelhaftes Deutsch hinderte. Aber die Botschaft war klar: »Du brauchst uns keine Polizei mehr zu schicken. Die haben nichts dagegen, dass Esme hier ist.«

Selbstverständlich überzog Mutter mich mit Beschimpfungen, aber es waren die verbitterten Worte einer Mutter, die ihre eigene Machtlosigkeit erkannte hatte. Wir ungehorsamen Töchter scherten uns herzlich wenig um ihre Angst vor der Hölle.

Nach wenigen Tagen stellte ich erleichtert fest, dass mein Trick funktionierte: Die Anrufe von Tante Sultan wurden seltener und Mehmets Eltern meldeten sich überhaupt nicht mehr bei mir. Doch dann rief der düpierte Verlobte an: »Du hast mich schwer enttäuscht! Ich habe dir vertraut. Wie konntest du mich so hintergehen?«

Ich erinnerte mich voller Zorn an Mehmets Versuch, meine Schwester bereits vor der Hochzeit auszutricksen. »Einen Mann wie dich kann man gar nicht anders behandeln!«, rief ich empört.

Kurz danach war Mutter wieder am Telefon: »Mehmet will nach Deutschland kommen, um Esme nach Mersin zu holen.«

»Das soll er ruhig versuchen! Aber finden wird er Esme nicht«, entgegnete ich trotzig. »Vielen Dank, dass du uns gewarnt hast.«

So kämpfte ich eine Telefonschlacht nach der anderen und freute mich, dass die Gegenseite in ihren Bemühungen nachließ. Gleichzeitig nahm die Sorge um meine unter so vielen Mühen nach Deutschland heimgeholte Schwester zu. Nicht wegen der Bedrohungen, sondern wegen der Langeweile, die nun in ihrem Leben zu herrschen begann!

Ein Illegaler darf weder zur Schule gehen, noch arbeiten und selbst bei jedem Schritt auf die Straße muss man wachsam sein, nicht der Polizei aufzufallen. Es ist eine Existenz im Schatten; im Grunde genommen ist es überhaupt keine: Offiziell ist man nicht vorhanden, hat keine Rechte und lebt in der permanenten Angst, bei Entdeckung sofort abgeschoben zu werden.

Das war nicht das Leben, das ich für Esme gewollt hatte. Mir war zwar im Vorhinein klar gewesen, dass meine Schwester um diese bittere Erfahrung nicht herum kommen konnte. Dies täglich zu erleben, ist jedoch etwas ganz anderes, als es sich nur theoretisch vorzustellen. Da tröstet man sich schon rasch mal, indem man sagt: Ach, so schlimm wird's schon nicht werden.

Die Verzweiflung meiner Schwester dann am Telefon zu hören, tat weh: »Was soll ich denn den ganzen Tag tun, *abla*? Ich sitze hier rum, schaue fern, gehe in den Park. Und deine Freundin arbeitet, ich bin total allein.«

Inzwischen hatte ich einem Anwalt die beiden Vollmachten gebracht, die dem Ausländeramt vortäuschten, Esme wäre nach wie vor in Mersin. Damit legte er Widerspruch gegen die Ablehnung ihres Wiedereinreise-Antrags ein. Mehr konnte er nicht tun, um den Weg nicht zu verbauen, den das Gesetz vorschreibt: »Wenn das Ausländeramt erfährt, dass Ihre Schwester illegal eingereist ist, wird sie angezeigt«, sagte er. »Und dann wird es sehr schwer, überhaupt noch eine Aufenthaltsgenehmigung zu bekommen.«

»Wie lange muss Esme dieses Leben im Verborgenen führen?«, fragte ich.

»Das kann ich nicht voraussagen«, lautete die wenig tröstliche Antwort.

Wenn ich freihatte, besuchte ich mit ihr zahllose Ärzte, damit sie wieder gesund wurde. Und ich fuhr mit ihr spazieren, natürlich auch nach Rielingshausen, Marbach, Beilstein und sogar nach Ludwigsburg. Erinnerungen an die Orte der Kindheit auffrischen. Ihr zeigen, wofür sie eigentlich das Risiko auf sich genommen hatte. Ein Zustand auf Dauer konnte das nicht bleiben.

»Ich will meine Schule fertig machen«, drängte Esme. »Und dann eine Ausbildung anfangen. Ich würde so gern Arzthelferin werden. Etwas Sinnvolles tun!«

Im Gespräch mit meinen Freundinnen wog ich das Risiko ab, Esme zu mir zu holen, damit sie wenigstens mich als ständige Ansprechpartnerin in der Nähe hatte. Wir überlegten alle gemeinsam eine Strategie, die im Kern aus großer Umsicht und Esmes Zurückhaltung bestand: Nicht ans Telefon gehen! Nur gemeinsam mit mir Besorgungen machen! Keine Besuche außerhalb der Wohnung empfangen!

Schließlich riskierten wir es und Esme zog endgültig bei mir ein; das heißt, sie packte ihre einzige Tasche und kam zu mir. Zwei Jahre hatte es also gedauert, bis ich mein kleines Reich unterm Dach wie geplant mit meiner Schwester teilen konnte. Verglichen mit dem Leben bei meiner Freundin, konnte ich ihr auch nicht viele Erleichterungen bieten. Wir beide entdeckten allerdings einen Glanzpunkt unseres gemeinsamen Lebens: das Kochen! All jene Gerichte, die Esme in den fünf Jahren Türkei vermissen musste, lernten wir selbst zuzubereiten. Es ist erstaunlich, dass solch kleine Dinge unter diesen Umständen plötzlich so eine große Bedeutung bekommen.

»Wir müssen auch mal Türkisch kochen«, schlug ich vor. »Denn außer Häkeln ist das Einzige, was unsere Mutter uns mal hinterlassen wird, ihre Art, *börek* und *köfte* zu machen. Ich möchte das so gut können wie sie.«

Die Gespräche mit dem Anwalt ergaben dann aber doch, dass wir Esmes Chancen auf eine Aufenthaltsgenehmigung selbst beeinflussen konnten. Ihr fehlte schließlich immer noch das halbe Schuljahr, das als Voraussetzung unabdingbar ist.

»Wenn wir später einmal darauf verweisen können, dass Ihre Schwester wieder hier in die Schule gegangen ist, sieht das Amt, dass Esme sich um ihre Integration bemüht. Und das ist sehr wichtig für einen positiven Bescheid. Denn«, und jetzt gebrauchte er wieder diesen Fachausdruck, vor dem mir graut, »im Ausländerrecht liegt viel im Ermessen der Behörde. Das bedeutet, das Amt hat einen Entscheidungsspielraum. Den es in jeder Richtung nutzen kann. Wenn Esme positive Tatsachen schafft, steigen ihre Aussichten.«

Das leuchtete mir ein. Besonders unter dem Aspekt, dass meine Schwester eine Aufgabe brauchte. Folglich gingen wir zu einer Schule und meldeten sie für die achte Klasse an. Sie stand wieder an dem Punkt, an dem sie mehr als fünf Jahre zuvor aus ihrem Leben herausgerissen worden war! Der Rektor willigte zunächst nur ein, sie für eine Woche zur Probe aufzunehmen.

Das reichte, um die Lehrer sehr rasch merken zu lassen, dass meine Schwester anders war als andere Schüler: Sie beteiligte sich mehr am Unterricht und zeigte den Pädagogen gegenüber etwas, was die schon lange nicht mehr gewohnt waren – Respekt. »Selbstverständlich kann sie bleiben«, sagte der Rektor. »Endlich sitzt da mal jemand, der motiviert ist zu lernen, sich interessiert und diszipliniert ist!«

Für die anderen Schüler war sie klarerweise die Streberin. Äußerlich herausgestochen ist sie keineswegs, obwohl für eine junge Frau von annähernd 20 Jahren die achte Klasse nicht direkt als angemessen erscheinen mag. Doch Esme, diese zierliche Person, die so jung aussieht, fiel im Klassenbild kaum auf.

Nachdem sie die für den Wiedereinreise-Antrag nötigen Schulzeiten nachgeholt hatte, beschloss der Anwalt, die Sache anders anzugehen: »Ihre Schwester meldet sich offiziell in der Bundesrepublik! Sonst kommt in die Sache niemals Bewegung.«

Ich bekam erst mal einen Schreck: »Aber dann wird sie angezeigt und möglicherweise abgeschoben!«

Er beruhigte mich: »Sie geht ja hier zur Schule, Sie als ihre Schwester kommen für ihren Unterhalt auf und sie zeigt Integrationswillen. Ich denke, wir haben gute Chancen.«

So nahmen die Dinge denn ihren Lauf. Mit Anzeige und Androhung der Abschiebung! Glücklicherweise verstand der Anwalt etwas von seiner Arbeit und stürzte sich mit großem Engagement in den unvermeidlichen Papierkrieg. Mit Erfolg: Das Verfahren gegen Esme wegen ihrer illegalen Einreise im Mai 2002 wurde eingestellt. In erster Linie deshalb, weil sie sich nicht selbst zu belasten brauchte.

Was allerdings nichts daran änderte, dass Esme und ich in den folgenden fast zwei Jahren auf der Achterbahn der Gefühle fuhren. Denn wenn man solch einen Abschiebebescheid in Händen hält, bricht erst mal die Welt zusammen. Da mögen die Worte des Anwalts noch so beruhigend gemeint sein – schlaflose Nächte sind garantiert. Das Gefühl von Hoffnungslosigkeit macht sich breit, bei Esme waren gar Anzeichen von Depressivität zu erkennen.

Esmes ganzes Leben wurde auf den Prüfstand gestellt und das Ergebnis, zu dem das zuständige Regierungspräsidium Stuttgart kam, hörte sich zum Beispiel so an: Esme sei »in einer streng gläubigen Familie aufgewachsen« und dies sei »auch der Grund gewesen, warum die Mutter die Widerspruchsführerin in die Türkei zurückgebracht hatte und eine Koranschule besuchen lassen hat, nachdem sie sich möglicherweise nicht dem familiären Willen unterordnen wollte«.

»Möglicherweise! Was heißt denn das?«, fragte ich unseren Anwalt aufgebracht. »Sie wollte damals am Flughafen weglaufen, weil sie ahnte, was auf sie zukommen würde! Glauben die das nicht?«

»Hier,« sagte der Anwalt und deutete auf eine Stelle im Schreiben des Regierungspräsidiums, »da fragen sie, warum Esme beispielsweise keine Briefe aus der Türkei an Sie geschrieben und rausgeschmuggelt hatte.« Er blickte mich besorgt an. »Das Regierungspräsidium behauptet, solch ein Nachweis sei erforderlich, um den Wahrheitsgehalt der Behauptungen zu bestätigen.« Der Anwalt wirkte einigermaßen ratlos: »Das verlangen die nicht nur in Esmes Fall. Ich argumentiere jedes Mal, dass man oftmals einfach nicht die Möglichkeit hat, noch Briefe schreiben, geschweige denn rausschmuggeln zu können. Aber sie halten dagegen, dass sie das brauchen, weil sie sich sonst einer Vielzahl ähnlicher Härtefallanträge gegenüber sehen.«

Wenn ich die Begründungen las, hatte ich das Gefühl, die deutschen Behörden glaubten, wir würden sie belügen. Sie schrieben von »Anhaltspunkten, die nicht geeignet sind, eine konkret individuelle erhebliche Gefahrenlage für Leib und Leben annehmen zu können«. Drohanrufe, Kopfgeldjäger? Ist das keine Gefahr »für Leib und Leben«?

Auf die Zwangsehe ging man gleich gar nicht mehr ein, aber das war ja nichts Neues: Schon Frau Hölzer hatte mich schließlich darauf hingewiesen, dass »eine Ehe eine Ehe ist, egal, wie sie zustande gekommen ist«.

Ich ließ den Anwalt seine Arbeit tun und kümmerte mich vor allem um das Seelenleben meiner kleinen Schwester. Sie durfte nicht aufgeben! Und sie biss sich durch, machte ihren Hauptschulabschluss mit einer glatten Zwei, wofür ich sie aufrichtig bewunderte. »Wenn ich schon was mache, dann auch richtig!« Ja, sie war ihrer alten Überzeugung treu geblieben.

Aber was nun? Ein Ausbildungsplatz wäre jetzt schön gewesen. Daran war nicht zu denken! Inzwischen hatte sie zwar eine Duldung, was aber nur bedeutete, dass sie nicht abgeschoben werden konnte. Eine Lehre bekommt man so nicht; dazu ist eine Aufenthaltsgenehmigung erforderlich.

Schließlich bekam der Anwalt die endgültige Ablehnung von Esmes Wiederkehrantrag zugeschickt. Doch er erkannte in einem der mageren Sätze eine, wie er sagte, »goldene Brücke«: »Wenn Esme noch einmal zurück in die Türkei geht und ganz legal einreist, haben wir realistische Chancen, dass ihr Aufenthalt zumindest für ein Jahr genehmigt wird.«

»Zurück in die Türkei?«, fragte ich entsetzt.

»Nach Ankara«, präzisierte er. »Sie muss so wie vor einigen Jahren zur dortigen deutschen Botschaft und ein Visum beantragen.« Dass Esme nur ein Visum für ein Jahr erhalten würde, war unbefriedigend, jedoch machte der Anwalt uns auch in diesem Punkt Mut: »Vertrauen Sie mir. Wir schaffen das. Ihre Schwester muss sich nur sorgsam an alle Auflagen halten.«

Es war wieder einmal wie schon so oft in unserem Leben: zwei Schritte nach vorn und einer zurück. Doch wenigstens hatten wir beide diesmal das Gefühl, dass die Richtung stimmte, in der wir uns fortbewegen.

Esme reiste schließlich tatsächlich in die Türkei und kam mit dem ersehnten Visum zurück. Doch ein weiteres Jahr verging, bis es ihr auch gestattet wurde, sich eine »nichtselbstständige Erwerbstätigkeit« zu suchen. Auf gut Deutsch: eine Lehrstelle. Jetzt endlich, in ihrem 23. Lebensjahr, konnte sie sich in die Schlange der vielen Jugendlichen einreihen, die einen Ausbildungsplatz suchen.

Genau genommen ist es ein Leben auf Probe, das sie hier führt. Gelingt es ihr, eine Lehre zu finden, gilt sie als »integriert«. Schafft sie es nicht, stehen ihre Chancen schlecht, auf Dauer bleiben zu dürfen. Dass Ausbildungsplätze rar sind, ist ein Einwand, den das Ausländeramt nicht akzeptiert.

>*Achte auf deinen Charakter, denn er wird dein Schicksal*«
(aus dem Talmud)

Flamenco und Moschee

Ich bin knapp dran: In einer halben Stunde beginnt mein Flamenco-Unterricht. Doch bis dahin muss ich noch durch halb Stuttgart kurven. Wenn ich jetzt sofort losfahre, schaffe ich es noch. Ich bin fast schon zur Tür hinaus, als mich die Stimme meiner Schwester zurück ruft: »*Abla*, leihst du mir dein Auto?« Wir teilen uns meinen alten Renault Clio, seitdem Esme auch ihren Führerschein gemacht hat.

»Esme, ich brauche es selbst. Du weißt doch, ich habe heute Tanzkurs.«

»Und wie komme ich dann aus der Moschee zurück?«

»Na gut, ich hole dich nachher ab.« Ich klimpere bedeutungsschwer mit dem Schlüsselbund. »Aber ich muss jetzt wirklich los!«

»Ja, ich bin gleich so weit.« Sie steht noch vor dem Spiegel und ich sehe ihrer wie immer aufwändigen Ausgeh-Prozedur zu.

Esme hat sich wirklich einen tollen eigenen Stil zugelegt. Elegante westliche Mode kombiniert sie raffiniert mit Kopftüchern, alles ist farblich perfekt aufeinander abgestimmt. Ihre Kopftücher wirken weniger wie das Bekenntnis zum Islam als wie ein modischer Farbtupfer. Obwohl sie sich nach der strengen Auslegung ihres Glaubens nicht schminken dürfte, tut sie es mit der Perfektion einer Make-up-Spezialistin. In dieser Kombination wirkt das Kopftuch nicht wie das Symbol einer unterdrückten Muslimin. Es ist Ausdruck ihrer komplexen Persönlichkeit.

Mit dieser Eigenständigkeit, die meine Schwester für sich beansprucht, mit dieser Individualität, eckt sie naturgemäß an. »Warum trägst du das Kopftuch? Das ist doch total rückständig!«, halten ihr nicht nur Türkinnen vor, sondern auch viele Deutsche. Denn die radikale Bevormundung muslimischer Frauen ist in Deutschland schlagartig zu einem Thema geworden, nachdem um die Jahreswende 2004/2005 Türkinnen in Esmes und meinem Alter von ihren Familien ermordet wurden, weil sie sich nicht länger zwangsweise verheiraten oder gar scheiden lassen wollten. Sich in solch einer Atmosphäre zum Kopftuch zu bekennen, erfordert Mut.

»Das ist kein Mut«, hält Esme jenen entgegen, die das behaupten, und legt ihre Sichtweise dar: »Für mich ist das Kopftuch ein Schutz. Ich fühle mich sicherer, wenn ich es trage. Eine Frau mit Kopftuch wird nicht ständig von fremden Männern angesprochen. Gerade die Türken kennen keine Zurückhaltung und oft ist das eine so plumpe Anmache, die ich mir echt ersparen möchte. Darum das Tuch.«

Das ist die eine Seite, die andere hängt natürlich mit ihrem Glauben zusammen.

Es ist noch nicht lange her, dass ich zu einer Moschee in unserer Nähe gefahren bin, um zu erfahren, an welcher Stelle im Koran geschrieben steht, dass Frauen Kopftuch tragen müssen. Das war eine ganz spontane Entscheidung. Entsprechend zufällig war es, auf wen ich dort traf. Keiner der vielen Männer, mit denen ich sprach, wusste die Stelle zu benennen!

Schließlich wurde ein Koran-Student gerufen, der sofort sagte: »Das steht in der 24. Sure.« Er nahm mich mit in den an die Moschee angeschlossenen kleinen Buchladen, holte die deutsche Fassung des Korans aus dem Regal und schlug das Buch in der Mitte auf. Er las den 31. Vers vor: »Und sprich zu den gläubigen Frauen, dass sie ihre Blicke zu Boden senken und ihre Keuschheit wahren und ihren Schmuck nicht zur

Schau tragen sollen – bis auf das, was davon sichtbar sein darf, und dass sie ihre Tücher um ihre Kleidungsausschnitte schlagen und ihren Schmuck vor niemand anderem enthüllen sollen als vor ihren Gatten und Vätern …«

In einem Winkel meiner Erinnerung hatte sich das Wissen um diesen Vers verborgen gehalten, aber damals, als 12-Jährige in der Koranschule, hatte ich mit dem ominösen Wort »Schmuck« nichts anzufangen gewusst.

»Was ist, wenn eine Frau kein Kopftuch trägt?«, fragte ich den Koran-Studenten.

»Das ist verboten«, erwiderte er, was mich fatal an Mutters *haram* erinnerte.

Die Zeiten sind jedoch vorbei, dass ich mich damit zufrieden gebe. Auf meine beharrlichen Nachfragen wurde per Handy der Imam gerufen. Der Imam brachte einen reich verzierten, arabisch geschriebenen Koran mit und führte mich in ein schlichtes Restaurant in der Nähe der Moschee. Er legte das großformatige Buch vor sich auf den Tisch und wir setzten uns. Mir wurde ein Glas *çay* spendiert. Zwischen den Fenstern hing an der Wand über unseren Köpfen ein farbenprächtiges Poster mit einer Moschee vor einem Sonnenaufgang und der Aufforderung: »Entdecke den Islam!« So dachte der Imam wohl auch; er wollte mich, die Ungläubige, für seine Religion gewinnen.

Da meine Schwester auf der Suche nach einem Ausbildungsplatz abgelehnt worden war, weil sie ein Kopftuch trägt, hatte ich mir die Frage gestellt: Was wäre eigentlich, wenn sie bereit wäre, ihr Kopftuch abzunehmen, um eine Lehrstelle bekommen zu können? Würde sie damit tatsächlich eine Sünde begehen, wie es uns immer beigebracht worden war? Dann befände sie sich ja in einer echten Zwickmühle: Job ja, aber nur ohne Kopftuch; Glauben ja, aber nur mit! Was also empfahl der Imam?

Der Mann legte seine Hände entspannt auf das heilige Buch und blickte mich über den Rand seiner Lesebrille an. »Egal, welchen Vers man nicht akzeptiert«, lautete sein Urteil, »man ist dann kein Muslim mehr. Denn der Koran ist kein menschliches Wort, sondern ein göttliches.« Folglich darf ein Mensch sich durch sein Verhalten nicht über Gott stellen.

Aber einen Ausweg muss es doch geben!

Der Imam nahm seine Brille ab und legte sie neben den Koran. »In schwieriger Lage«, befand er, »darf eine Frau an der Arbeitsstelle auf ihr Kopftuch verzichten. Wenn sie die Arbeit verlässt, muss sie es sofort wieder anlegen.«

»Muss eine Frau dazu den Imam um Erlaubnis fragen?«

»Kein Mensch darf eine solche Erlaubnis geben. Dies ist eine Sache zwischen Gott und der Gläubigen«, erklärte er mir und schlug den Koran so bedächtig auf, als wären seine Worte ein Echo der mit schön geschwungenen Schriftzeichen bedeckten Seiten.

»Und wie ist es umgekehrt?«, wollte ich wissen. »Wenn jemand das Tragen des Kopftuchs verbietet?«

Der Islam-Gelehrte blickte mich verständnislos an und seine Hände berührten die Buchseiten ehrfurchtsvoll: »Der Koran ist das letzte Buch Gottes. Mit welcher Begründung können Menschen Gottes Worte verbieten?«

Da wir Mädchen ein Leben lang mit unserer Mutter um das Recht gekämpft haben, eine Ausbildung machen zu dürfen, interessierte mich die Meinung des Imam ganz besonders noch zu dieser Frage. »Der Prophet sagt«, meinte er, »für jeden Menschen ist es Pflicht, Wissen zu erlangen.«

Ich dankte und ging nachdenklich davon: Gewiss kannte Mutter diese Überzeugung Muhammads. Sie hatte daraus den Schluss gezogen, uns in die Koranschule zu schicken. Anstatt uns in Schwaben die Schule besuchen zu lassen. Warum?

Liegt die Ursache für das lange Unglück unserer Familie in

dem, was der Imam zu mir zum Abschied sagte? »Sie dürfen Glauben und Kultur nicht miteinander verwechseln. Das tun sehr viele Menschen.«

Heute, im Sommer 2005, habe ich oft das Gefühl, dass unsere Mutter – natürlich ohne es zu wissen – auf dem Weg ist, genau dies zu erkennen. Ich muss allerdings sehr genau hinhören, um die oft wie nebenbei geäußerten Sätze richtig einordnen zu können. Vor nicht allzu langer Zeit sagte sie zum Beispiel: »Bevor Eltern Kinder in die Welt setzen, müssten sie die Möglichkeit haben zu lernen, wie sie ihre Kinder erziehen müssen.«

Für eine Frau aus den anatolischen Bergen bedeutet solch eine Überlegung nahezu eine Revolution. Dort, wo Mutter aufgewachsen ist, werden Kinder geboren, um ihren Eltern zu dienen und sie im Alter zu versorgen. Die Erkenntnis, dass jeder Mensch ein Individuum ist, gehört nicht in jene Welt enger gegenseitiger Abhängigkeit. Der Wechsel aus dem kleinen dörflichen Rahmen in die Weite der westlichen Zivilisation muss zum Konflikt führen. Mutter löste ihn auf ihre Weise, indem sie an den anatolischen Werten krampfhaft festhielt. Das Aufbegehren von uns so genannten Migrantenkindern macht den in der Türkei aufgewachsenen Eltern deutlich, wie unzulänglich ihr Weltbild ist. Viele reagieren – so wie Mutter – mit unbarmherziger Strenge und hoffen auf diese Weise, ihre Ideale durch die modernen Zeiten zu retten und spüren dennoch, dass sie von ihrem Nachwuchs nicht als Vorbild respektiert werden.

Moralischen Beistand, Stärke, Mitgefühl, Zuneigung oder gar Liebe konnte Mutter uns vier Kindern kaum geben. Sie hatte nie gelernt, dass diese Werte, die einem heranwachsenden Menschen Kraft geben, gerade in jenem Umfeld wichtig sind, in dem wir aufwuchsen. Ich kann es ihr heute nicht vorwerfen; sie suchte ja selbst nach Orientierung. Und hielt sich an dem fest, was sie für Glauben hält. Dabei ist es lediglich die Erinnerung an eine Kultur, die sie mit der Heirat und ihrem Umzug nach Schwaben in Anatolien zurückließ.

Ich bin glücklich, dass ich das heute so erkennen kann und werde meine Kinder einmal nach einem Grundsatz erziehen, von dem ich mir gewünscht hätte, dass er für meine Geschwister und mich gegolten hätte: »Gebe deinen Kindern eine Wurzel, wenn sie klein sind und Flügel, wenn sie groß sind.« Denn ich möchte, dass sie meine Ideale von Toleranz, Emanzipation, Verantwortungsbewusstsein, Ehrlichkeit und Treue ihrerseits später einmal weitergeben werden.

In der Gegenwart gebe ich mich damit zufrieden, dass Mutter ihre Ansichten zumindest in einigen Punkten um 180 Grad geändert hat. Als wir neulich gemeinsam zu einer türkischen Hochzeit gingen, sagte sie zu mir: »Trag doch dein schönes Haar offen, Hülya.« Oberflächlich betrachtet mag das ein winziger Erfolg sein; für Mutter ist es ein unglaublicher Schritt auf mich zu. Im Gegenzug bemühe ich mich darum, sie vorsichtig für jenes Leben zu öffnen, das mich fasziniert. Da ich mich für das große kulturelle Angebot in Stuttgart interessiere, nehme ich sie gelegentlich zu einem Barock-Festival oder einem indischen Abend mit, aber ich begleite auch sie zu einem Konzert mit klassischer türkischer Musik. Wenn Mutter krank ist, sorgen Esme und ich dafür, dass sie sich von ihrer Arbeit freinimmt, um sich beim Arzt untersuchen zu lassen. Andererseits ist Esme bei ihr familienversichert, so dass ihre vielen Arztbesuche möglich sind. Dass wir zusammenleben, ist schon lange kein Thema mehr zwischen uns drei. Über die Ereignisse vom Mai 2002 sprechen wir allerdings nie, denn es gibt Wunden, die so schlecht verheilen, dass man daran nicht kratzen darf.

Mit dem Werdegang unserer Brüder ist Mutter so wenig zufrieden wie ich: Vor allem um meinen kleinen Bruder Serkan sorgen wir alle uns zunehmend. Denn während ich mich um Esme gekümmert habe, brach er die neue Schule ab, die ich ihm gesucht hatte, und kam auf die schiefe Bahn. So sehr ich auch versucht habe, einzugreifen, ich hatte nicht genug Zeit für ihn. In Zukunft werde ich das ändern müssen; wir Kinder sind die Familie. So war es schließlich immer. Aber heute schwingt in dieser Feststellung kein Vorwurf mehr mit. Ich habe eingesehen, dass Mam, wie wir sie inzwischen nennen, einfach nicht die Kraft hat, sich den Problemen zu stellen, die ihre Kinder haben.

Endlich ist Esme fertig mit ihrem Styling und wir können los. Ich setze sie an der Moschee ab. Ich bin verblüfft, als ich Mam dort warten sehe.

»Ich will gemeinsam mit Esme in die Moschee gehen«, sagt sie. »Kannst du mich danach nach Hause fahren, Hülya?«

»Natürlich, Mam«, verspreche ich.

Dann muss ich los. Der Flamenco-Unterricht wartet. Ich liebe diesen Tanz, der eine Frau nicht abwertend darstellt. Er drückt Selbstbewusstsein, Weiblichkeit und Stolz aus. Wenn ich Flamenco tanze, richte ich mich auf und trage den Kopf hoch.

Am Abend hole ich Esme und Mam von der Moschee ab; die beiden kommen mir gemeinsam mit anderen Kopftuchfrauen entgegen. Ich wechsle rasch die Kassette im Autoradio und tausche die feurigen Gitarrenklänge gegen türkische Musik aus. Dann bringen wir Mam in ihre Wohnung nach Ludwigsburg; sie plant, in nächster Zeit in Esmes und meine Nähe zu ziehen.

Als ich neulich den Imam befragte, wie eine gläubige Frau eigentlich die Spannung zwischen Glauben und weltlichem Alltag aushalten soll, da sagte er: »Das ganze Leben ist ein Test.«

Wie er das gemeint hat, fragte ich nicht. Aber ich finde, in diesem Satz liegt eine ganze Menge Wahrheit. Meint Hermann Hesse nicht etwas ähnliches, wenn er sagt: Man muss das Unmögliche versuchen, um das Mögliche zu erreichen.

Wenn dies ein Unrecht betrifft, muss man sich dagegen wehren und Zivilcourage zeigen. Mein Familienname bedeutet nämlich genau das: Kalkan heißt Aufstehen.

Es ist sehr spät geworden, als meine Schwester und ich vor unserer Wohnung eintreffen. Mein Handy läutet; Mutter hat mir eine SMS geschickt. »Schlaf gut«, schreibt sie. »Und danke, dass du mich nach Hause gefahren hast, Prinzessin.«

So hat sie mich früher nie genannt. Und das ist der Moment, in dem ich weiß: Der Kampf um Esmes und meine Freiheit hat sich gelohnt.

Dank

Viele Menschen, gute Freundinnen und Freunde, haben auf ihre Weise dazu beigetragen, dass Esme wieder in ihrer Heimat Deutschland leben darf. Jeder und jedem von ihnen gilt mein herzlicher Dank. Eure guten Taten werden zu euch zurückkommen.

Um sie zu ermutigen, anderen beizustehen, die sich in einer ähnlichen Situation wie Esme und ich befinden, möchte ich vor allem Frau Meier von der Stuttgarter Fachstelle für Migration besonders erwähnen, sowie Herrn Dietrich, den menschlichsten Anwalt, den ich kenne. Danke an ROSA, die mich bei meinen ersten Schritten in die Freiheit begleitet und unterstützt haben. Das seit 2002 geltende Zuwanderungsgesetz ist zwar ein Fortschritt, verhindert aber dennoch nicht, dass Menschen wie Esme nach wie vor mit ähnlichen Schwierigkeiten konfrontiert sind, wie jene, die dieses Buch schildert. Zwangsverheiratung ist wie Vergewaltigung. Dies müssen auch deutsche Gesetze berücksichtigen.

Meinen geliebten Geschwistern wünsche ich ein besseres, erfolgreiches, glückliches und gesundes Leben.

Einrichtungen für Frauen und Mädchen mit Migrationshintergrund

ROSA
Evangelische Gesellschaft Stuttgart e. V.
Postfach 401067
70410 **Stuttgart**
Tel: 0711–53 98 25
Fax: 0711–505 53 66

Papatya
c/o Jugendnotdienst
Mindener Str. 14
10589 **Berlin**
Tel: 030–349 99 34
E-Mail: info@papatya.org
www.papatya.org
(auch für schwangere Frauen)

Imma e. V.
Jahnstr. 36
80469 **München**
Tel: 089–18 36 09
E-Mail: zufluchtstelle@imma.de
www.imma.de
(Zufluchstelle für Mädchen und junge Frauen)

Saadet/AWO Nürnberg
Wohngemeinschaft für türkische Mädchen
Postfach 130104
90113 **Nürnberg**
Tel: 0911–41 58 88
E-Mail: wg-saadet@awo mbg.de
(auch für schwangere Frauen)

Rabea
c/o Heilpädagogisches Kinderheim
Helthofer Allee 64
59071 **Hamm**
Tel: 0175–290 66 31
E-Mail: wohnhaus.rabea@lwl.org

Infrau e. V.
Kriseneinrichtung für junge Migrantinnen
Bergerstr. 211
60385 **Frankfurt a. M.**
Tel: 069–45 11 55 (Nummer der Beratungsstelle)
E-Mail: info@infrau.de

Woge e. V. – Kardelen
Wohngemeinschaft für junge Migrantinnen
Bahrenfelder Str. 244
22765 **Hamburg**
Tel: 040–398 42 60
E-Mail: info@wogeev.de

Hinweis: Die genannten Adressen sind keine Wohnunterkünfte, sondern lediglich die Büroanschriften der betreffenden Stellen.

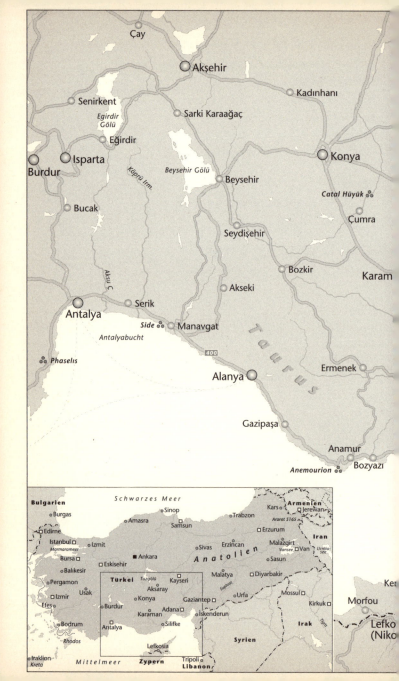

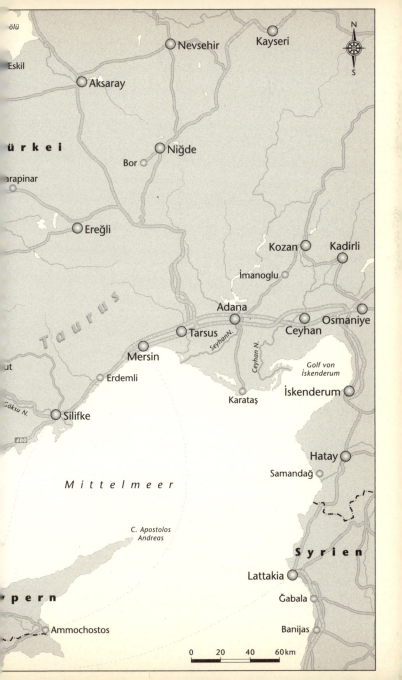

Im Buch verwendete türkische Begriffe

abla – große Schwester

anne – Mutter

ayran – türkischer Joghurt aus Milch, Wasser und Salz

bayram – Fest, das den Fastenmonat Ramadan beendet

jandarma – Militärpolizei

börek – türkische gefüllte Teigtaschen

çay – türkischer Tee

çeyiz – Aussteuer

dolmus – Sammeltaxi

dschinn – Geist, Engel

emanet – Mündel

haram – im Sinne des Koran verboten

hodscha – muslimischer Religionslehrer/-lehrerin

imam – Vorbeter in der Moschee

kardesim – Geschwister

köfte – türkische Frikadellen

Koran – Sammlungen der Offenbarungen, die an
    Muhammad durch Gott ergangen sind. Muslime legen
    auf die Schreibweise Qur'an wert

lahmacun – türkische Pizza

mescit – Gebetsraum

namaz – eines der fünf täglichen muslimischen
    Pflichtgebete

oklava – Wellholz, um Teig auszurollen

polis – Polizei

rekat – die fünf Mal am Tag geleistete Gebetseinheit aus
    Stehen und Koran-Rezitation, Verbeugung,
    Niederwerfung und Sitzen.

Sure – Kapitel im Koran

Geschafft! Die mit einer Perücke getarnte Esme bei ihrer glücklichen Ankunft auf dem Frankfurter Flughafen.

Inhalt

Das Gesetz einer *Abla*   7

Die grünen Hügel von Rielingshausen   10

Wann man ein guter Mensch ist   15

Das Fleisch ist dein, der Knochen mein   23

Alles Unglück der Welt   28

Um Gottes Gnade kämpfen   32

War es ein *Dschinn*?   38

Ein befreiendes Verbot   44

Kein weißes Pferd   48

Der Auszug   56

Türkische Nacht   62

Ein schlechtes Mädchen   69

Sprich nicht von ihnen   81

Endlich frei   89

Das *Bayram*-Geschenk   96

Serkan weint nie mehr   103

72 Stunden Ausgang   112

Auf eigenen Beinen   121

Eine Familiensache   127

Der Heimkehrer   138

Brautgold   147

Ein abenteuerlicher Plan   158

Reise in die Vergangenheit   167

Ein Mann zweiter Wahl   175

Versteckspiele   181

Wohin wollt ihr?   190

Der Unfall   198

Verreckt doch!   204

Leben im Schatten   211

Flamenco und Moschee   220

Dank   229

Anhang   230

Karte   232

»Eine herbe und aufwühlende Lektüre«
Die Zeit

Die achtjährige China Keitetsi aus Uganda wird von Soldaten in ein Rekrutierungslager verschleppt und lernt dort den Umgang mit der Waffe. Schon bald kämpft sie als Frontsoldatin und Leibwächterin für hohe Militärs, von ihren erwachsenen Führern zum Morden gezwungen und vergewaltigt. Nach Jahren des Krieges und Mißbrauchs gelingt ihr im Alter von neunzehn Jahren endlich die Flucht. Erstmals berichtet hier eine Betroffene von ihrem Leben als Kindersoldatin.

Sie nahmen mir die Mutter und gaben mir ein Gewehr
Mein Leben als Kindersoldatin
ISBN-13: 978-3-548-36481-0
ISBN-10: 3-548-36481-0